洞悉人性
司马懿

丁当◎著

中华工商联合出版社

图书在版编目（CIP）数据

洞悉人性司马懿 / 丁当著. -- 北京：中华工商联合出版社，2024.2
ISBN 978-7-5158-3885-4

Ⅰ. ①洞⋯ Ⅱ. ①丁⋯ Ⅲ. ①司马懿（179-251）—人物研究 Ⅳ. ①K827=361

中国国家版本馆CIP数据核字（2024）第007901号

洞悉人性司马懿

著　　者：	丁当
出 品 人：	刘刚
责任编辑：	吴建新　关山美
封面设计：	冬凡
责任审读：	付德华
责任印制：	陈德松
出版发行：	中华工商联合出版社有限责任公司
印　　刷：	三河市华成印务有限公司
版　　次：	2024年2月第1版
印　　次：	2024年2月第1次印刷
开　　本：	880mm×1230mm　1/32
字　　数：	230千字
印　　张：	10
书　　号：	ISBN 978-7-5158-3885-4
定　　价：	38.00元

服务热线：010 — 58301130 — 0（前台）
销售热线：010 — 58301132（发行部）
　　　　　010 — 58302977（网络部）
　　　　　010 — 58302837（馆配部、新媒体部）
　　　　　010 — 58302813（团购部）
地址邮编：北京市西城区西环广场A座
　　　　　19 — 20层，100044
投稿热线：010 — 58302907（总编室）
投稿邮箱：1621239583@qq.com

工商联版图书
版权所有　侵权必究

凡本社图书出现印装质量问题，请与印务部联系。
联系电话：010—58302915

前言

司马懿（179—251），三国时期河内郡温县（今河南温县西）人，字仲达，出身世族。司马懿的高祖父司马钧为汉安帝时的征西将军，曾祖父司马量为豫章太守，祖父司马儁为颍川太守，父亲司马防为京兆尹。司马防育有八子，因字中都有一个"达"字，号称司马八达。

司马懿是司马防的次子，少年时期就胸怀谋略。初为曹操主薄，后任中庶子，为曹丕信任和重用。魏黄初七年（公元226年），与曹真同受遗命辅助魏明帝曹叡。任大将军，多次率军对抗诸葛亮，为魏国重臣。曹芳继位，司马懿和皇族曹爽受遗诏辅政，遭受曹爽排挤。嘉平元年（公元249年），司马懿发动高平陵政变，控制洛阳，杀曹爽及其羽翼，专国政。司马懿死后，其子司马师、司马昭相继专权。司马昭之子司马炎代魏称帝，建立晋朝，追尊司马懿为宣帝。

司马懿被誉为中国古代历史上最杰出的谋士之一。他的一生经历令人瞩目，其谋略与智慧更是为后人所称颂。司马懿的一生并非一帆风顺，他在政治斗争中遭遇过诸多挫折和磨难，一度备受冤屈和排挤，但他始终坚守信念，最终凭借自己的才智和毅力成为曹魏末年权臣。如何理解司马懿，如何看待他的功过得失，对于我们认识中国古代历史，了解中国古代人物具有重要意义。

司马懿的一生也引发了人们对权谋与仁爱、私欲与国家、忠诚与野心等诸多命题的思考。他的形象既是历史的产物，也是文学的塑造，更是人性复杂性的写照。在本书中，我们以司马懿的一生为线索，展开对他的生平、谋略、性格以及影响力的深入探讨。通过对司马懿这一历史人物的全面解读，我们希望为读者呈现一个更加立体、丰富的司马懿形象，挖掘他作为历史人物和文学题材的内涵，同时引发读者对中国古代历史和人文精神的思考与探讨。

目录

第一章 挥泪别恩师，初次入仕途 ...1

第二章 司马懿装病，拒绝入曹营 ...23

第三章 丞相制恢复，再次入仕途 ...37

第四章 随军征张鲁，暗中助曹丕 ...55

第五章 辅曹丕代汉，谋国先谋身 ...81

第六章 身受托孤任，高手初过招 ...107

第七章 二曹皆逝去，独掌军中事 ...127

第八章 司马战诸葛，耐力决成败 ...145

第九章 君臣唱双簧，耗死诸葛亮 ...169

第十章 率军平辽东，功高不震主 ...191

第十一章 权力的较量，庙堂胜战场 ...219

第十二章 装病奏奇效，设计除曹爽 ...253

第十三章 平王凌叛乱，为儿孙铺路 ...281

尾声 ...303

第一章
挥泪别恩师,初次入仕途

汉建安四年（公元199年），经过多年的角力与博弈，天下的局势似乎明朗了许多。

这年秋末，袁绍联合南匈奴、乌丸，又与曾经的对手——黄巾余党黑山军张燕结盟，西南两路同时并进，直捣公孙瓒所在的易京。公孙瓒一边整军备战，一边写信给驻屯白城的儿子公孙续，让其率兵救援，举火为号。这封密信被袁绍所得，录事周齐建议将计就计，袁绍听而从之，公孙瓒以为援军来到，打开城门，结果大败，公孙瓒被乌丸杀死。

占据幽州后，为了稳定局势，安抚当地豪强，袁绍委任公孙瓒从子公孙度为边防重镇辽东郡太守，至此，袁绍所控之地已达万里，户民百万，军二十万，粮草丰足，成为北方最强者。

与他的春风得意形成鲜明对比的是他的同父异母弟袁术。

三年前，袁术率军第二次进攻刘备，欲夺取徐州，结果吕布反客为主，成了徐州的新主人，并用辕门射戟之法，使袁术罢兵而返。此后，他便无意进取，在从事张鲅的鼓动下，整日想着称帝建业，第二年正式在寿春称帝，号仲氏。称帝后的袁术只顾自己淫乐，不顾百姓疾苦，致使民怨沸腾，又遭逢大旱，民无口食，军无粮饷，百姓饿死者众多，而诸将多有叛离者。

袁术众叛亲离，前途渺茫，在东南一带拓展自己势力的孙策趁机公开拉起反袁自立的大旗，曹操已制定先平定中原，再横扫南方的战略，故而拉拢孙策，表奏他为讨逆将军，又遣刘备，兵分三路征讨袁术，一战平定江淮。袁术死后，吕布独木难支，最终被缢死于下邳白门楼上。

在中国北方，能与曹操一决高下的，现在只剩下袁绍。袁绍势大，只能见机徐图，与他相比，荆州刘表、益州刘璋则全然不在曹操眼里，这两个人不过是养肥了等他斩杀罢了，刘表一死，张绣自然手到擒来。

至于孙策，曹操认为与他还谈得来，孙策见他时也颇为恭敬，如若归顺最好，反之则斩除，看来一统江山、河清海晏指日可待。曹操每每想到这里，一股奋勇激昂之情便充盈胸口，难以抑制。

唯一让他感到难堪的是刘备，袁术死后，这个大耳贼竟然杀了他委派的徐州牧车胄，据守小沛，北联袁绍，共同抗曹。

曹操决定讨伐刘备，荀彧以"刘备小疾，当先除袁绍"劝他不宜出兵，他不听，派遣中郎将王忠领军三万扑向徐州，为保全胜，他还让长史刘岱随军，结果被刘备打得丢盔弃甲，大败而归。

蒋济当时也在营中，这是他入司空府后第一次随军出征，却遭如此结果，这让他很是羞愧，回到许都后他连夜写了份检讨书呈报曹操，说自己未尽职责，甘受处罚。但曹操丝毫没有怪罪他的意思，还自责自己一时糊涂，让将士枉送性命，罪在己身，与他人无关。

回到家后，蒋济将早上情形跟辛毗一说，辛毗叹道：曹司空通脱旷达，高瞻远瞩，袁术鼠肚鸡肠，鼠目寸光，焉能不败！

这句话勾起他自己内心无限伤感，不禁潸然泪下。袁术死后，辛评为报知遇之恩，一心殉死，任辛毗怎么劝说，也无济于事。辛毗继而欲与兄长一同赴死，却被喝阻，辛评要辛毗为辛家留一条根，话虽如此，可是自己能安然处于人世吗？

蒋济下山入司空府，很大程度上与他的出身有关。

三年前在许都初见曹操，给蒋济留下了难以抹去的印象，撩动了他那颗年轻奔涌的心。屈指一数，他侍奉先生左右已有数年，也该是出山的时候了。

他知司马家与曹操有旧，便征询司马懿的意见，司马懿听他有意出仕曹操，不觉冷笑，不过好友的这点心思，还是能理解的。

蒋济出身庶族，对曹操这种门第不高，其父甚至都不知道从哪里抱来的人，有一种天生的亲近感，这跟他与司马懿、辛毗情趣相投，结为至交截然不同。后者更多基于性情，比如年轻人都有的率性、真诚、达观以及不拘小节，而对曹操，无疑是身份的认同，这比性情的影响更加深厚，也更加彻底。

汉武帝元光元年（公元前134年），朝廷定制以察举、征辟选官任才，这种由公卿、列侯和州郡显宦推举人才的方式，因关乎高门世宦的身家前途，逐渐成为他们私相授受、维护血统家世的工具，而寒庶之人则永无出头之日。所谓"上品无寒门，下品无世族"，别说做官，就连通婚也被斥为良贱不分，彼此之间泾渭分明。像蒋济这样出身的人，最多只能在郡县中做一小小的吏卒。

司马懿对察举、征辟的弊端心知肚明，但让寒族庶民坐天下，那是无论如何不能接受的。光武复汉以来，一直就是皇帝与士族共天下，方才有光武中兴、明章之治。如今之所以兵祸连连，社稷倾颓，民生维艰，都是因为宦官擅权、何进无知、董卓逞凶导致的一系列后果，而追溯这些人的身世，无不是贱姓庶民。即便是为了司马氏族的荣耀，司马懿也不能任其颠倒。

只是那些赫赫的世族大家，死的死，亡的亡，剩下的，袁绍无能,刘表无心,刘璋无力,都是一捏就碎的软柿子,反倒是曹操,稳扎稳打,节节发展,一片欣欣向荣之象。就内心而言,司马懿看不上他,但也不得不承认,这个太监的孙子,确有些手腕。

人各有各的命运,不管是有命无运,还是有运无时,或者时运不济,都有他该走的路、该做的事。蒋济既然已有了主意,司马懿便知自己说得再多,不过空费唾沫,只是胡昭身边的弟子在这半年里都陆陆续续地走了,只剩下司马懿与蒋济。司马懿自己除了母亲生病回过一趟家外,片刻不离胡昭左右,他希望蒋济能多留些时日,曹操若真心求才,也不会在意一时,因此蒋济在浑陆山又住了三年。

汉建安四年(公元199年)七月初九,蒋济肩背土灰色的布包,骑着司马懿送给他的坐骑,满怀豪情地走进了许都城的正门——承光门。

蒋济的到来让曹操很惊喜,他不顾地位悬殊,拉着他的手,举止亲切,对下属说:"得孔明(胡昭字)高徒,大事何愁不成。"

曹操委任他为西曹属,秩比二百石,为陈群副手,陈群为其在外城的东面挑了间一进的房子,又拉着他去买了些家用物什,等擦洗完毕,摆放妥当,已是傍晚。蒋济请陈群吃酒,两人对酒当歌,回忆在浑陆山上的日子,陈群问起司马懿如何,蒋济回答"身壮如牛",两人哈哈大笑,又彼此取乐,直至喝得酩酊大醉。

两个月后,辛毗来到了许都。辛毗先是回了趟家,母亲如今与叔嫂住在一起,帮着看顾二叔的幼子,男耕女织,虽然辛劳,倒也其乐融融。他不忍母亲伤心,没将兄长殉主一事告知母亲,住了半个多月,北上浑陆,看到读书琅琅、热闹舒逸的书馆,竟至如此萧索,经司马懿一说,方知缘由,想起自己的遭遇,不禁百感交集,落泪不止。

司马懿询问辛毗接下来有何打算,辛毗摇头说现在心乱如麻,暂未考虑。

"可曾想过去袁绍处？"

被他突然这么一问，辛毗有点茫然，他素知司马懿一向鄙夷袁绍，怎么说起这个来了？

见他面有不悦，司马懿收起笑容，郑重其事地说道："佐治（辛毗字），你知道，我绝不是信口雌黄之人。子通（蒋济字）这一走，我感触很深，也想了很多。"司马懿鼓了鼓鼻翼，双手放在胸前，"你虽然家道中落，但祖上毕竟也是大族，我司马氏更不用说。咱们自幼学文，一言以蔽之，就是让我们养浩然正气，为天地立心，为生民立命，为往圣继绝学，为万世开太平。非我同类不能解心，那些野夫氓隶更是迂腐愚钝，只知大族钟鸣鼎食，却不知食肉者谋，天下事还得依靠世家。光武皇帝军兴时，寇恂、吴汉、邓禹、贾复、冯异、景丹、耿纯诸人率部曲投顺效劳，遂以再造汉室之功赏邑赐爵，他们无一不是世家，其中又以颍川、南阳居多，那是何等荣耀，何等光彩。现下情势细说起来，与光武皇帝起兵时并无不同，但说起华冠巨室登高一呼，力挽狂澜，却无一个能与云台大将相提并论，实在可恨。"

辛毗不知道他说的这些与袁绍以及自己有什么联系，只听司马懿继续说道："家父曾言'位卑者其心亦有大乘'，以前我不是很懂，现在算是体会到了，你看看曹操就一目了然了。不说曹操从小小的洛阳北部尉晋阶司空，单是能活到现在，也算不容易。我想请佐治兄入幕袁绍，鼓动他出击曹操，看看曹操能否一如既往地化险为夷。"

"你不是早就说过，袁绍引颈受戮之主，胜出者定是曹操无疑，你还让我去做甚？"

"佐治问得好。"司马懿双手抵住书案，稍一使劲，从席上坐起，昂头挺胸，显得精气十足，"重点其实不在袁绍，正如丢鸡饲虎，并不是观鸡如何，而是看老虎有多凶猛。《左传》上说，良禽择木而栖，栖之前，恐其徒有其表，总得先瞧瞧结实与否吧，否则一旦木头沉底，岂不成了无枝可依的野鸟了？"

"这么说，等曹操灭了袁绍，你就入他的司空府？"

司马懿诡异一笑，不置可否。

"那等袁绍败了，我当如何？"

辛毗的意思是，袁绍死后，曹操会不会杀了他。司马懿像是事不关己似的缓缓说道："曹操纳士心切，用你还来不及，怎么可能杀你？再说，不还有荀彧、陈群、蒋济他们嘛，他们定会为你说情，再不济，还有我，我可不会让你白白送死。"

这回司马懿没有笑，而是眼神坚定地凝视辛毗。

司马懿的一番话，虽然让辛毗感到意外，但并不排斥。

两人约定妥当，辛毗先到许都看望了几位旧友，而后启程赴邺。

袁绍接到袁术败亡的消息，是在袁术死后的第二天中午。

袁绍虽是袁术的哥哥，但由于是小妾生养，从小就被身为嫡子的袁术看不起，如今这个总骂他"家奴种子"的人死了，虽说长期不睦，但毕竟兄弟一场，心里也难受得紧。因此，他不仅收留了袁术的家人，就连奔逃到邺城的袁术属下，也不问出身、尊卑，一概接纳，辛毗就这样顺利进入袁绍军中。

辛毗到来时，"二子之争"已愈演愈烈。所谓"二子"，即袁绍长子袁谭和少子袁尚。袁绍年近知命之年，有心含饴弄孙，安享晚年，便下令让最疼爱的少子袁尚继嗣。袁氏虽是权倾天下的官宦世家，却从未创过坐拥四州的盛业，他志得圆满，儿子即位后，只需守住这份家业就够了。

袁谭身为嫡长子，怎能容忍本属于自己的位子被他人坐了去，遂常在袁绍面前表露不满，甚而暗示不惜与弟弟兵戈相见。母凭子贵，儿子做不了河北之主，其母定然晚景凄凉，故而一有机会，正室陈氏就在袁绍面前哭哭啼啼，哀叹自己不幸，欲让他回心转意。

支持袁谭的郭图、沮授、田丰，又以周公创礼，立长不立幼、传嫡不传庶，百般劝说袁绍，田丰言："以幼代长，取乱之道，齐桓公、赵主父之祸字字在简，切不可以私人之好，毁辛苦之业，还望主公三思。"

这分明是在指责袁绍不顾大局，只算计自己的那点情爱缠绵。郭图则比较委婉："主公春秋正盛，前年于夫人还诞下个姑娘，依在下愚见，立嗣之事可缓行，目前天下还不太平，主公当弃安逸，图略八荒。大公子主掌青州之初，地方豪强并立，局势不稳，大公子以一人之力，北排田楷，东攻孔融，扫荡群豪，方有青州今日盛况，可见其雄才伟略，可当一面。上月，曹操攻占河内，将势力推进至黄河以北，其势盛强，如主公不先发制人，恐有后患。"

郭图的意思很明白，是提议袁绍委派袁谭东征西讨，借此累积军功，树立威望，进而掌握兵权，有了兵马，不怕那个小儿嘚瑟。

袁绍本以为立了嗣子后，能清闲逍遥，却不料事与愿违，弄得家里鸡犬不宁，属下争闹不休，整个邺城人心惶惶。为了平复这场动荡，他无奈地收回了立袁尚为嗣的命令，赐给他食邑两千户以作安抚。

萧墙不宁乃败亡之兆，看这样子，袁氏灭门为期不远了。辛毗望着窗外的秋槐，露出不为人察觉的冷笑，随后给坐在对面的审荣倒了杯酒，等他喝完，辛毗才举杯凑到嘴边抿了几口。

审荣是总幕审配的侄子，现任城尉，专事北门防卫诸事。辛毗来邺城两月有余,与他最合得来,大概是年岁相仿,又有共同爱好,当然,之所以与他走这么近,其中的缘由辛毗最清楚。

"主公总算是下定决心,先发制人了。"审荣扫视四周,继而如释重负地笑道,"佐治兄,也许你还不知道,主公虽然顽固,但从没像这次一样听不进任何人的劝。"

"如果我是主公,恐怕也会觉得起兵伐曹,于军国无益,反倒劳民伤财,疲敝百业。"

"此话怎讲?"审荣一悸,奇怪地问道。

"当年朝廷受董卓逼迫,无以自救,亟盼义兵,以脱危难,主公顺天应民,联合各路人马,兴兵讨董,董卓死后,又驱无能之韩馥,废割据之公孙瓒,转战四方而有今日雄势。主公以讨不臣名动天下,他怎么可能再行董卓之事而使家门蒙羞?你别忘了,当今与主公并列的人,刘表、刘璋、曹操而已,刘表、刘璋皆为汉室宗亲,替天子守牧,曹操是朝廷司空,与主公共侍天子,如若发兵,岂不是与朝廷作对?主公一门,世受汉禄,怎么会做乱臣贼子呢?自然是安守四州,屯粮保民,流芳万世而已。"

"世人都说曹操挟天子以令诸侯,虽为汉臣,实为汉贼,主公大将军的名位其实也是曹操安抚其心的手段,主公看不出来吗?"

审荣性情天然,说话直爽,但他从小跟随审配,多在书牍间游历,不重实务,有时不免一厢情愿,或者说过于执拗。

"主公明慧,怎能看不出来。"话虽如此,辛毗却暗自哂笑,瞟了眼审荣,说道,"只是主公做人,重名而不重利,你不是说许攸曾建议主公夺取司隶,以扼曹操北进之路,主公不听,反使曹操借机壮大吗?这其中缘由也便是我方才说到的。"

第一章 挥泪别恩师,初次入仕途

"朝廷疲弱，战乱频起，主公世受汉禄，更应该替天讨贼！"

"说得对！从黄巾乱起至今，争来打去的也有十五年了，也该够了。可主公上月得了小公子后，休逸之心日甚一日，我等身为辅佑，难道眼看着曹操兴起而袁氏没落吗？"

审荣严正地摇摇头。

"只是大公子一方，田丰、沮授因连年用兵，皆主张广积粮草，深造城墙，作持久之计，更让主公不思主动，郭图也改了主意，周齐倒是曾跟在下说起过，想劝解劝解主公，但郭图让他少说为妙，他也就待时再动了；我叔父多次求见主公，主公竟不见，幸好有佐治兄你这位孔明（胡昭）先生的高足在，否则主公将再失良机，而我等诸人也将为后人耻笑，只是不知佐治兄是如何说服主公的？"

辛毗笑笑，看看外头，见起了风，起身将窗户拉上，坐回原位，端起耳杯正要凑到嘴边，寻思了一会儿又放于食案，咧嘴一笑，慢慢言道："方才我说主公重名，重名之人，多有嫉妒心，看不得他人声名盖过自己，我便假称曹操已自立为王，还伪造了曹操称王文告上呈主公。我料想主公定会火冒三丈，果不其然，主公怒火中烧，恨言'曹阿瞒宦官孽孙，当年不过是我麾下一将'。随后我激主公，太祖皇帝称帝后，与众臣斩白马为誓'非刘氏而王，天下共击之'，现今曹操冒天下之大不韪，实不把当今天子放在眼里，也不把主公这等忠臣放在眼里，我劝主公效周勃诛灭诸吕之事，兴兵讨曹，再迎天子到邺城亲政，主公必将以护汉大功彪炳千秋，与周勃、陈平一样，为万民敬仰，可告慰祖宗。"

审荣听完后，激动地咂咂嘴，击掌大笑："还是佐治兄机敏，所言正中主公心怀，我怎么就没想到呢！只是主公一向多变，我担心今日主公虽然同意讨曹，但明朝如果换了主意，又当如何？"

辛毗不无惋惜地一叹，袁绍身上的毛病，他的谋士们心里虽都明镜似的，但依旧追随左右。若袁绍英雄盖世，不知道今日山河，又是谁家的天下。辛毗此刻更有一种紧迫感。

别驾田丰似乎努力想挤出一点轻松的表情，但那模样实在惨不忍睹，只得作罢，仔细瞧去，眉宇间挂着的不快配上满脸的褶皱却是十分顺眼。

他笼着手跟在袁绍的身后，袁绍走到哪里，他就跟到哪里。袁绍并不理会，只是一边抱着襁褓中的小公子逗趣，一边瞟着挂在墙上的军事地图，神情愉悦，看得田丰心头直淌血。

他在屋里踱了几圈，见四十多岁的田丰毫不嫌累地依旧跟在身后，烦躁地斥道："元皓（田丰字），你到底是要做什么，我意已决，你无须多言，还不退下！"

"主公！"田丰见袁绍总算开口，趋前几步道，"主公既然已决意攻曹，在下无话可说，可主公意欲一战而下，在下以为不妥。圣人有言'欲速则不达'，兵者，生死存亡之道，不可不察，为保万全，主公宜分遣精骑，略其边鄙之地，使曹操徒劳奔命，自耗士气，待气衰而竭，再引兵击之，方为上策。"

说完，田丰深深一鞠礼，袁绍干笑了几声，把脸埋入襁褓摩挲了几下，说道："你们这些迂腐脑子，曹操将少兵寡，你们还畏首畏尾，灭我的志气，既然决心已下，就应一鼓作气，如果照你说的那样，没等曹操死，我早就入土了！"

"主公……"

田丰向前走了两步，几乎与袁绍面贴面。袁绍退了几步，极为厌

第一章 挥泪别恩师，初次入仕途

恶地瞪了田丰一眼。

"主公……"

"好了,好了,你去吧!"

田丰只得退下,边往外走边喃喃自语:"袁本初(袁绍字本初)自丧其家,亲者痛,仇者快!"

这话恰被从门外进来的辛毗听到,旋即告于袁绍,见袁绍并不在意,也就没再多说什么,免得被他视作专在背后嚼人舌头的奸佞小人。

"佐治,你来得正好,我刚要遣人去找你。"

"主公找在下有什么要紧事吗?"

"也没什么。"袁绍招呼他坐下,眼睛望向门外,"那些人,苍蝇一样天天在我耳边叫唤,烦得我吃也吃不下,睡也睡不好,还是你好,懂得我的心思。"

"在下只是尽本分罢了。"

这时,怀中的婴孩突然啼哭起来,一个老妇人"啪啪啪"从后面跑出来,仿佛她一直就在那里。

"大将军,公子该喂奶了!"

说罢,妇人将婴孩从袁绍怀中抱起,转入后院。

袁绍抚了抚身上起皱的衣服,笑道:"佐治,如今四州安泰,唯有二子争位这件事让我烦恼。袁谭、袁尚皆为骨肉,且下僚各有拥戴,处置不当,必有忧患,不知佐治有何妙策,可解困扰?"

辛毗本就计划着使袁谭、袁尚两派的争斗更进一步,现在袁绍主动向他征求意见,正中下怀,于是先将这次前来府上的目的放在一旁,将他多日所想禀于袁绍:"两位公子的事,乃主公家务,主公决断便是。至于下僚,在下想起前日与审总幕闲叙,说起古往今来,拥兵自重，不听号令乃祸乱根本。如今处大乱之世，正当精诚团结，而郭图、沮授、田丰诸人，自恃主公信任，尤其是田丰，以别驾之任，不思为主公解忧，反而处处阻挠主公护汉攘敌大业，而且他又是冀州本地人士，广有部曲，宗族势大，日久难保其不生异心。"

听辛毗这么一说，袁绍回想起刚才田丰那种咄咄逼人的气势，确实目无君上，直恨得牙痒，急忙问道："那该如何是好？"

"审总幕以为，田丰等人之所以骄狂，是他有监统三军的权力，权威太盛，致使他有不屑之心，主公应该分其监统之权，一则去其专权，二则彰主公公无偏私，在下深以为然。"

"所言甚是！所言甚是！"袁绍冲两侧近侍喊道，"快快，取笔墨来，我这就下令。"

对于袁绍的一怒一喜、一惊一乍，见急毛躁无远虑，临事形色无城府，辛毗看在眼里，笑在心上。

田丰接到袁绍手令时，家中正在举行宴会，郭图、沮授、周齐都在座，听说要把田丰监军之权一分为三，审配、淳于琼与田丰以都督之名各监一军，席间几人已无心吃酒，开始骚动起来。

田丰料定这绝不是出自袁绍的本意，定是有人在袁绍面前进谗言，便取来几枚钱塞到传令的近侍手中，问这份手令的由来，近侍照实回答。等近侍走后，田丰勃然变色："辛毗一介小儿，且不与他计较，可恨那审配匹夫，他这是断大公子手臂，以助三公子顺利接位。今番他算计老夫，明日说不定是在座诸君。着实可恨！"

"在下愿为别驾出这口恶气。"周齐从席上站起。

"你打算怎么做？"郭图很好奇。

"揍他一顿！"周齐说着挥了挥拳。

众人哂笑，郭图道："你也是个聪明人，怎么想出这种小儿把戏！"

"唉——"田丰摇头叹气，喝下几口酒，"且记得这笔账，若抓住把柄，定然饶不过他！下月大军开拔，不管如何，老夫还是要劝阻主公。"

散宴后，因住家相近，周齐与郭图同乘而去，车上，周齐对郭图说道："别驾对辛毗颇不在意，可在下觉得，主公改变既定方略与曹操决战，又下令别驾军权，多是辛毗在背后捣乱。辛毗这人，少言多谋，心思缜密，绝不是别驾所说的一介小儿，我们得提防他。"

"不至于吧！"

辛毗素淡谦恭，文质有礼，平日里做的不过是抄抄写写的文牍杂务，看不出有什么野心，刚到邺城那会儿，他还送了些家乡特产给自己。如果说他常受主公召见，是因为他曾经在袁术帐下效力，而且又是孔明（胡昭）先生的高足，若论他心怀阴谋，那就有点过了。况且，主公不是没让他参与军机之事吗？

想到这里，郭图松快地一笑，直摇头。

邺城的夜色今天似乎来得格外早，还没到酉时初刻，天就完全黑了。一只白鸽扑腾着翅膀，落在廊下，"咕咕咕"地叫着，没一会儿，屋门"吱呀"一声缓缓推开，从里面走出一人，正是辛毗。他左右张望，见无异样，蹲下身左手抱起鸽子，右手从它的右腿间解开圆箍，取下木管，抽出白布，展开一看，不觉一惊。

没想到在邺城暗潮汹涌的同时，许都也发生了一件大事。

天子刘协今年十八岁，年初刚行了冠礼，按照祖制，行冠礼之后，就可以亲理国政，可现下曹操丝毫没有归政的意思。若是以前，皇帝年岁尚小，还可一说，可如今已然成人，曹操却视而不见，分明是擅权霸道，这样置天子于何地，又置汉室于何地。

刘协不甘做个有名无实的天子，想要摆脱傀儡的身份，就必须除掉曹操，但宫门内外遍布曹操耳目，稍有不慎，便会招来杀身之祸，他思来想去，还是自己人可靠。他以董贵人身染小恙、思念父亲为由，诏国舅董承进宫。

见到董承，刘协只是一个劲儿地抹泪，口中没有半句话。董承纳闷，开口就要问，却被他紧紧捂住，向两旁眨眨眼，董承心领神会。两人聊了些家常，临走前，刘协从御座上拿起一件锦袍对董承说道："夜寒风大，国舅身上衣薄，这是朕的常衣，国舅穿上。"

董承接过锦袍，含泪而退。刚出宫门，有人就将天子召见国舅一事传报给了曹操。曹操正在府中与荀彧弈棋，听到消息，夹着棋子儿的右手在棋盘上停了一会儿。

"董国舅平日勤俭朴实，现在晚秋时节，早凉晚寒的，也应该穿件好衣服了。"

说是这么说，暗中却遣人手，布下密网，监视董承的行踪。

董承到家后，屏退左右，锁上屋门，脱下锦袍，里外翻遍，并无一物，怕有遗漏，取来剪刀沿着背衬的密线剪去。刚剪了几下，隐约现出素绢的模样，董承放下锦袍，打开门环顾，安静如常，于是锁上门，拿起锦袍，撕掉背衬定睛再看，果然有一块素绢，他急忙取出展看，顿时愕然，绢布上竟写着几行血字。

董承难以自禁，泪如雨下，抽泣声回响整间屋子。他双手捧起素绢端视良久，暗忖，自己一人势单力薄，想要铲除曹操，还需要多揽人手，可是许都城内，与自己交心的，不过三五人……

董承忖量难定，连夜请来侍郎王子服、昭信将军吴子兰、长水校尉种辑、议郎吴硕诸人共商大计。众人接过密诏，全都挥泪不止，即刻咬破手指，在密诏背后写下各自的名字，立誓除贼。

董承说道："城内曹兵众多，咱们这边除吴将军两百亲兵之外，并没有其他可以调动的军士。刘皇叔（刘备）心系汉室，天子赞为英雄，如今刘皇叔领徐州牧，兵马强盛，咱们可外接刘皇叔，内布暗兵，曹操定死无疑。诸位觉得怎么样？"

众人点头称是，随即回家准备，但没走多远，就各自被人用麻袋罩住，绑入许都郊外专用来关押反对者的秘牢。严刑拷打之下，王子服、吴子兰咬舌自尽，吴硕被活活打死，种辑为保命出卖了董承。曹操随即捕杀董承，夷其三族，已有七个月身孕的董贵人也没能幸免。

没出三日，曹操兵发徐州，打算一举消灭刘备。表面看，是因为董承打算联结刘备，如今参与谋曹的人都已经死了，只有刘备一人在外，曹操此举是为了斩草除根；实际上是为将来攻取江南做长远准备。徐州地处豫州东北之边，与兖州南北相连，与扬州隔江对望，得徐州后，既可做战略转圜的后方，又可做战术进攻的前沿，一举三得。这便是曹操念念不忘取徐州的真正原因。

董承谋曹未遂，被后世史家称为"衣带诏事件"。蒋济用信鸽将这件事告知司马懿，司马懿又告知辛毗，信末，司马懿这样写道："曹操灭刘备，袁绍除攻曹操，虽然不如黄雀捕蝉般勾心魄，但其中风云诡谲，诡诈巧佞却也引人入胜。"

转眼来到第二年正月初七，庄上的百姓陆续来给胡昭敬贺帖，提米酒，送蒸馍，庆胡昭六十大寿。

平日冷清的浑陆山这会儿总算有了点儿喜庆的气氛。

从后山回来，胡昭感觉身上有些困乏，早早睡去。胡昭已是花甲之年，精力大不如前，前些年有时还下山去会会他的那些老友，去年则一次也没有去。

看着已然老态的胡昭，司马懿感触良多。他枕着双手睡不着觉，不过其中另有原因。昨天，司马防（司马懿父亲）遣人送来一封信，说司马懿随胡昭习文修武已近六年，郡上已推举司马懿为孝廉，司马防要求他尽早回家出仕。

想起满头白发、脸颊消瘦、双眼深凹的胡昭，司马懿就一阵难受，六年来，他跟着胡昭，经历了诸如生死这样的大事，有着比一般的师徒关系更为深厚的感情。的确，虽然老师除了与他聊过几次兵法，交流过一些人生道理之外，没有教授过他任何真正的学问，但司马懿分明感到，胡昭的一言一行在潜移默化中影响了自己，这才有了如今的司马懿。

就这么走了吗？司马懿不停地问着自己。

次日天刚有点亮光，司马懿就从屋里出来，冲了个冷水澡，照例劈好柴，喂信鸽，舞了会儿剑，而后到房间准备添件衣服。一推开门，就见胡昭正坐在自己的那张竹榻上。

"仲达！那天我从庄上回来，恰好碰到一个生人，一问原来是你家的信差。他跟我说，家里正忙着布置，为你的婚事做准备，这么大的事为什么不跟我直说呢？"

司马懿低下头，面有愧色。

"回去吧，回去吧，天下没有不散的筵席，就合上一千年，少不得有个分开的日子，等完了婚，你就真的成人了。"

司马懿"噗通"一声跪在地上，重重地向胡昭磕了三个响头。

温县司马家，张灯结彩，锣鼓喧天，骑马的、坐轿的，来者不断，临门的街道原本就不宽敞，现在一下子涌来这么多人，更是被挤得水

第一章　挥泪别恩师，初次入仕途

17

泄不通。幸好家里早有准备，任他是司马家的故旧新朋，还是张家的七姑八姨，或是单为凑热闹、讨杯喜酒喝的，皆安排妥当，待人接物上毫无差池。

由于是在周宣王时得赐"司马"姓氏，因此家族的婚礼严格遵循周礼，宾客虽多，也只是准备了简单的饭食。众人皆知司马家崇尚古礼，因此也没有不满，反倒赞其礼数周全。

行完正婚礼，已是入夜时分，侍女持烛退出，司马懿与张春华正式结为夫妇。次日一早，张春华沐浴更衣，觐见公婆，行成妇礼；三个月后，再择吉日，全族祭告家庙，婚礼才算正式告成。

曹操兼并河内后，本打算请司马防正式接任温县县令，但司马防毫无此意，此后深居家中，无声听细雨，寂寞夜读书，闲来弄孙儿，曹操只好另遣他人。

河内除了盛产小麦，也是良马的主要产地，这里出的马匹，体型中等，体质结实，速力和耐力都很稳定，非常适合军用。有了这块宝地，军马供应将得到保障，为了不被敌对方侵扰，曹操派了重兵驻守，这样一来，原先由司马防组织起来的巡护队随之解散，杜畿做了温县的县尉，专事地方治安、缉捕盗贼，算是人尽其才。

去了县上任职的杜畿依旧住在司马家，他孔武有力，练得一副擒拿的好身手，唇上的八字胡浓密规整，更衬出他资质伟岸。司马懿空闲时，常找他学练擒拿，两人年岁上虽差了许多，却丝毫没有隔阂感。

除了看书、练拳，并与张春华享新婚之乐，司马懿最挂心的还是袁、曹两家。下山前，他已飞鸽传书，将自己回温县老家的事告知陈群、蒋济、辛毗等人，可一晃半个多月过去，为什么还没有回音？

也许父亲那里知道些什么，但父亲深居家中以来，全身心扑在

《尚书》的译注中，最烦人打扰，这要是向他打探，免不了被痛骂一通，目前看来只能是等了。

三个月后，全族祭告完家庙，司马懿独自驾着马车往怀县奔去。

司马懿到了郡衙，先向郡守请礼问安，并呈上司马防写给他的一封信，又从车上取来家中做的糕点送与郡守及诸位同僚。郡守看完信，笑眯眯地对司马懿说："自古才俊多后生，此言不虚啊，仲达，安心做事，前途无量！"

而后吩咐杂役帮司马懿从车上抱来被褥。拐过掾厅，穿过月牙门，眼前出现长长的鹅卵石小径，双脚踩在上面，发出奇怪的响动，再转过狭窄的巷道，司马懿跟着杂役来到了郡上掾吏住的公屋。

一人一间，屋内木榻一张，书案一条，油灯一盏，油火定量，饭食自备，屋内不可烹煮，不可留人，不可喧闹，不可……

杂役面无表情地一连说了七个"不可"，那样子像个学舌的鹦哥，交代完规矩，这个杂役还告诉司马懿月俸及领俸的日子："俸一囊粟，钱二百四十，月五开支。"

杂役又帮他铺好被褥，等他走后，司马懿坐在榻上，凝视着斑驳的墙体，思忖："仕途之路，就这么开始了吗？"

他如坠梦中，感觉很不真实。

次日点卯完毕，小吏搬来两摞文牍，放在案上，指着左边的一摞文牍，恭敬地对司马懿说，这是上计属厘清的本郡三个月来的刑案名目，又指着右边的一摞文牍说，这是刑案原册，请司马懿过核，再交由他抄写一遍。

司马懿从两摞文牍的最上面各抽出一册，摊在案上正看着，掾厅外传来一阵爽快的笑声，转眼间，郡守与一个人说笑着并肩走进大堂。

这个人岁数在二十三四岁,棱角分明的脸上,一对眉毛又粗又短,鼻子细长直挺,如同一株柏树,正立在高耸的颧骨中间。

"看,是韩都尉!韩都尉回来了,这么说,那些盗贼被抓到啦?"

"韩都尉出马,任贼人有三头六臂,也逃不过他的手心。"

"韩都尉不愧是咱们河内的守门神呐!"

"是啊!是啊!"

同僚们低声议论,褒赞声不绝于耳。

韩都尉?司马懿觉有点儿耳熟,仔细一想,原来是他。

司马懿赴任的晚上,司马防把他叫到书房,向他一一说明郡上从郡守到小吏的各种人情关系、家世背景,其中谈到韩都尉,说他是淮阴侯韩信之后,单名一个"浩",字元嗣。

韩信死后,门人匿藏其三子韩漾、四子韩涧,又求萧何疏通,这才保住他们的性命。韩漾后被带到交州,为掩人耳目,去"韩"一半,改姓韦。光武皇帝登基大赦天下,因韦姓已用两百余年,也就没有恢复旧姓,照用至今。四子韩涧先被带至南越,后到了扬州,最后落脚河内,为免杀身之祸,也隐姓埋名,到孝章皇帝时,才改回原姓。

也许是将门后裔的缘故,韩浩生来便与众不同,落地时,重约八斤四两;长至四岁,开始习练武艺;九岁时,已跟着身为郡直符史的父亲学得一套戟法;十二岁,手刃入室抢劫的盗贼,引为河内郡的一段传奇。

司马防这么详细地跟司马懿说起韩浩,主要是因为韩浩喜读兵书,颇怀壮志,听说近来在汇编一部叫《兵家语录》的大书,摘取历代兵家有关选将、用人、练兵、战守、辎重、行止的言论,分类辑录,以便统兵之人随时参用。

司马家祖上也是马上豪将，司马懿对孙武子的《十三篇》颇有心得，多与这样身怀的人接触，或可受益一二。

"三人行，必有我师。不过，本业也不可偏废。"司马防指的是上计之职。

"这人就是韩浩啊！"司马懿惊叹道。

之所以惊叹，是因为韩浩虽从小习武，但体格却并不壮实，与常人无异，或许正是由于这种不称感，让敌手产生错觉，轻视不加防备，因而韩浩屡屡获胜。司马懿生出诸多的好奇，便想上前与他打声招呼，但他已跟着郡守走远，只得另择时机。

有一事司马懿很疑惑，身为都尉，职在治军守城，怎么干起了本应贼捕掾负责的搜捕盗贼的事来？公门里最忌讳这种事。

获知答案是在半个月后的沐休日，司马懿与几位同僚结伴沐浴，等他们进去时，韩浩一个人已在白石池子里泡了多时。

几个同僚跟他打完招呼，就各自去了用屏风隔开的小间，司马懿要来一壶烧酒、两碟小菜浮到韩浩身边，做了自我介绍。

"你就是仲达呀！"韩浩拿起台上的木盆，舀满水倒在胸口，抹了把脸道，"郡守常跟我说起你，百闻不如一见，果然年轻有为！"

这是常有的客套话，司马懿听得多了，也不觉得有多新鲜，只是如韩浩这样的人，说出这种话来，出乎司马懿的预料。他倒了杯酒给韩浩，韩浩接过来，一仰脖喝完，将空杯放在漂在池水上的朱漆木盘上。

司马懿问起捕贼一事，韩浩"哦"了一声，可能在他看来，这根本算不上问题。

"你说得没错，搜捕盗贼是贼捕掾的本业，但事有不巧，贼捕掾张秀父亲病逝,他回家守孝,郡守就把这事交给我处理了。我原以为那不过是一帮小毛贼而已,一接触还真让我大吃一惊,差点着了他们的道。那些贼人数量虽不多,却个个武器精良,身手敏捷,后来我分而围之,才将他们一网打尽。我估计,很可能是败退下来的散兵。上月,曹司空在延津大破袁绍六千精骑,斩杀大将文丑,延津与河内近在咫尺,败兵流窜到本郡,也在情理之中。"

"都尉是如何得知前方战况的?"司马懿目放精光。

"上月初三前方传来哨报,让本郡供给粮草、战马,因此知道。"

这么说来……

司马懿内心一阵狂喜,两条腿在水中愉快地抖了一会儿,面上却不露声色,只与韩浩聊些家常。

第二章

司马懿装病，拒绝入曹营

官渡大战在对阵了整整一年之后,以曹操的完胜落下帷幕。

袁绍只带着八百骑逃回邺城,侥幸保住性命。没来得及跟上快马的诸人,则成了曹操的军士取笑戏弄的对象,其中就有沮授。

曹操器重其品性,想要收之重用,没料到这个沮授盗马欲归,被军士发现,曹操一怒之下将其斩杀。另有审配的两个儿子,称愿意为曹公效劳,曹操将二人归入司空府,任侍曹。其余投降的人,各有封赏;自己一方的有功之人,更是加官晋爵,众人皆大欢喜。

另一边,袁绍回到邺城,马尚未停蹄,身未及卸甲,就直嚷着:"诸公误我!诸公误我!"他先是以犯上之罪将田丰收押,没过两天又给他加了条紊乱人心以致内外生隙、将士不能用命的罪名将他判以斩首,即刻问斩。

沮授死了,田丰死了,袁绍身边可用智囊至此所剩无几,曹操听到细作报来的消息,对众人说道:"袁绍自断臂膀,死期不远!"

他有这般不可置疑的信心,一则是他几乎全歼了袁绍主力,二则是辛毗告诉他,袁绍内部,从来是外敌不可惧,内乱犹可怕,如此一来,彻底扫平袁绍的势力不过是时间问题,也许不用自己动手,他们内部就会自行瓦解。

曹操很高兴,审配、逢纪也很高兴。随着沮授、田丰相继而亡,失去坚定支持者的袁谭无力再与袁尚争夺嗣子之位,单剩一个郭图,掀不起多大的风浪。不过这个已跟辛毗无关,他现在要做的,就是给司马懿写一封长信。

在信的开头，辛毗夸赞了司马懿的先见之明，曹操确实没有杀他，不仅好言抚慰，一听师出孔明（胡昭）先生，更是表奏朝廷，封他为议郎，留司空府专事顾问策对。此后又将官渡之战诸人的表现一一做了说明，并加以点评。

信末，辛毗写了一首五言诗，前面无甚可观，最后两句"共饮许都城，伫立望山河"，虽质木无文，却也颇具气态。司马懿笑，这个辛毗，刚被曹操封了官，就忙着为自己的主人招揽人才。

司马懿将信收进暗褐色的匣子里，凝神思索，一场大戏落幕，另一场大戏就该上演了。至于是什么样的戏码，他现在还摸不准、看不透，但是他肯定，一场官渡之战平息不了纷乱的局势，再说袁绍虽折戟断翅，但根基尚在，曹操势必要斩草除根。

司马懿连夜写了封信给辛毗，与他交换对局势的看法，并让他一并告知蒋济、陈群诸人，听听他们怎么说。没几天，辛毗遣人送来回信，诸人皆认同司马懿对大势的看法，只是在具体措施上各执己见。

在辛毗看来，曹操将会静观袁绍内部自行崩溃，而蒋济与陈群也认为曹操不会主动出击，但原因不是静观其变，而是袁绍已经受到重创，在可预见的三五年内不会对曹操构成威胁。此间，曹操会专心于民屯要务，这是他耕战图略中最重要的一环。以往由于事关重大，他亲自督导，只因袁绍的突然进攻而使精力转移，交给荀彧代管，现在定然会恢复原样。

几个人你来我往以书信传意，挥斥方遒，分析得头头是道，仿佛一切尽在掌握。没料到，曹操并没有按照他们任何一人所料想的那样行事，而是亲自领着大军征讨刘备去了。

当辛毗将这一消息告知司马懿后,他先是震惊不已,一个将寡兵稀、占无城池、争无良策、行藏如匪、流窜如寇的人,至于让曹操大动干戈吗?后来捉摸之后,曹操的这一举动其实也在情理之中。

曹操架空天子,独揽大权,论地位论名望,都已登峰造极,以为无人可逾,但刘备打破了他美好的愿望。此人被天子称为皇叔,被公卿敬为英雄,虽势小而名重。此外,刘备一个编席贩履之辈,屡战屡败,屡败屡战,其心不改,其志弥坚,如同一个在岩石缝里生长的野草,顽强而坚定。黄巾乱起至今,不知道死了多少豪杰壮士,而他这个大耳郎却还活着,不能不说是个人物,比之袁绍、袁术,以及那个乐得逍遥的刘表强韧得多。

其疾虽小,疏之必生大患,趁他羽翼尚未丰满,及早铲除,早了早好,而且,刘备也算是袁绍的同盟,消灭了刘备,袁绍就少了一分力量,使其更加胆寒。一石二鸟,曹操的心思不可谓不深,自己与曹操的差距,或许就在于此吧。

司马懿抽过一册空白书简,拿起笔给辛毗回信,刚写了两行,杂役来敲门,说是温县来人。司马懿心中一喜,自从来到郡衙,除了大哥司马朗领着张春华来探望过他一次之外,家中再没来过什么人,这次会是谁呢?

心中正好奇,一个浑身透着马粪味、身扎短衣的人进了屋子,原来是家里的马厩管事。那人一见司马懿,赶紧行礼问安,而后说:"老爷吩咐,让公子速速回家。"

到家时天色还很亮,管家已在门前恭候,待司马懿跳下马,带着他来到司马防的书房,司马朗早就在屋里端坐。

司马防让他坐在司马朗的下侧,说道:"仲达,咱们父子三人,明天启程去许都。"

"去许都?"司马懿登时一怔,上身向前一倾,问道,"父亲是想去观仰圣都吗?"

"天子脚下,皇皇巨城,别人稀罕,为父却不在乎,再说,如今身子骨也老了,懒得动换!"司马防捋捋灰白相间的胡须,神态如同仙翁一般,"可是那个曹孟德几次来请为父,为父回绝他不下三次,他还是不死心,今天早上又遣人来请,还让把你大哥和你一起带上。既然他那么诚心实意,为父心想,去就去一趟吧,也不是什么大不了的事,若再拒绝,就未免显得我司马防太矫情了,因此才让你赶回来!"

司马懿倒不在意什么曹操不曹操,让他欣喜的是能见着许久不曾相会的老友。可是曹操为什么要我和大哥随父亲同往呢?他百思不得其解,索性不再细想,跟父亲与大哥聊了一会儿郡上的事,出了屋,从后园穿过曲廊,直奔自家而去。

次日一早,下人打开大门,正准备清扫门庭,却发现门口停着一辆车,双辕驷马,车上马夫压着斗笠正睡得香甜。下人将他唤醒时,他一激灵,差点儿没掉下来。

原来曹操念及司马防年岁已高,特意安排了安车来迎。安车,即安稳可坐之车,供德高望众者乘用,有一马安车、双马安车,也有驷马安车。驷马安车只用于礼尊之人,规格最高,曹操对司马防的尊重观照可见一斑。司马懿却不以为然。

司马防被人搀扶上车。安车在前,司马懿与司马朗策马在后,原本只有一天半的路程,因要照顾司马防,生生走了三天。曹操亲自来迎,依仗浩荡,文武井肃,两人相见,司马防就要行礼,曹操急忙止

第二章 司马懿装病,拒绝入曹营

住，搀起他的手，一起进城。

曹操一一向他介绍朝堂重臣及自己司空府的掾属，荀彧、程昱、荀攸、陈群、郭嘉、蒋济、辛毗、杜袭、赵俨这些人，有的见过，有的听过，当介绍到御属孙资、令史刘放时，司马防不禁多看了几眼。

今日到场的人，无不权尊势重，禄秩优厚，单拿陈群来说，他现为西曹掾，秩比四百石，专事府内各掾属的考功评议，对其有迁谪任免的权力，故而有"令在司徒，位在西曹"的说法。御属、令史则是掾属的下手，秩百石，平日也就是替曹操办理文书车马之类的琐事，身份低下，不入流品，众人不屑。就是这样位低秩薄的人，竟也与陈群等上官同处一堂。

这样做曹操必然是有其用意，他很可能是想借此显示出对府内掾属的一视同仁，但深意，还是对这两人的器重。司马懿这样想到，看了看陈群，又瞥了眼司马朗，只见司马朗双手交叠于前，两眼平视前方，面露浅笑，正经庄重，就像站在朝堂等待天子召见的侍臣。

曹操携司马防在主位坐下，其他人也依照各自身份落座，曹操一声"开席"，四个役夫吃力地抬来一个半人多高的四方鼎，鼎内沸水与牛肉齐翻滚，香气扑鼻，勾人肠胃。司马懿眼尖，看到其中一个役夫忍不住舔了下口水。这时曹操举起酒爵，朗声说道："司马公任洛阳令时，不以我出身卑贱，举荐我做了洛阳北部尉，我由此入仕，杀贼去奸，除暴安良，拱卫汉室，屈指已二十七年。如今虽未到海清河宴、时和岁丰之时，但为期亦不远矣，这都赖诸君戮心同力。有道是'穷不忘操，贵不忘道'，照我说，贵不忘道，更不能忘情。洛阳令于我有提携照顾之恩，若非洛阳令，曹某不知今日身处何种境地，故而劳请洛阳令到许都，观鸟斗兽，以作娱乐。洛阳令身得自在，心享逍遥，寿比南山，坚如松柏，就是我的福气。今天曹某备下薄酒，此为家宴，众人不是亲朋就是故旧，不必拘礼。来，诸位，干了这一爵！"

众人掩面仰脖，爵干酒尽，而后各自畅叙。曹操见大家其乐融融，颇有点自负地对司马防说道："洛阳令，若非曹某披荆棘、兴义兵、讨不臣，这些人又哪里能在此优哉游哉地吃酒寻欢，天子又哪里能安坐宫廷而不必遭受离乱之苦。洛阳令，我可与哪位古人相提并论？"

"司空救乱诛暴，居功至伟，不过老夫只知今人，不闻旧事，不知道司空可与哪位古人同烁古今。"作为客人，客气话还是要说的，而随后的一句毫无隐藏地表明了司马防的态度，"不过老夫当年举荐司空时，司空的才能也就只适合当一名县尉！"

曹操听得出他话里的意思，但他没有恼怒，反倒眉开眼笑。

司马防能对自己直言而谈，不加掩饰，一是他跟自己没有利害关系，二是对彼此情谊的尊重与珍视。看着众人欢笑，一种深深的难以名状的寂寞感朝他袭来。

吃罢酒宴，已至深夜，司马防喝得多了些，没等人散去，就靠在凭几上睡着了。司马懿与司马朗左右搀着，伺候父亲去曹操安排的卧室。

清晨刮起的大风，过了正午，悄然隐遁，只剩下婆娑之声在树间穿梭。曹操轻装皮冠，领着司马防父子，去许都三十里外的许田围猎。

前有曹操麾下最精锐的虎豹骑宿卫，人数约有五十人，后有侍女仆从跟随，正中间是天子仪仗，往后是曹操、司马防、荀彧，再往后是一干朝臣掾属。车辚辚，马萧萧，弓箭长刀各在腰，不像去田野寻乐，更像是出征的大军。

到了许田，曹操吩咐虎豹骑都统、领军将军曹纯安排人安营扎寨，自己也不管天子，径直跑出老远。须臾间，就提来两只灰毛兔，笑哈哈地来到司马防面前，道："洛阳令，咱们晚上有得乐啦！"

司马防也不搭话，只是捻须而笑。

过了一阵，司马懿听辛毗喊道："天子来了！"

顺着他手指的方向，司马懿看到一个眼神无光、身形单薄，甚而有些伛偻的青年。他骑着马，在自己的营帐前踱来踱去，胯下的马像是刚被驯服不久，四蹄还不时奋起，几个太监护在左右，生怕他坠落。

让司马懿更为惊讶的是他细长白皙、毫无血色的脸庞。他是遭受了怎样的打击、怎样的屈辱，才会变成现在这样！如果不是戎装在身，他与病秧子并无两样。大概被关在宫里久了，不知不觉地就成这样了。一个人失去权力就如同老虎没有了利齿，任凭你如何张牙舞爪也是徒劳。说不上同情，但是司马懿的内心还是有些难受。

这个时候，一记刺耳的金属声传来，直刺得一众人等耳朵生疼，抬眼瞧看，只见从林子里钻出黑压压的一队人马。

这队人马通身铁衣，盆领护颈，假面罩脸，气势如虹，浩浩荡荡，约有千人，犹如一座巨山压来。打头的是曹纯，他手提长剑，气喘如牛，马背两侧各挂着四颗人头，有一颗还在不停地淌血。身后的那些精骑，同样绑着数量不等的人头，如同被风吹起的垂柳，微微拂动。司马懿细细一数，约有五十颗。

曹纯命人解下人头，堆放在天子的御帐前，仿若京观。天子吓得瑟瑟发抖，在太监的搀扶下几近狗爬地躲进帐内。

血淋淋的人头如小丘般矗在众人面前，引得大多数文官呕吐不止，有的竟至昏厥；几个武将凑到跟前，看个究竟，有的还用脚尖踢了踢。司马懿先是一愣，不知发生了什么，等人头堆起来，才猛地感到胸口一阵发悸，随后胸口泛起酸味，难受得要命。

这时号声响起，曹操和荀彧并肩从那队人马的后面走到曹纯身旁。荀彧脸色沉重，不如说是沉痛，但曹操的情绪看上去丝毫没有被那堆人头影响，反倒朗声笑着。笑过后，他捋着胡须，对荀彧说："文若（荀彧字），你认为我苛酷重刑，刚虐残傲，才有那么多人反对我，劝我行宽施仁，说非宽大无以兼覆，非慈厚无以怀众。文若，你以为那些人恨我入骨，只是因为我的手段吗？你错了，大错特错！他们反对我，是我夺去了他们的权力。他们以为杀了我，就能重掌大权，无人监管，随心所欲，这样岂不再现桓、灵乱象？朝堂之上，蝇营狗苟，卖官鬻爵，百姓们流离失所，嫁妻卖子。这些惨景难道是文若你想看到的吗？不是我喜欢杀人，更不是以此为乐，而是'不得已为之'。假使我不用重典，打压豪强，拔寒士于草莽，屯田安民，幼有所教，老有所养，重新收拾民心，光靠杀杀打打，能造出个朗朗乾坤吗？假使没有我，更不知几人称帝，几人称王！今日这件事，若非我早有准备，许田岂不就成了我的死地？我要是死了，文若，你以为天下会如何？"

荀彧只是拱拱手，没有说话，也许这件事来得太过突然，他还闹不清原委，因此不便多言。曹操见他没有反应，横眉一挑，直视在场的所有人。

此刻，鸦默雀静，只有带着血腥味的风在耳边忽忽吹过。曹操突然大喊："伏完！"大家都惊慌失措，伏完更是三魂出窍、七魄飞天，带着高冠的脑袋因为惊吓而剧烈的左右摇晃。

两个铁甲军士将他拖到曹操面前。他跪倒在地，脸几乎埋在土中。一个军士骑马到前，向曹操禀报："启禀司空，伏皇后与华佗被夏侯将军擒杀，相关人等也已伏法。"

"洛阳令和他的长公子安全送回许都了吧？"

"启禀司空，二位尊客已安全送回城内，安顿妥当。"

"元让（夏侯惇字）为人俭朴，做事又稳当，真是我的好兄弟。"曹操领首称赞，顺势瞅了眼远处的司马懿。

司马懿神情漠然，似乎对眼前的一切熟视无睹，曹操一扬马鞭，指着伏完说道："伏完，你原本只是一介儒生，我见你深沉大度，因此表奏朝廷，封你为屯骑校尉，又让你女儿为皇后，使你荣升国丈之尊，享尽富贵荣华，你不思报答也就罢了，为什么还要加害我？"

所有人的眼睛齐刷刷地扫向伏完，曹操所问的，也是他们想知道的，伏完哆哆嗦嗦，半晌才吞吞吐吐地道出几个字："我……我……"

"建安四年，董承被我诛杀，伏后恐惧，要你谋我性命，你就从你的屯骑营中挑出精壮，练为死士，御医华佗全权负责此事。你们自以为做得神鬼不知，却没想到，两个月前，你府上管家伏典与你的宠姬私通，被你发现，痛打一顿，伏典难解其恨，遂向我告发你等的阴谋，我则让他做了内应，你们的一举一动我都了如指掌。官渡之战后，我领兵征刘备，本打算打败这个大耳郎再回头将你们一网打尽，可能也是刘备命不该绝，竟让他逃了，还折了许多兵马。"话到此处，曹操一脸苦相，没有灭除刘备让他很不甘，"从叶县回军后，伏典告诉我，你们觉得我兵败，人心浮动，准备趁此杀我。我将计就计，以狩猎为名，将你们引到许田，而我早已在丛林里埋伏下千余虎豹骑，任你那些死士会飞檐走壁、隐身遁形，也逃不出天罗地网。"

伏完稍稍扬起头，一与曹操锐利的眼神相对，完全趴倒在地。曹操向空中一甩鞭，对曹纯说道："子和（曹纯字），剩下的事，就由你处理了。记住，不要错怪一个好人，更不要放过一个坏人。"

"末将领命！"说完，他调转马头，领着人马朝许都方向奔去。

曹操打马来到司马懿面前，问道："仲达啊，没吓着你吧。情势紧迫，只有雷霆万钧的势头，才能不被羁绊，不为所累。"

"多谢司空教诲，在下谨记在心。"

到了这个时候，司马懿算是看明白了，曹操邀父亲到许都一游，完全是他为了除掉伏后一党精心策划的一步棋，父子三人都成了他手中的棋子。而其悄无声息、干净利落地铲除反对者，更是让司马懿后背发凉。

他带着复杂的心情看了看一旁的那几个老友，想道，他们和自己一样，都不过是曹操的棋子，还有那个病恹恹的天子。此时此刻，他才真正意识到陈群说的"难得曹司空有兴致，带着我们一道夏猎"这句话里"难得"二字的含义。或许他早就知道，只是不说而已。

回到许都司空府，曹操屏退左右，对许田一事表达了歉意，之后转换话头，对司马防说道："洛阳令，我有一事相求，不知道能否应允？"

"曹司空身居宰辅，一呼百应，没有什么话别人不敢听，没有什么事做不成的，竟还要来求我这个老朽？"

"洛阳令这话，我可当不起。"曹操先是抚掌大笑，旋即正色道，"纵观自古以来的英杰，无不是有高才辅佐才成业兴霸。刘邦最初不过是一个游手好闲的村痞，刚起兵时屡屡遭败，还遭雍齿叛变，前后投靠景驹、项梁，以求自保，后来得了张良、韩信，才慢慢回转，可见人才聚，万事兴。六年前，我在贵府第一次见到这两位公子，便十分欢喜。司马朗有仕宦的经历，深具干才，司马懿师从孔明（胡昭）先生，又从小承洛阳令教诲，必定也有经天纬地之才。陈群、辛毗、蒋济等人也常在我面前提起司马懿，说自己根本比不上司马懿。我欲请二位到司空府出任掾属，洛阳令以为如何？"

这是第二个目的，司马懿这样想道，曹操心机深得让他感到恐惧。他看着司马防，不知道父亲会怎么回应。

"曹司空过誉了，老朽这两个犬子顽劣得很，尤其是这个二小子，脑子长得似乎跟别人不太一样，要是惹出什么麻烦，那老朽如何有脸再见司空。不过老朽身为人父，自然也希望自己的儿子有个好前程，望子成龙嘛，至于出任司空府掾属，还得看他们自己的意愿。"

父亲竟然把球抛给了自己，司马懿觉得不可思议，像这种大事，一向是父亲做主，今朝怎么让自己决定了？

曹操眨了眨眼睛，又是一阵大笑，道："这事不急，洛阳令可与二位公子好好商议商议，如有意，可再告知我。"

三人在司空府又住了一晚，第二天，曹操亲自送出城去，又遣人将司马防父子安妥地护送到家中。进得家门，三人各自回屋换了衣服，然后来到书房。这次议事的主题自然是出任曹操掾属一事，司马防的话解开了司马懿的困惑。

"往日在家，一应事宜都是为父做主，比如让朗儿你去做理民的实务，还有让懿儿你拜学名师。不过出任司空掾属，这事太大，要知道，给曹操做事，以后就完全跟他及其背后的权力捆绑在一起，他荣你荣，他败你败，可能还会牵扯到整个家族，因此不能只以为父一人喜好决定你们和家族的命运。另外，为父现在跟你娘一样，身体越来越不中用，不可能一直替你们打算前程，今后的路还得靠你们自己走。所以，是否去司空府，还要听听你们的意见。"

司马防这番话语重心长，兄弟俩唏嘘不已，司马朗说道："父亲，儿子愿去。一来，曹司空表面上客客气气说'相求'，但他既然开口，料想定是强要我与二弟为他效力，否则必有不利；二来，儿子当初辞官回乡，是因为官场黑暗，使儿子心灰意冷，如今曹司空鼎新革故，气象一新，况且，曹司空确是求贤若渴，每个投效他的人，都能给予符合他能力的相应权位，儿子去了司空府，一定能有所作为。仲达，你是怎么想的？"

"我不去！"

司马懿说得很干脆，听那语气，丝毫没有商量的余地。司马防和司马朗不约而同地问他理由，司马懿将两年前在浑陆山与辛毗的一番话跟父亲和大哥说了一遍，而后又言："名门大家要有名门大家的傲气与风骨，若是他曹操一招手，我们便趋之若鹜，就会在他心中降格一等，而且大哥已同意效力曹操，我去与不去也就无伤大局。荀尚书说曹操疑心，疑心者通常有两大毛病，一是事事都想到最坏，二是事事求圆满。事事想到最坏，便会揣测我的心思，可能会派人前来监探；事事都求圆满，就如大哥刚才说的，曹操一开始要的就是我们兄弟两个人，见我没跟大哥一道去，肯定不如意，一定还会有第二次征召，到那时我再去也不迟，这样还能杀杀他的那股霸气。孔明（胡昭）先生曾问我《孙子兵法》的要义，我回答说全书洋洋洒洒，只是在讲一个字——势，也就是选择。分为顺势、转势、变势、应势、随势。孔明（胡昭）先生认同我的分析，但同时指出我过于偏重应时权变，见形施宜，做人应该还是去掉机权，多些忠毅。孔明（胡昭）先生所言甚是，不过放到现下，我以为正合时宜，此时此刻，大哥是应势，而我则是变势。"

"懿儿，你能与辛毗说出那番话，说明你真正成长了。咱们司马家不是一般世家可比，更不用说寒门微户。说穿了，安定天下还是得靠大族的力量，大族是承应朝廷与黎庶的纽带，上有天子悬悬而望，下有百姓举首戴目，你看得很长远，为父很欣慰。"

"这全靠父亲教导有方，孔明（胡昭）先生训育有道。"

"二弟要是不去，也该想个法子应付曹司空。"司马朗说道。

"我早就想好了主意，如果曹操派人来问，父亲和大哥可回复说我突然患了风痹，不能起居。"

"你先前还好好的，一从许都回来就得了风痹之症，这等话怎么能瞒得过曹司空？"

"瞒得过最好，要是瞒不过，我也只能想方设法地让他相信。父亲不是说凡事忍为先嘛，一忍得百闲，值得。"

第三章 丞相制恢复,再次入仕途

从建安六年（公元 201 年）算起，刘备来到荆州也有五个年头了，他生活安定，虽然还没得子，但女儿却有了，也算有福。

放在常人身上，这已是天大的福分，对他来说，却是沉重的负担。他终日长吁短叹，自己擐甲执锐，征战奔走，却没打下一块属于自己的地盘，还得依靠刘表，趋炎附和，看他的脸色。

这日，刘备一个人在屋内踱步苦思，有下人来通报："启禀将军，糜竺事求见。"

"快请！"

没等糜竺进来，刘备连木屐都没穿，跑到屋门外等候，待他进来，拉着他的手一同进屋。

"子仲（糜竺字），景升（刘表字）可曾同意拨付三千把环刀？"

"主公啊，刘荆州这次不仅不按上次许诺拨付军械，还要求我们裁撤军士，说有人向他进言，主公自从寄寓荆州，长年受到他的恩惠，主公素有大志，不会久居人下，待主公羽翼丰满，必定觊觎荆州。刘荆州劝主公低调行事，不落话柄。"

"'低调行事，不落话柄'！哼——"刘备攥紧拳头，怒不可遏，"我的这个好宗兄，耳根子就是软，蔡瑁说什么，他就信什么！"

"主公怎么肯定是蔡瑁所为？"

"除了他还会有谁？蔡瑁掌握荆州水陆兵马，其妹又是我那宗兄的宠妻。蔡瑁欲立其外甥刘琮为主，而我素劝宗兄以袁绍之事为戒，蔡瑁早就怀恨在心，无时无刻不在宗兄面前毁谤我。如今竟断了供应，往后要我如何守住这个新野城！"

"新野城主公不用守了！"糜竺说道，"刘荆州让主公移屯樊城，两日后动身。"

"樊城？"刘备眉头紧蹙，"看来宗兄对我也开始有了猜疑！"

"这话怎讲？"

"子仲你来。"刘备将糜竺拉到席上坐定，道，"新野城北依宛洛、南接荆襄，平川沃野，地形势胜，自秦以来，便有'南北孔道，中州屏障'之称。宗兄让我屯驻此地，北拒曹操，是觉得我靠得住。现今却要我移驻樊城，这是怕我占据要津。这不是猜疑又是什么！"

"那当如何？"

"寄人篱下，非我所愿，可是眼下尚需仰人鼻息，只能听其调遣。"

"那在下明天令人打理准备，后天一早出发。"

糜竺转身就要出去，刘备急忙叫住："子仲，等等！"

他略一沉吟，说："现在就准备吧，明天就去樊城。"

"这么急？"

"宗兄既然已对我们有所疑心，咱们就得多加留心，他让两日后动身，咱们提前去，以表明咱们并无非分之想。"

糜竺听得出刘备话中的悲苦，然而不这样做，也许连荆州都无法存身。袁氏亡了，总不至于再去投靠曹操吧。昔有勾践忍辱复国，终成霸主，今有主公忍气养志，何愁不能成就大业。比起刘备的忧愁，糜竺对未来显得信心十足。

看着杜畿送来的塘报，司马懿如释重负。

按理说，乌丸被灭，袁熙投奔公孙度，被其斩杀，首级送到许都等事，跟自己没有任何关系。他很奇怪自己为什么会有这种感觉，搜肠刮肚，希望能找出说服自己的理由。大概是此前一直关注这场大战，如今尘埃落定，自己再也不用每天伸长脖子盼着塘报快点到来的缘故吧。

"奉孝（郭嘉字）的病还没痊愈吗？"司马懿将塘报交还杜畿。

郭嘉随曹操征乌丸，一路穷山恶水，更有长达二百里的地段干旱无水，加上风餐露宿、水土不服，以致染上风寒，从乌丸回来后就一直卧病在床。上次杜畿从传递塘报的司空府役口中得知，郭嘉的病还没有痊愈。

"那个府役这次没听到消息，可能还是老样子！"

"老样子"就是还没康复，都过去一年了，竟还没养好，说明病情严重。司马懿放心不下，真想去许都探望探望，但这又不可能，他看着杜畿，要不劳他走一趟？

司马懿这么一说，杜畿即刻动身。他走得快，回来得也快，是怕司马懿在家苦候，路上一刻也没有耽搁。他带来的消息是，郭嘉怕是没多少时日了。司马懿心口猛地一紧，一口气差点没上来。

司马懿与郭嘉相识较晚，谋面次数也不是很多，但因着陈群的关系，书信往来，情谊相通，很快就成为挚友。

"我问了他家的管家，管家说，他的病本来调息静养，是完全能够痊愈的。可是身体刚见起色，他就硬跟着程昱去东边各县统查田亩，谁也拦不住。这么一忙碌，病情又加重了，此后再也没有下过地。"

"这个郭奉孝，可真是……可真是……"

司马懿痛心入骨，连连咳嗽，张春华在他胸口揉了几下，才稍有好转。

"如果奉孝不幸病故,以我现在身躯,岂不是不能送他最后一程?"司马懿蹙额心痛地敲打着自己的双腿。

"人各有命,仲达也不用太悲伤,风痹之症如能康复,尽可承继郭嘉的遗志,也算对得起朋友了。"

"是啊,杜都尉说得一点儿没错,夫君与其唉声叹气,让人跟着夫君不痛快,不如尽快把《孙子兵法势略》写完,也可惠及子孙,一家兴,万户宁,国家昌,这才是大丈夫所为!"

立秋后的第四天,郭嘉病逝,得知消息,司马懿身披素服,以示哀悼,一边嘱咐张春华,"烧七"期间,不进荤食,不事娱乐,又每隔七日,在自家屋中焚香明烛,供献酒肴祭奠。

邺城始建于商,齐桓公称霸时重新修筑,至战国,为魏国陪都。袁绍雄霸四州,以邺城为治所,苦心经营十余年,成为首屈一指的名城。

曹操占领邺城后,发现它城巨、人多、墙高,而且地理位置优越,比起许都丝毫不差,因此将自己的司空府和一干掾属,以及朝廷中枢迁到了邺城。他另外考虑到,许都毕竟有天子在朝,做起事来多少会有掣肘,殿上反对自己的那些人,看得也实在心烦,却不能一个个都杀了。迁邺后,许都地位陡落,城中只剩一班酸文弱士,眼不见心不烦,任由他们自个儿热闹去。

曹操初到邺城,做了几件事,一件事是阔延邺城的规模,他用时三年,在原邺城的一侧修建了新城,称为北城。北城东西长七里,南北宽五里,设门六座,正中由大道贯穿,分为南北两部,北边为公府官署所在,以及名为"戚里"的供显宦贵游居住的高楼;南边是普通百姓的居所,全由北方各地迁移充实。

第三章 丞相制恢复,再次入仕途

第二件事是在旧邺城的深壕外增挖了一条护城河，并增设两道城阙，使整座城池的防御体系更加完备。新城落成后，曹操对司空府几个掾属的职事进行了调整，这是他做的第三件事。

司马朗被外派到堂阳县任县令，曹操要发挥他善理庶务的能力，将堂阳这个治安混乱的东部重县好好治理一番，待积累政声后再行提拔。

陈群以西曹掾身份兼任司空府参军，文武兼具，可见曹操对他的信任。辛毗被加官侍中，侍中虽然是个散职，但因其能随从天子左右，出入宫廷，非亲信贵重之人不能任。如今曹操代天巡狩，辛毗就可以侍中之名出入曹操私宅，常与策对，这说明曹操将他视作心腹。崔琰由掾属升任尚书，位在中枢，这是对他在征袁战役中立下的功劳的表彰。

荀攸在原赐邑三百户的基础上，又赐邑四百户。他的叔父尚书令荀彧，被曹操赏赐了千户食邑，曹操本欲将司空之位让给荀彧，被他坚拒，于是又增赐食邑千户。

赵俨被任命为都督护军，负责邺城所在的魏郡所驻军队的军纪督查，同时管理全郡的民屯事务，杜袭也同有封赏。

从这次封赏任命看来，以荀彧为首的颍川人依旧是曹操倚重的对象，这让非颍川人士，如孙资、刘放在艳羡的同时，也不可避免地产生了嫉妒，常在曹操面前风言醋语。

这是曹操早就料到的，他丝毫不恼，反倒格外高兴。在颍川名士云集的司空府，需要听到不同的声音，这正是他通过这次封赏任命要达到的目的之一。

收拢人心，一方面要使对方感受到自己对他的器重，一方面也要注意不能被他所累，成了别人实现自己目的的工具。这就必须在重用君子之才的同时，重用小人之才，让那些名士时刻感受到危机，因而更加用命，更加忠诚，反过来自己再愈加恩宠，形成良性循环。

孙资、刘放说不上小人，但也绝不是什么正人君子。这两人受到曹操青睐，除了的确博学多才，更因出身卑微，广通黎庶，消息灵通，故而被他倚为耳目。

孙资、刘放对名士虽然有种天然的反感，但并不是每个人他们都冷眉相对，崔琰与蒋济就是例外。这两个人不似荀彧、辛毗、陈群等人那般高高在上，崔琰更像是乡间的耆老，充满智慧，亲切慈爱，没有架子，容易接近；蒋济出身跟他俩相同，性格随和，待人热情，相比崔琰，更无话不谈。

这日沐休，二人从酒舍打来一坛子老酒，来到蒋济家。下人回告，蒋济去城西阜成河钓鱼去了。二人拎着酒，雇了两匹马，来到阜成河。只见蒋济头戴破帽，背靠大树，正全神贯注地盯视着河面。

刘放暗道，这个蒋济，真是会给自己找乐子。

二人安静地站在树后，等一条活蹦乱跳的鲫鱼被蒋济甩到岸上，才叫着好出来。封赏之事过去了快十天了，但二人依旧耿耿于怀，抱怨司空不给他们做主，蒋济听后，笑道："二位兄台如果天天为这种事烦恼，这日子还怎么过？在下不也没有加官，没有晋爵吗？咱们只要以忠心事司空，以才智辅司空，做好自己的本分就可以了。司空可绝对不是糊涂人，他心里比谁都明白，又怎么是我等能揣测的！"

"子通（蒋济字）莫要怪罪啊，在下与彦龙（孙资字）兄其实也快忘了这事，可一见子通，忍不住又提起来了。莫怪，莫怪！"刘放说道。

"要说司空明察秋毫，一点儿不假，可是老话讲，家务事累死英雄汉。"孙资解开酒坛封泥，在地上排开三个大碗，倒满酒，自己取来一杯先喝了几口，说道，"司空再英明决断，可也免不了俗。"

"这话怎么说？"蒋济手拿酒杯看着孙资。

"司空在朝堂是司空，在家中是父亲，父亲爱幼子，打算立他为嗣，众人看得一清二楚。可废长立幼从来都是大忌，袁绍不就是明证吗？若非如此，何至于败得如此快！"

一侧的刘放频频点头，附和道："司空向来不拘泥俗礼，因此我等寒门亦能出入公府，授予职权。可是立嗣又是另一回事，嗣子不仅要承继司空曹氏族长之位，更要承继司空的官位爵品，兹事体大，于国于家于众属都有着莫大的利害关系。最为根本的则是，立嫡以长不以贤，一旦有所变故，必将动摇根本。我担心以司空今日之重，逆势而行，必将使他奋身徒步、白旄黄钺十七年打下的基业毁于一旦，让野心者有可乘之机。曹丕公子虽然为人有些莽撞，但司空除了从小将他带在身边赴熊虎之任以外，又何曾聘请名师教导过他？可不管怎么说，曹丕公子身为长子，理应成为继承者。顺天应民才是长久之道，这也正是司空能略平北方虎视南土的原因。子通，你觉得呢？"

蒋济一开始还纳闷这两人怎么说起立嗣这事来了，听到这里才恍然大悟，原来这两个人是来找支持者的，与我称兄道弟的目的也在于此，只是……

这两个人什么时候结交了曹丕？

他们为了曹丕四处奔走，寻求支持，难道不怕被曹操发现吗？不过反过来，如果他们能帮曹丕顺利接位，势必成为曹丕最为倚重与亲近的人。恩赏自是不用说，说不定还能左右军政，比之将来的富贵，如今冒一点儿险算得了什么！

曹操虽然宠爱曹冲，也确实表露过立他为嗣的意图，但蒋济认为，曹操在这种事上，绝对不会感情用事，他那时候的表态或许只是突然来了情绪。至少到目前为止，曹操没有下达任何正式的文书确立曹冲的地位，立他为嗣的可能性微乎其微。

除了曹丕，那几个成年的兄弟可能也都在暗自较劲，觊觎宝座。这么一想，曹冲未免有些可怜。这个见到谁都面露无邪笑容的青衫少年，可能从未想过，自己会被卷入这场争斗之中。更令他没有想到的是，自己的哥哥，竟将他视为眼中钉，欲除之而后快。

将相帝王之家，浓情蜜意的背后，皆是刀光剑影的暗杀与烛影斧声的猜疑，历朝历代都不能幸免。

自己该站在哪边呢？

理性分析的结果，让蒋济选择了曹丕，无论是于公于私，他都需要这么做。孙资、刘放得知他的态度，喜不自禁，一连灌下两碗酒，也许是因为酒醉的缘故，这两个人说起话来开始口无遮拦。

"子通，我方才说曹操不拘泥礼法，就立嗣来说，他看重的不是嫡庶长幼这样的名分，而是统御、操柄的才能。老实说，曹丕公子除了驰骋沙场，诸多方面皆不如曹冲，因此曹冲一日不死，我心里头就一日放心不下。曹丕公子虽没有明说，但我觉得，他其实早有这个意思。我们既然支持曹丕公子，就应该想他没有想到的，做他不敢去做的。"

都说一将功成万骨枯，同样，一个人上位，在他的脚下，也堆满了反对者、碍眼者的累累尸身。"斩尽杀绝"在这里不仅仅是对付他人的手段，更是自己的生存之道。

孙资、刘放走后，蒋济重又甩下鱼竿，很快，鱼线抖动，这是有

第三章 丞相制恢复，再次入仕途

鱼上钩,蒋济用力往上一拉,鱼竿"啪"地断成两截。他愣愣地注视着漂在水面上的那截断木,突然意识到哪里不太对劲。

对。是陈群!

曹丕因为何晏的事,对陈群怀怨已久,一旦继嗣,必然对他不利,往最坏处想,可能性命都保不住。蒋济思来想去没有主意,这事又不能向他人请教,免得引起不必要的麻烦。还是得找权枢之外的人,没有切身利益,必定比自己看得透彻。

他想到了司马懿。

五天后的沐休日,蒋济身骑快马,径直奔到温县,还没到司马家,就瞧见府门两侧挂着白绫,心下登时一紧。下马递上名刺,不多时,管家一身素服,脚踏碎步来迎,将他带到司马懿面前。

只见司马懿身披重孝,面容憔悴,嘴微张,哼着儿时秦氏教她的歌谣。蒋济听他唱完,轻轻呼唤他的名字,司马懿似乎是用尽全力一般抬起头,注视着他,眼神空洞,没有情绪,没有光泽,就像是手艺拙劣的木匠雕出来的塑像。

"子通,你来了。"声音微弱,精神不振。

"仲达,这是?"

"老夫人过世了,十几天前刚办完一应礼俗。"管家在一旁轻声回道。

"崔先生当日因母逝,到浑陆山找孔明(胡昭)先生纾解心绪,涕泗滂沱,哀动左右。我当时以为那样太过,近乎虚假,如今家母病逝,才知无论怎样号哭,不足以表达心头悲痛。"

张春华挺着大肚子,由一个小姑娘搀着从里屋出来,似乎是要晒晒太阳,一见有外人,就要转身回屋,却被司马懿叫住,说这是浑陆山老友,不用回避。

张春华的肚子里正孕育着新生命，生死相替，喜悲交加，蒋济不觉哀戚，眼眶有些湿润。他擦了擦眼角，不知道这个时候对司马懿说那件事恰不恰当，可是这又关系陈群今后的命运，身为朋友，不能袖手旁观。

司马懿听完蒋济的讲述，无神的眼睛慢慢放出一丝光彩。他敲了敲自己的腿，说道："大乐必易，很多事没有我们看到的那么复杂。"

"你是说让长文（陈群字）兄去杀曹冲以表忠心？"蒋济目瞪口呆。

"子通，你想多了！"

司马懿令人将自己推到天井中央。

"你可让长文兄给曹丕写一封信表明心迹，要是觉得这个不稳妥，那就找曹丕当面谈谈。长文兄生性正直贵雅，不会为媚人而违背道德，大概不屑做这种站位奉意的事，你要劝他，为人是一回事，处事又是一回事，势变人也要变。拿曹操来说，他是打心眼里瞧不上士族的，但为了自己的霸业，还不是照样重用。曹丕要想顺利继嗣，光靠孙资、刘放这样的人远远不够，更需要高门名士的支持。因此只要长文兄站在曹丕一边，曹丕一定会放弃私人怨仇，真心诚意地接纳长文兄，以助自己，只有蠢人才会把他推到敌人那里去。继嗣后，曹丕势必要稳定局势，甚或创造比曹操更为辉煌的大业，这就更需要依靠像长文兄这样威望与德行并重的臣属。"

"仲达深居县邑，却对谋策善后、勇怯强弱、进退疾徐洞若观火！"

"子通，我提醒你一句，辅佐人主，既要让他对你寸步难离，也要让他对你没有忌惮。"

"你这都是从哪里学来的，孔明（胡昭）先生可没教你这些！"

"子通真是迂腐，先生虽未曾直接对我讲授过这些，但与先生相处多年，也可领会一二，而且我在家这么多年，一刻也没闲着，将在山中所学与《孙子兵法》相结合，悟出不少心得。"

遂与他说起《孙子兵法势略》一书。

也许是因为蒋济的缘故，无论是心情还是气色，司马懿都比刚才舒朗了不少，看到熟悉的人，说起彼此之间相通的话，总是能让人松快愉悦，忘却许多烦恼。说到最后，司马懿一扫原先的颓唐无助，绽开笑颜。

"我看这个月县上的塘报，说本月初二，曹操令曹仁率领一支劲旅，南下试探刘表的实力。刘表派刘备御敌，打得曹仁溃不成军，只带着百骑狼狈而归。我只知道刘备屡战屡败，这次怎么有如神助？"

"我原先也不解，后来听程昱说，是刘备在樊城请了一个叫诸葛亮的人做他的军师，才有这次的大胜。"

"诸葛亮？"

"诸葛亮，字孔明，号卧龙，琅琊郡人。目前我只知道这么多。"

"卧龙？"

卧者如龙，腾飞之日岂不更是气势如虹！司马懿将这个名字暗念几遍，铭记在心。

聊过诸葛亮，蒋济问道："仲达，曹冲必须得死吗？他还只是个孩子，什么都不懂！"

"要死。"

"非死不可？"

司马懿没有直接回应他这个问题，只是说："曹冲之死，不能全怪曹丕，一则是曹冲年少，不懂得潜藏之道，锋芒逼人；另一个是曹操把对曹冲的喜欢全都放在明处，让曹冲成为众矢之的。要说曹冲之死，完全是被曹操自己害的！"

"看来曹冲是必死无疑了。"蒋济仰天长叹，"只是不知道他会怎么个死法。"

"这你就不用多操心了，大概已经有人在策划这一步了。"

蒋济低下头，注视着司马懿笃定的表情，随后点点头。

曹丕府内漆黑一片，只有一间没有窗户的小屋闪着豆大的火光。

"给冲儿下药？这倒是个神不知鬼不觉的好法子，只是那个人可靠吗？"曹丕问道。

"启禀公子，那个人的儿子现在我们手中，他干也得干，不干也得干！"

"这就好，这就好！"

曹丕的声音很轻，即便身在旁侧，孙资、刘放有时也听不清他在说什么。这是一个人处在既兴奋又紧张状态中常有的现象。

"冲儿啊，不是大哥非要你死，只是你不死，我就活不了。昔汉武帝立子杀母，父亲要是真的立你为嗣，为保你大位稳固，定然也不会给我好果子吃。我顾得了自己，就顾不了你了。"

他回头问孙资："我那个弟弟什么时候能死？"

"那人说，一年左右即可。"

"一年啊，长了些！"

"公子，若是求短，必定会引起司空的怀疑。那人先在饭食中下药，使曹冲得病，任何一种病都有轻至重、缓到急的过程，一年时间不长不短。曹冲最终因病而亡，司空问起，那人也有个说辞，不至于怀疑到公子身上。"

"你们思虑得倒很周详！"曹丕瞪着那忽闪忽闪的火烛，长长的影子投射在屋墙上。他阴阴地问道，"二位与我来往，没被父亲发现吧？"

"公子请放心，我俩做得很隐秘，司空绝对发现不了。"

"府内有你俩出谋划策，府外得蒋济、陈群支持，我还愁什么呢，哈哈！"

"公子要想成事，还需倚重一个人。"刘放躬身笑眯眯地说道。

"哦？是哪个人？"

"崔琰崔尚书。崔尚书上通朝廷，下达府衙，公子厚重于他，不仅能获得敬重名士、善结人物、胸怀旷达的名声，更可在朝堂上获得嘉誉。在下建议，公子以'武事尚可，文事不足'的名义，请司空将崔尚书聘为你的师傅，司空见你自求精进，自然欢喜不得。此后的事，也便顺理成章。"

建安十三年（公元208年）六月，骄阳高挂，热浪滚滚。盛热的阳光炙烤着万物，如蒸如烧。邺城的大街小巷、勾栏瓦肆，只有零零落落几个人，大部分人都躲在家中避暑，宁愿少挣点儿钱，也不愿意被毒辣的太阳活活晒死。

司空府内，因暑热曹操特许放假一天的缘故，显得比往日安静许多。曹操饮完蜜水，解下木屐，盘腿坐到榻上，吩咐杂役再给崔琰续上冰凉的井水。崔琰谢过后，又接连喝了两碗，衣服后背湿漉漉一片，拿着扇子使劲扇依旧大汗淋漓。

"哈哈，季珪（崔琰字），俗语说'小暑大暑，上蒸下煮'，今日这天气可够你受得了！"

"在下来邺城后，不知怎地，身体开始发胖，这才有如此窘态，还望司空莫要怪罪。"

"无妨,无妨!"曹操笑道,"这说明邺城风土养人啊!"

"季珪日后可随我多去爬山游泳,你看我虽年近古稀,可是夏日不热,冬日不冷。"程昱说道。

"仲德(程昱字)兄体格天生健朗,常人怎能与你相比,季珪应是体虚之症,改日我给你调理调理。"荀彧说完,将空碗放到案上。

"咱们言归正传。"曹操直起身,扫视三人,正色道,"如今仲德督练水军已成,兖州的七万铁骑也全数训练完毕,我欲发兵二十万,领众位到南方赏赏风光。刘备再有本事,他那个小小的樊城还能挡得住我二十万大军不成!况且,刘表虫蚁之辈,见我大军南下,说不定早就自丧其胆,不战而降。刘表既降,刘备身无立锥之地,拿什么跟我斗?"

"司空所言极是,如今中原已平,南土困顿,正是扫平割据的大好时机。"荀彧拱手道,"司空可兵分两路,一路由司空亲领,经叶县入新野,以煌煌大势直插荆州腹地;一路由司空遣一能征善战的上将阴出小路,以奇袭之势陷其鄢郡陋县,使刘表丧失回转之地,只能与司空正面对战,司空因此便无野战之忧。而一旦正面对战,刘表必死无疑。"

"文若(荀彧字)说得好!就按你说的办!"曹操拊掌大笑,视线扫在程昱和崔琰身上,"你们有何见解,一并说来!"

"在下附议!"两人异口同声道。

"不过,司空……"崔琰皱了皱眉,道,"我军多是北人,初到南土,难免会身染瘴气,导致疫病,司空还需有所准备。"

"这个我也想到了,我会从宫中挑几个医术高明的御医随军征战。"曹操一拍榻席道,"好,既然你们三位都觉得此次南征可行,我

第三章 丞相制恢复,再次入仕途

也就没什么好疑虑的了。不过沐休之日请几位过来,最重要的还不是这件事。"

曹操从榻上下来,走到荀彧身边,背着手,缓缓而道:"光武皇帝置司徒、司空、太尉三公,本意是各掌其官,各司其职,互有分担,彼此监督,不过说起来,掣肘得多,分担得少。如今军兴用事,若是再分权治政,令出多门,恐怕对南征大业不利。基于这番考虑,我想废除三公,重置丞相,可以便宜行事,诸君认为怎样?"

曹操目光锐利地落在荀彧身上,而后重新坐到榻上,一只手扶着凭几,身体前倾。跟他预料的一样,沉默一阵后,尚书令荀彧开了口:"三公制度,起于周公,历代虽多有损益,却从没有废弃。司空如今一人之下万人之上,天下无不仰瞻,何来分权治政,令出多门之说?且本朝自光武皇帝起就不设丞相之名,董卓乱政时,虽称丞相,可也没有废除三公。要是司空既称丞相,又废三公,恐天下人议论,于国不安,于司空也徒增烦恼。"

董卓强梁跋扈,尚且没有动三公体制,你早已是大权独揽,却还要自称丞相,难道是想篡汉吗?这便是荀彧话里的意思,直让程昱和崔琰暗暗为他捏把汗。再瞧曹操,他脸色如常,但眉间已有不快。曹操虽然早知他会反对,但没料到会把话说到这个份上,有些挂不住,手按着凭几咯咯直响。少顷,他让荀彧和程昱先行退下,只留下崔琰一人。

瞧着他额头上的汗珠,曹操解怀似的一笑,在他旁边坐下,说道:"荀令君耿介怀忠,高亮廉慎,可惜追随我多年,还是没有真正了解我。《论语》有言:'名不正,则言不顺;言不顺,则事不成。'我复置丞相,不过是使南征更顺遂些罢了。我意已决,择日便上奏朝廷。开府后,还需广揽英才。季珪,你做事秉正无亏,帮我拟一份名单,我一个个派人去请,记得,司马懿的名字一定要有。"

"司马懿?"

"季珪,不瞒你说,我延揽天下英雄,一个是借其智谋共同兴盛,另一个是使天下英雄尽入我的彀中,不为他人所用。七年过去了,司马懿的风痹之症也该痊愈了吧,趁这次相府开治,定要把他招来。季珪,你与他亦师亦友,依你看,司马懿是个什么样的人?"

"论智略,司马仲达不在崔某之下,论心机,深不可测。"

"这评价倒是稀奇,何来深不可测?"

"司空推心置腹,在下也不敢欺瞒,司马仲达有狼顾之相,如果没有能力驾驭他,必定遭其反噬。"

听到"狼顾之相"这四个字,曹操的眼中明亮如炬,眉眼一挑,大笑起来。

曹操跨出门槛,走到前庭,抬起头,看到天空不知什么时候聚起了层层云朵。太阳隐没其中,若隐若现,原先还有一丝风,此刻完全凝固了一般。

好像有几滴雨水落在了自己头上,曹操正要抬手,这时更多的雨滴打在他的身上,紧接着,滂沱大雨倾泻而下,瞬间将庭院浇湿。

雨下了半天就停了,但阴了三天后,又再度侵袭大地。从屋檐上淌下的雨水,密密地形成一道雨帘,敲击着地上石板。在多少有些阴冷的书房里,司马防凝视着早已凉透的茶水,久久才道出一句话:"懿儿,你想好了?"

"曹操的征召文书上写得很明白,儿这次去也得去,不去也得去。何况,儿七年前便已说过,曹操定有第二次征召,这早在我的预料之

第三章 丞相制恢复,再次入仕途

53

中。况且，儿在家潜隐七年，也该是时候出门去，振家门。唯一不舍的是，母亲丧期未过，小儿尚未满月。"

"你若已思量妥当，为父就不多说了。你三弟（司马孚）已成人，可行孝，至于你儿司马师，常言道，男儿志在四方，不能为家所累，等你在曹操那里稳当了，再接他们母子过去不迟。"

狂烈的雨声、萧索的风声，让司马懿的心难以平静，襁褓中的孩子拧着五官，啼哭不止，一双小手在司马懿脸上摩挲着，仿佛要抓住什么。

第四章

随军征张鲁,暗中助曹丕

群雄时代还没有完全结束，此时的曹操，南有荆州刘表，江东有孙权，西有凉州马腾、韩遂，汉中有张鲁，益州有刘璋，他还有很多扫尾工作需要做。

但对于司马懿来说，这些都没有意义，因为曹操麾下的人才实在太多了，这些从群雄时代大浪淘沙出来的老牌谋士就像一座座难以逾越的高峰，年轻的司马懿根本不是他们的对手。

年轻的司马懿等得起，他最擅长的就是等待。

郭嘉刚在前一年去世，此时曹操麾下最主要的谋士是荀彧、荀攸和贾诩。

幸运的是，曹操并没有打算让司马懿跟那些老牌谋士同台竞技，加入曹营后，司马懿得到的第一个职位是文学掾，主要工作是教曹操的儿子曹丕读书。

曹操的用意很明显，想把司马懿作为第二梯队的人才储备，而司马懿也非常满意：从资历上来讲，司马懿绝对比不上荀彧、荀攸、贾诩这些元老，从能力上讲，那些青史留名的顶级谋士都是在东汉末年最动荡的岁月中生存下来而且爬到金字塔顶端的人精，那绝不是世家公子司马懿所能比的。

反正已经错过了曹操时代的末班车，不如再等等，等待曹丕时代的头班车。

然后，司马懿渐渐发现一个很严峻的问题：曹操并不信任自己。

应该说司马懿那七年"卧病"生涯确实给曹操留下了一些印象，可惜不是什么好印象，直到现在曹操也不太相信司马懿真的病了。如果是真病倒还好说，如果是装病的话，能连续装上那么多年，连派去的密探都被骗过，这样的人城府太深，太可怕了。

所以曹操一直在关注司马懿，越看越觉得此人城府极深，论智谋水平恐怕比不上郭嘉、荀攸、贾诩，但是要论心机，曹操把自己手下的谋士扫了个遍，觉得没人比得上司马懿。

在司马懿的身上曹操仿佛看到了自己的影子：有心计，有城府，做事不择手段，但司马懿比曹操更内敛，更理性。

接下来发生的一件事情让曹操更加不安。

一次开完会后，大家都纷纷走出朝堂，不知谁在司马懿背后喊了一声"仲达"。

司马懿回头，应声。

两人之间说了什么已经不重要了，重要的是，司马懿这个小小的动作让曹操顿时大惊失色。

原来刚才司马懿回头的时候，居然做出了一个正常人类不可能完成的动作：肩膀不动，只把脖子拧了180°，那一瞬间，司马懿的脸和后背是平行的。而且他的眼神锋利无比，似能杀人。

司马懿这个动作在相面学上有一个专门的称谓，叫"狼顾之相"，据说有狼子野心的人才能做出这种高难度动作。

曹操早就听说司马懿有"狼顾之相"，今天算是亲眼见识了。可是担心归担心，司马懿是自己花了大力气请来的，因为"狼顾之相"把他杀了，难免说不过去。于是曹操暂时把这事儿压下了。

结果日有所思夜有所梦，没几天曹操就做了个很奇怪的梦：这个梦没有故事没有人物,只有一个场景:三匹马在一个食槽里吃草。

古人很看重梦的预言作用,而曹操又是个极度敏感而且多疑的人,所以梦醒后曹操就犯嘀咕了:槽,不就是曹吗?马,不就是司马吗?不就是预示着司马要吃掉我曹家吗?

但还是那句话,担心归担心,曹操不会因为一个梦就随便杀人。他只是叫来了曹丕,对曹丕说:"司马懿身上有股潜藏的王霸之气,将来恐怕要对咱们家不利。"

幸运的是,司马懿跟曹丕的关系维持得非常不错,更重要的是,曹丕极度需要司马懿这样一个盟友,他才不会因为司马懿的面相或者曹操的梦这种莫名其妙的事情去疏远司马懿呢。

于是曹丕赔着笑脸替司马懿说了很多好话后,转头就把曹操的话转述给了司马懿。

虽然司马懿将来不负曹操所望成了一名出色的野心家,但这时候的司马懿才三十岁出头,走入仕途没几年,只想着怎么样出人头地,顶多有时会产生取代荀彧、荀攸、贾诩成为曹营首席谋士的想法,他怎么可能会去想取代曹氏家族这种事情!

这不是司马懿的阴谋被曹操揭穿,而是司马懿觉得自己被曹操无端扣了一顶莫须有的罪名,而且还是要命的罪名。

真是"人在家中坐,祸从天上来"。司马懿当时的困惑、郁闷和恐惧简直无以复加。

"我到底干了什么?为什么丞相会对我产生这样的误会?"这恐怕是当时的司马懿想的最多的问题。

司马懿百思不得其解,他所能做的就是像乌龟一样把自己的脑袋缩起来,不高调,不出头,总之千万不能再让曹操产生那种莫名其妙的想法了。这段时间,司马懿工作起来简直是废寝忘食,而且不怕苦、不嫌脏,连养马养牛这种事情都亲自去做,成了名副其实的"司马"。

和荀彧、荀攸、程昱这些一入曹营就立下汗马功劳的前辈相比,司马懿新入职的那几年可以用"碌碌无为"来形容。虽然每天起早摸黑干活,却什么成绩都没有干出来,不是司马懿无能,而是他得不到曹操的信任,所以不敢不无能。

也就是在这段时间,发生了一件让司马懿更加战战兢兢的事情:荀彧自杀了。

那是公元212年,有人上表"请求"曹操晋爵国公,并且加封九锡。

曹操心里当然被挠得痒痒的,但是在曹操之前被加封九锡的还有一个人,他的名字叫王莽,也正因为如此,加封九锡几乎被默认为是篡权的前奏曲。曹操知道自己这么做舆论上会很不好看,为了检验天下的反应,他先偷偷咨询了一下荀彧。

让曹操没想到的是,荀彧的抗议居然无比激烈。作为曹操的创业伙伴、资深谋士兼好朋友,荀彧一点面子都不给,指着曹操的鼻子教育道:"你身为汉朝的臣子,应该全心全意为大汉王朝服务,虚心地收敛自己的权力,你现在这样做很不应该。"

曹操生气了,倒不是因为荀彧说话不给他面子,而是因为他不能忍受在这样的时刻,自己麾下最核心的谋士居然发出如此不和谐的声音。

这不是普通的意见争论,而是基本路线的分歧,在这样的问题上如果不能站在曹操这一边,就只能站到死亡的那一边去,即使是荀彧也不例外。

或者说，正因为是荀彧，所以更不能例外。在曹操最信任的位置上，荀彧做了最不该做的事情。

不久之后，荀彧收到了一份来自曹操的礼物：一盒食物。可是打开之后，荀彧发现里面空无一物。

这是聪明人之间的对话，曹操什么都没说，但荀彧什么都懂了。当天晚上，荀彧服毒自尽。

一代名士就此陨落。

在荀彧死后的许多年后，司马懿还是常常会想起这个走路步步留香的优雅男人。"不管是从书里读到还是亲眼所见，我从来没有见过任何一个像荀令君那样的贤才啊！"惋惜之余，司马懿更加低调，更加内敛，恨不得把睡觉和吃饭时间都用到工作上，但又小心翼翼地把每件事情都做得看上去无比平庸。

这段时间里，司马懿一直以庸才的面貌示人，不要以为做庸才容易，让一个天才收敛锋芒本身已经很难，而每件事情都要做到不好不坏恰好在平庸的线上徘徊，更是难上加难。

和所有庸才一样，司马懿熬着年龄中规中矩地升职：先是升为黄门侍郎，然后转议郎，再进入丞相东曹属，最后做到主簿。如果不出意外的话，司马懿最终会停留在某个不高不低的职位上，然后坐等退休。

当然，司马懿相信自己的人生轨迹不会如此平庸，他可以等，等到曹操的时代结束，就是他大展宏图的时候。

建安十九年（公元214年），司马懿迎来了一件大事：他奉命随军讨伐割据汉中的张鲁。

这是司马懿第一次参加军事行动。

汉中是益州北进中原的门户，也是中原压制益州的桥头堡，不管对于当时割据益州的刘备还是雄踞北方的曹操来说，战略位置都极为重要。

汉中的张鲁并不是一个难缠的对手，真正难缠的是汉中复杂的地形。在北方大平原上驰骋多年的曹军发现自己完全适应不了南方的崇山峻岭，在阳平关前连连吃瘪，最后连粮食补给都跟不上了。

曹操叹了口气，下令撤退。

这时候的曹操已经不再是当年那个冒险家，年纪大了，有家有业了，做事情开始保守起来了。

不光是曹操，整个曹营老班底都已经暮气沉沉，不怎么愿意冒险了。所以当撤退令下达的时候，没有人阻挠，大家默默地拔营、收旗，井然有序地准备撤退。

不过曹营里并不是没有充满冒险精神的年轻人，在撤退的过程中，一个年轻的谋士意识到了曹操的战术太过于保守求稳，很有可能会让千载难逢的战机从手中溜走，于是，他决定去找曹操说明白。

这个人不是司马懿，他的名字叫刘晔，是曹营第二代谋士中的佼佼者。

刘晔的人生履历跟荀彧、荀攸、司马懿这些风度翩翩的世家公子不一样，他从小是个问题少年，暴力倾向极度明显。他敢做敢拼，活力四射，给老气横秋的曹营注入了新鲜活力。

当得知曹操开始撤退的时候，正在后方督军的刘晔仔细观察着汉中守军的反应。他发现这些守军既没有派出游骑尾随侦查，也没有组织精锐部队骚扰追击，甚至没有借此机会巩固防线，相反，这些守军似乎陷入了一种奇怪的混乱之中。

一个细节印证了刘晔的猜测：在撤退过程中，几股迷路的曹军不小心进入汉中守军的营地，发生了小规模的军事冲突，汉中守军居然一触即溃。

　　刘晔立刻做出判断：张鲁军已经陷入了"击退曹军"的狂欢中，军纪崩溃了。于是他快马加鞭冲到前军中军帐，拜见曹操后的第一句话就是："为什么不赶紧趁机攻打？"

　　曹操也不怪罪刘晔的无礼，摸着胡子笑盈盈地示意他说下去。刘晔喘了口气，把自己在后军的所见所闻详细报告给曹操。

　　"张鲁不过仗着阳平天险苟延残喘而已，如果我们全力攻打，他是撑不了多久的。千万不能前功尽弃啊！"

　　曹操一听，觉得很有道理，召集前线的哨探负责人核实了刘晔的情报后，毅然决定：后军变前军，向着阳平关发起进攻。

　　果然不出刘晔所料，曹操退兵后，汉中守军就像泄了气的皮球，军纪松弛得无以复加，面对去而复返的曹操，顿时兵败如山倒。曹操乘胜追击，攻克了汉中全境，收降了张鲁。

　　此战，刘晔立下首功。

　　司马懿什么都没做，他冷眼看着刘晔大出风头。曹操说进攻，他就埋头草拟进攻的文件，曹操说撤退，他就埋头草拟撤退的文件。

　　打下汉中之后，就应该以此为跳板攻打西川——这几乎属于历史程式了，可就在这时，曹操身上的暮气再一次发作，他不想打西川了。

　　当曹操流露出这个想法的时候，司马懿觉得自己应该说点什么了，太出风头固然是不对的，但身为谋士不出谋划策就是渎职。

　　于是，司马懿向曹操进谏："刘备靠着巧取豪夺把刘璋的地盘骗过来，现在人心还没有归附，却又要去为荆州的事儿扯皮，这实在是我们的好机会啊。我们刚刚打下汉中,把益州吓得不轻,趁此机会进兵,益州立刻就瓦解了。无论从哪方面讲,我们都不该错过这次机会。"

最后,司马懿又用一句冠冕堂皇的场面话作为论述的结尾:"圣人之所以成为圣人,是因为他们既不违背时势,也不错过时势啊!"

曹操听了点点头。他早就知道这些话肯定会有人跟他说,所以抛出了自己早就准备好的答案:"人苦无足,既得陇右,复欲得蜀!"这么朗朗上口的话,肯定是先打过腹稿。

司马懿一听,果然曹操没有纳谏,不过对他来说总算完成了出谋划策的任务。

其他曹营老将也不想说话,四川这个破地方潮湿又泥泞,还有蛇,大家都是有家有业的人,早就想回家了。

只有刘晔大声反对:"主公,你凭借五千步兵起家,北破袁绍,南征刘表,威震天下,现在攻克了汉中,蜀人已经闻风丧胆、不堪一击了!"

这段话和司马懿的后半段话没什么区别,所以曹操听了不为所动。

刘晔继续说:"刘备刚占领蜀地没几天,人心还没有归附,这正是攻打刘备的最佳时机啊!"

这段话和司马懿的前半段话没什么区别,所以曹操听了还是不为所动。

刘晔一咬牙,接着说:"刘备是人中之杰,如果我们错过这次机会,刘备有诸葛亮为他治理蜀地,有关羽、张飞为他镇守四方,再加上蜀地险要的地形,我们就彻底拿刘备没办法了!"

展示诱惑不如展示恐惧,刘晔的威胁让曹操沉吟了一小会儿。但也只是一小会儿,史载"太祖不从",曹操短时间内很难再想出一句像"人苦无足,既得陇右,复欲得蜀"这么有文采的话,于是只是摇摇头,摆摆手,表示不同意。

刘晔气地直跺脚,却一点办法都没有。

司马懿任由刘晔表演,不置一词。

就在退军七天后,曹操收到了来自蜀地的消息。据说曹操攻克汉中的那几天,蜀中一天至少要爆发数十起群体性事件,刘备不知道杀了多少人,也没能把这种不安情绪彻底控制住。

得到这个消息后,曹操找来了刘晔,问:"你看现在去打蜀地还来得及吗?"

刘晔说:"现在蜀地已经安定,要去攻打恐怕来不及了。"

曹操有些后悔,刘晔自我感觉良好地站在一边,自鸣得意,心想就算郭嘉、贾诩、荀攸年轻的时候也没他这么聪明。

司马懿还是一如既往地冷眼旁观。他承认刘晔很聪明,比自己更聪明,但是刘晔的聪明太过于外露。

"这个人有智谋却没有韬略,会是个好参谋但永远只能当个参谋。"司马懿迅速给刘晔定了性,并且不无恶意地想着,"这家伙迟早死在他的聪明脑瓜上。"

司马懿收敛锋芒战战兢兢过日子的同时,还有一个人比他更郁闷,那就是曹丕。

曹操的大儿子曹昂死于宛城之战,曹丕就成了曹操的嫡长子,按照立长立嫡的传统,无论如何他都应该是曹操的合法继承人。

可偏偏曹操是个不按常理出牌的人,从来没想过立长或是立嫡,他的一贯原则是:我觉得谁行,谁就上。换句话说,就是曹操最宠爱哪个儿子,就把江山交给哪个儿子。

曹操最中意的接班人是小儿子曹冲。可是，公元208年，聪明又善良的曹冲生病夭折了。曹冲死后，曹操十分伤心地说："冲儿死了是我的不幸，却是你们这帮人的幸运啊！"

曹冲死后，曹丕、曹植和曹彰这三个人成了竞争世子宝座的种子选手。

曹彰武艺高强，擅长用兵，非但每次打仗都能凯旋，而且还经常给曹操出谋划策。但他不读书，有勇无谋。打仗和治国是两回事，曹操自不会考虑曹彰做自己的继承人。

曹植很聪明，一点不比曹冲差。他率性而为，在曹植的身上，曹操总能看到自己年轻时候的影子。

曹植文采出众，才高八斗，曹操曾经看了曹植写的文章，惊喜地问他："你这是找人写的吧？"曹植很不服气地回答："我出口成章，下笔成文，愿意当面接受测试。"

曹操毫不掩饰自己对曹植的偏爱，公元211年，曹操借汉献帝的名义封曹植为平原侯，三年后改封为临淄侯。

而且曹操屡次暗示要立曹植为世子，最明显的一次是公元214年，曹操南征孙权，居然让曹植留守邺城——这是世子才有的权力。大军临行前，曹操拍着曹植的肩膀说："当年我做顿邱令的时候才二十三，从那时候起我做的每一件事情就没有让自己后悔过，今年你也二十三岁了，你可要努力向父亲学习啊！"

听到这句话，在场所有人都吸了一口冷气："这暗示也太明显了吧！"大家一边假装没听懂曹操的话外音，一边同情地看着边上脸都有点发绿的曹丕。

曹丕当然心急如焚。因为曹丕知道，论文才自己不如三弟曹植，论勇武自己不如二弟曹彰,除了嫡长子的身份,自己似乎没有特别能拿得出手的优势。可是嫡长子的身份在父亲眼里不算什么!

曹丕是长子,看着曹操一路打天下,见识过创业的艰辛,而且他从小就生活在几个弟弟的阴影下,时刻都关注着自己的一言一行,他必须长期隐藏自己的真实想法,在父亲面前装得乖巧些,不遗余力地巴结父亲周围的谋士。长期的压抑势必会造成人性的扭曲,但也让曹丕变得更有城府。

比起有勇无谋的莽夫,或者率真任性的浪漫主义诗人,心机深重的实用主义者曹丕更适合国家统治者的位置。

不过话又说回来,合适又有什么用,曹操不喜欢他,就是不喜欢,曹丕心里很着急。

司马懿跟曹丕一样着急,他现在早已不担任文学掾了,但和曹丕依然保持着亲密关系,司马懿知道自己在曹操的时代不可能有大作为,他把所有的宝都押在了嫡长子曹丕身上,所以他决不能放任曹丕在这场夺嗣之战中落败。

从一开始司马懿就把自己绑上了曹丕的战车,虽然在曹操面前司马懿永远是人畜无害的模样,但在曹操背后,司马懿的真实身份是曹丕集团的核心智囊,一直为曹丕出谋划策。

忙着站队伍的人当然不止司马懿一个人,经过一番艰难的抉择,曹丕和曹植身边各自聚集了一批朝臣,斗争渐渐浮出水面。

曹丕集团的核心成员是被称为"世子四友"的司马懿、陈群、吴质、朱铄四人。

这四个人都不是一般人物。

吴质,兖州济阴人,是世子四友中最聪明的人,曹丕的首席谋士。

在夺嗣之战中，曹丕的许多计谋都是来自吴质。

不过和所有聪明人一样，吴质最大的毛病就是思维太活跃，想一出是一出，高智商低情商。

一个发生在几年后的故事最能反映吴质低劣的情商：公元220年，吴质和朱铄以及当时的上将军曹真一起吃饭。酒至半酣，吴质就开始发人来疯了，居然现场排了一出关于胖子和瘦子的戏文，嘲笑曹真长得肥，朱铄长得瘦。

曹真当场就发飙了，拔出剑指着吴质鼻子骂，一时剑拔弩张。老将曹洪连忙起来打圆场，吴质却一点面子不给，绕开曹洪指着曹真鼻子骂。

连朱铄都看不下去了："都别吵了！"他拔出宝剑一剑在地板上砍出一道火花。

看着朱铄杀气腾腾的样子，吴质这才安静下来。

这就是吴质的情商水平，虽然吴质计谋多端，但毕竟太过张扬，曹丕还需要一些老成持重的人。

陈群就是这种人。

陈群，颍川许昌人，汝颍士族集团的领袖人物。和汝颍集团的另一位领袖荀彧一样，陈群也是以看人精准、判断力强著称于世。

陈群最早投靠过刘备，当年陶谦把徐州让给刘备，刘备高兴地打算去接管的时候，陈群就告诫刘备：将军往东边发展，袁术肯定会跟你翻脸，到时候吕布暗袭将军后方，那就算将军得到了徐州，最终也成不了什么气候。刘备当然听不进去，徐州那么大一块香饽饽，谁舍得拒绝啊？

果然没多久，刘备就被袁术和吕布两人合并打败了，这时候，他才后悔当初没听陈群的话。

吴质的诡计多端，加上陈群的精准判断，真是完美的组合。

而司马懿最擅长的是深谋远虑。他没有吴质那么机灵，但是司马懿想问题永远比常人更深远。如果说吴质能够帮曹丕走出最漂亮的一步，而司马懿则能告诉曹丕，接下来的十步应该怎么走。

世子四友中的最后一个人是朱铄，他是一个懂得掌控全局的人物。

这四人当中除了吴质略显张扬之外，其他几个人都很低调，尤其是司马懿，实在很难承认他是曹丕的党羽。

这就是司马懿想要的效果，派系斗争是官场上危险的游戏，一不小心就会翻船，但是想在派系之外独善其身基本上属于痴人说梦，这样的人就算不被两个派系当作共同敌人，也会被两个派系同时当作墙头草，永无出头之日。

不过司马懿知道，曹丕本人并不想大张旗鼓地拉帮结派，他只希望获得司马懿等文臣实际上的效忠，所以司马懿选择了一种最聪明的方法：对于曹丕，司马懿的立场绝对坚定，但是对于曹丕以外的人，他的行事能低调就低调。

只要曹丕知道司马懿是自己人就够了，而且司马懿也希望只有曹丕知道他是自己人。

除了与四位核心智囊保持亲密关系外，曹丕一直以来对老一代的文臣礼遇有加，再加上嫡长子的身份优势，曹丕拉拢了荀彧、荀攸、贾诩、崔琰、毛玠、刑颙等一大批说话有分量的集团外围成员。

反观曹植集团，就给人一种杂牌军的感觉了。

曹植集团的核心成员主要是三个人：丁仪、丁廙两兄弟和杨修。这三个人有个共通点：都很有才但是性格乖张。

丁仪兄弟在当时是人气极高的名士，丁仪之所以加入曹植集团，是因为跟曹丕有夺妻之恨。

丁仪的父亲丁冲跟曹操关系很好，于是曹操想把自己的女儿许配给丁仪。但是曹丕不同意，说丁仪瞎了一只眼睛，跟夏侯惇似的，怎么能把妹妹嫁给一个"独眼龙"呢，不如嫁给夏侯懋吧。曹操觉得有道理，丁仪不知不觉中被夏侯懋抢走了当驸马爷的机会。

有一次，曹操见到丁仪，跟他聊天的时候发现小伙子真心有才，当场懊悔不迭："丁仪你太有才了，像你这种人别说是'独眼龙'，就算是两只眼睛全瞎了，把我女儿嫁给你也不吃亏！丕儿坑我啊！"

果然，听说此事后，丁仪心里不悦曹丕，后来曹植稍稍表示了一下结交的意思，丁仪兄弟就加入曹植阵营。

曹植集团的另一个核心智囊杨修名气就大多了。

杨修一直以聪明著称，曹植也是个聪明人，他经常给杨修写信，杨修也总是及时回信，一来二去，两人就产生了很深的交情。

但是杨修这个人很会来事儿，跟谁都合得来，跟谁关系都特别好，很难说他是全心全意把自己绑在曹植的战车上。

丁仪兄弟和杨修三人构成了曹植集团的核心智囊，这三个人跟曹植非常像——曹植也是个张扬而且有才的人，所以他们非常合得来。曹植是率性的人，跟自己合不来的人，他都懒得去相处。

当初曹操把邢颙拨给曹植当属官，希望邢颙能够成为曹植的羽翼，但是邢颙文章写得一般，脾气也不太好，经常给曹植提意见，曹植很不喜欢他，反倒是很喜欢"建安七子"中的刘桢。就连刘桢都觉得曹植做得有点过了，写信劝他说："邢颙是个少有的人才，待遇却比我还差，这让我实在是很过意不去，希望你能考虑一下。"

当然，曹植没听，他讨厌跟自己性格不合的人。

当时，司马懿的弟弟司马孚正在担任曹植的文学掾，没过多久，曹植就找了个理由把司马孚撵走了。

也就是说，曹植身边，聚集着整个曹魏最聪明、最有才华，也最张扬、最意气用事，但绝不是最精明、最能干、最有城府、最有话语权的人。

把两个团队放在一起，高下立判：曹丕集团是一支组织严密、分工明确、目的性极强的竞选团；反观曹植集团，更像是个文学社，而不是一个政治集团。

总体来说，曹丕在曹操心目中的地位不如曹植，但是在司马懿等一批谋臣的统筹谋划下，曹丕正在拉平与曹植的差距，而曹植自己，居然在这个关键的时刻掉了链子。

事情是这样的，曹操经常会召见曹植和曹丕一起探讨国家大事，一方面是希望两个儿子能从自己身上学点东西，另一方面也算是考察。几次探讨下来，杨修很着急，觉得曹植的政治水平太低了，根本比不上曹丕。

杨修决定给曹植打个底稿，曹植对此很不以为然。

杨修神秘莫测地一笑："这你甭管，你就等着吧。"

没过几天，一份厚厚的底稿出现在曹植手上。曹植一看，杨修非但写了他自己应该说什么，还把曹操可能会问的问题都列了出来，连顺序都标注出来了，曹植只要照着杨修写的答案念就行了。

曹植狐疑地望着杨修，杨修只是笑而不语。

当曹操再次召见的时候，曹植已经把杨修的底稿背得滚瓜烂熟，滔滔不绝地讲了小半天，曹植一边讲一边观察曹操的表情："嗯，看上去父亲确实比以前要更满意些。"曹植心里也很满意,但也有点小紧张,想着如何应对接下来的答辩:"德祖(杨修字)真能把父亲的心思猜那么准吗?"曹植心里七上八下。

当曹操开始提问的时候,曹植惊讶极了,居然和杨修猜测的一模一样!

于是,曹植想都不想就背出了答案,接下来曹操又提了几个问题,曹植都应答如流,而且每次都回答得条理清晰、立意深刻。

曹操是老江湖,一下子就看出了猫腻,逼问曹植这到底是怎么回事,曹植只能老老实实地交代了。

曹操听了十分恼怒杨修擅自揣摩他的想法,咬牙切齿之余,曹操又拿余光瞥了曹植一眼,叹了口气:"但你小子也确实不争气。"

这次事件让曹操有点小小的失望,但曹操没有停止对两个儿子的考察。某天,他又出了个题目:他让曹植和曹丕各自想办法走出城门。与此同时,曹操密令邺城的守城卒决不能放两人出城。

曹丕一到城门口就被拦住了,好说歹说都出不了门,垂头丧气地回去了。刚回到家,就听说弟弟曹植也被挡在城门口,但是他说了一句"我奉丞相命出城,你敢拦我就是抗旨",然后一剑就把守门卒劈了,大摇大摆出了城。

听到这个消息的曹丕很懊悔:我当时怎么想不到这个主意!

在一旁的陈群淡淡一笑:"恐怕这个主意不是临淄侯自己能想出来的吧。"

"哦?"曹丕把脸转向陈群,"我们事先根本不知道父亲会密令守门卒挡住大门,在城门口的时候我和曹植身边都只有几个侍从而已。不是曹植想出来的,难道是那些侍从想的?"

第四章 随军征张鲁,暗中助曹丕

71

"当然不可能。"陈群发挥看人准的特长继续分析,"给临淄侯出主意的人当时肯定不会在身边,也就是说这个人从一开始就猜到丞相会在守门卒上出难题。当今天下,能够把丞相心思猜得那么透彻的人,恐怕只有……"

"杨修杨德祖!"朱铄插嘴说。

"没错。"司马懿刚结束沉思,也加入了对话,"杨修这个人的确很聪明,这件事情上干得漂亮,但也办得很蠢。所以说看上去是临淄侯赢了这一局,但实际上,赢的却是咱们。"

"啊,我们赢了?"在这场智力风暴中,曹丕明显跟不上思路了。

司马懿高深莫测地说了一句话:"干预王者家事,私自揣摩上意,这个罪名可不小啊。"

"啊?"曹丕还是一头雾水,吴质已经站起身来:"仲达兄与我所见略同,我在朝中朋友最多,这事儿交给我去办。"说完,躬身施礼,转身离去。

接着,司马懿、陈群、朱铄也相继告别,留下曹丕一个人莫名其妙地干坐着。

没过几天,曹操就通过"可靠渠道"了解到,曹植杀人出城的计策是杨修教的,"消息灵通人士"绘声绘色地告诉曹操,当时曹植接受了丞相命刚要出发,杨修就把他拉到一边,说:"我估计丞相会在城门口为难你们,到时候守门人不让你出去的话,你就说奉丞相命,然后砍了他。"

听到这个消息,曹操眯起了眼睛,冷冷地吐出两个字:"杨修!"

杨修打了个喷嚏。

也许是感冒了,这几天他打了很多喷嚏。他有点想不明白,自己的计谋明明成功了，为什么魏王对曹植的印象反而变差了。

"看来五官中郎将府中也有高人啊。"杨修捋着胡子想，"我得去打探打探。"

平素行事高调的吴质很快就被盯上了，杨修从线人那里得知，曹丕隔三岔五都会把吴质藏在一辆装竹篾筐的货车里运进府中，两人一聊就是一整天。

杨修立刻给曹操打了小报告。世子四友在公开场合偶尔聚一聚也就算了，在立储的节骨眼上，这么频繁地把人叫去，还么鬼鬼祟祟，曹丕到底在图谋什么……这事儿让丞相自己去琢磨吧。

曹丕听说这件事情后急得团团转，连忙问吴质应该怎么办。吴质一笑："杨修啊杨修，揣摩人心你比我强，阴谋诡计我比你强。"当下给曹丕出主意，"咱们只需如此这般……"曹丕听了喜得手舞足蹈。

几天后，又是一辆装竹篾筐的送货车要进五官中郎将府，杨修听说之后立刻去找曹操："丞相！丞相！还记得我那天说的吴质那事儿吗？那小子又藏在货车里马上就要进五官中郎将府了！您快去看看！"

曹操对这种事情很生气，于是派出侍卫截住了杨修指认的那辆货车。

结果，货车上除了竹篾筐还是竹篾筐，哪里有吴质的影子？侍卫回禀之后，曹操十分生气："杨修你这是在挑拨离间还是在戏弄我？"吓得杨修连连磕头求饶。

看到杨修像霜打的茄子一样从王府出来，吴质嘴角扬起得意的微笑。

第二天，吴质又躲在货车里被拉进曹丕家里，杨修琢磨了一晚上才算把事情琢磨明白了，虽然明知道今天这辆车里肯定能搜到吴质，但他打死都不敢再打小报告了。

有一次曹操要出征，曹丕和曹植照例要去参加欢送会。曹丕知道他文才不如曹植，很是头疼。

果然，欢送会那天，曹植发表了声情并茂的送别演说，把全场的目光都吸引过去了，曹操听了也挺开心。

曹丕听了很不开心，一副有气无力的样子，当时在场的吴质见状，走上前偷偷对曹丕说："咱们说话没他漂亮，干脆就别说了，到时候你使劲儿哭就行，记住，要哭得真挚，要哭得动情，要哭得梨花带雨。"

曹丕一听，豁然开朗：与其跟曹植的特长比拼，不如用自己的长处去对付曹植的短板。

曹植的长处是什么？才思敏捷，出口成章。曹丕的长处是什么？心机重，城府深，装得能比真的像。

轮到曹丕去告别，曹丕一个字都不说，小声抽噎起来。他想到这些年来受的委屈，眼泪像断了线的珍珠一样"啪啪"往下落，终于演化成号啕大哭。

在场的其他人哪知道曹丕的真实想法，以为是舍不得曹操，替曹操担心，唏嘘不已，纷纷抹起了眼泪。而曹操早已被感动得说不出话。

从此以后，曹丕找到了对付曹植漂亮文采的方法：真诚。

连续几个回合较量下来，曹植集团完败，曹植本人，在曹操心目中的良好形象也被打了一个折扣。

曹丕翻盘在望。

公元216年，曹操被册封为魏王，立储这件事情拖不下去了。

眼看曹操还没有动作，老臣毛玠第一个上密奏，对曹操说："当年袁绍之所以灭亡，就是因为继承人的问题没处理好，废立世子这种事情，一定要谨慎。"

毛玠暗示曹操想想袁绍的前车之鉴，赶紧把曹丕的世子地位确立下来。

曹操当然知道毛玠的意思，尽管在司马懿等人的努力下，曹丕的形象已经有了很大的改观，但曹操心里还是偏向于曹植多一些。

他决定再听听其他文臣的意见。这次他问的人是邢颙。邢颙是曹植的家丞，但是曹植不喜欢他，邢颙也不喜欢曹植，所以他的回答和毛玠如出一辙："大王，废长立幼，这是被历史证明的取祸之道啊！"

在曹操心目中，邢颙还算是曹植的人，想不到居然连他都这么说了。曹丕布局了那么久，此时已经把大部分有话语权的文臣收入囊中。

除了邢颙之外，曹操还同时秘密咨询了崔琰，崔琰的反应出乎曹操的意料。

在收到曹操私信后，崔琰一言不发地跑回了家，第二天开大会的时候，崔琰居然在大会上以公开发言的形式回答了曹操的问题："立长不立幼，本来就是老祖宗定下的规矩，况且五官中郎将曹丕仁义、孝顺、聪慧、明事理，是继承王爵的法定人选。"。

曹操当场脸色变得很不好看，不是因为生气崔琰说的话，而是生气他说话的场合：本来是暗箱操作的事情，现在被崔琰这么一搅合，就等于摆到明面上了。

这就逼着曹操不得不做出选择：到底是废长立幼跟整个文官集团对着干，还是按照大家的意思立曹丕当世子，反正这事儿拖是拖不下去了。

曹丕也知道拖不下去了，他心里非常感激崔琰，因为拖得越久对他越不利，但是他心里也非常打鼓——整个文臣集团都在拼死为我说话,为什么父王还在犹豫?

就在曹丕急得团团转的时候,司马懿想到了那根能压垮曹操的最后一根稻草:"为什么不去把贾文和(贾诩字)争取过来,魏王最终肯定会去找他问策的。"

"对了,还有贾诩!"曹丕眼前一亮。

贾诩在乱世当中展现出来的生存智慧让司马懿都感到不寒而栗。此人先后祸害了汉献帝、李傕、郭汜、张绣,在曹操帐下安了窝后,催着曹操事业越做越大,贾诩做人却越来越低调,最后干脆闭门谢客,躲进自家幽暗的宅子闭门不出。

贾诩是曹营第一代人谋士中硕果仅存的佼佼者,代表了一个比文臣集团更有话语权的团体:元老派。

曹丕和元老派之间的关系一直都很好,跟荀彧、荀攸等人都保持着密切的关系,和贾诩关系也不差。

曹丕立刻派使者拜访贾诩。

贾诩打破自己闭门谢客的传统,在幽暗的客厅里接待了曹丕的使者。使者开门见山,向贾诩询问了"自固"之术,换句话说,就是如何保证自己嫡长子的继承权不被剥夺。

贾诩沉默了很久,才缓缓开口说了一句话:"请你转告将军,将军只需要做事不违背法度,做人不违背孝道,修身养性,勤勤恳恳,就可以了。"

虽然贾诩这话很空洞,但是听了使者的回报后,曹丕心里无比激动,因为他真正需要的是贾诩的一个态度,面对自己如此直白露骨的提问,贾诩的不反对态度已经表明了他的立场:支持曹丕。

曹丕高兴地打赏了使者,相信自己已经胜券在握。果然,没过多久，曹操召见贾诩了。

贾诩入座后，曹操屏退左右，和曹丕一样开门见山地把立储问题抛了出来。曹操本来以为贾诩说不定会像许多大臣一样长篇大论一番，但出乎意料的是，贾诩居然沉默了。

曹操心中窃喜，难道他支持我立曹植吗？怀着这种心态，曹操循循善诱道："我跟你说你却不回答，这是什么原因呢？"

贾诩连连道歉："哦，不好意思，刚才在想别的事儿，出神了。"

曹操顿时不痛快了："在想什么？居然还能出神。"

"我在想，"贾诩猛然抬头，深邃的眼中射出一道精光，"我在想袁绍父子、刘表父子。"

袁绍和刘表都因为废长立幼，导致自己死后家业瓦解。这些事情曹操当然知道，别人也跟他说过无数遍了。

曹操叹了一口，明白了贾诩的意思。和曹丕一样，曹操其实并不关心贾诩说什么，他关心的是贾诩的立场。

到此为止，曹操已经可以确信没有一个人会支持自己废长立幼了。而就在此时，曹植又做了一件莫名其妙的事情：他居然在皇宫里面驾着马车奔驰，还直接从司马门长驱而出。

司马门是皇宫的外门，根据礼法，除了皇帝，所有人过司马门不能乘车。也就是，连曹操想过司马门都要下车步行，而曹植居然敢在那种地方撒野！

曹操当场震怒，非但杀了曹植的车夫作为惩戒，而且彻底改变了对曹植的态度，逢人就说："刚开始的时候，我总觉得子建（曹植字）能成大事，但自从'司马门事件'之后，我对他的看法完全改变了。"

公元217年，曹丕逆袭成功，终于如愿以偿地登上了世子宝座。

对于司马懿来说，这绝对是天大的好消息，意味着他很快就能忍到头了。等曹操的时代过去，司马懿大展宏图的机会终将到来。

不过以司马懿这种性格当然不可能得意忘形，他知道路还很长，他的前途是和曹丕绑在一起的，只要曹操一天没死，曹丕的世子地位就不算稳固。

曹丕也有同样的想法。

在世子的宝座上他一刻都没有松懈，努力地巩固着自己的地位。

曹丕聚集了一大批文人，集体创作了一本文学专著《典论》，当然，版权和署名权都是归曹丕所有。这本22篇的著作，后来大都亡佚，只存《自叙》《论文》《论方术》三篇流传到今天，其中最有名的是《论文》。

曹操读了《典论》之后非常开心，心说曹丕这小子文学创作水平差了点，文学理论水平倒是挺高。

除此之外，曹丕还不遗余力地打压自己的两个弟弟。

不过对于曹丕来说，最需要提防的人不是曹彰，而是曹植。虽然曹植一而再，再而三地让曹操失望，但是在曹操心中，曹植依然是他最疼爱的儿子。

公元219年六月，夏侯渊被杀，汉中沦陷，刘备派遣孟达、刘封攻占汉中郡东部的房陵、上庸等地，逐渐往曹魏腹地渗透。同年七月，孙权欲攻合肥，魏军大部调动淮南防备吴军。就在这个时候，镇守荆州的前将军关羽暴起发难，留南郡太守糜芳守江陵，将军傅士仁守公安，自己率领主力部队北上攻打曹魏。

关羽兵锋所指的襄樊地区是曹魏南大门，曹操派遣了五位名将镇守此地：征南将军曹仁驻樊城，将军吕常驻襄阳，右将军于禁及立义将军庞德屯樊城北，平寇将军徐晃屯宛。

八月突然下起了大雨，汉水暴涨，关羽水淹七军，把前来进行主力决战的于禁兵团统统冲进河里，曹魏襄樊军区的野战部队瞬间消耗殆尽。

紧接着，关羽进军樊城，把樊城围得水泄不通。

曹操震惊了。最让他震惊的不是于禁兵团覆没，而是身为"五子良将"之一的老将于禁居然投降了，反倒是原先一直不怎么得信任的庞德居然宁死不降。得知这个消息后曹操一遍遍念叨：于禁跟了我三十多年，为什么会背叛我？

曹操对异姓将领的信任打了一个大大的折扣，接着，他任命曹植为南中郎将，代理征虏将军。

曹操的任命正式下达之前，曹丕就已经得知这个消息，一时间手足无措，一方面，他害怕曹植立下大功，到时候世子的人选很可能出现反复，但另一方面，曹丕觉得关羽不像乌丸那么好对付，恐怕丧师辱国的概率更大些。

但司马懿不这么看，早在刘备占据房陵、上庸之际，司马懿就把目光转向了南线。作为世子党的核心成员，他知道即将到来的魏蜀之战对曹丕将会产生重大影响，所以他比任何人都关注这场战役。

"曹仁、徐晃都是宿将，有此二人在，樊城必定不会立刻丢失，一旦战局陷入胶着，我恐怕关羽最大的祸患是背后的孙吴吧。"司马懿高深莫测地说。

曹丕把司马懿的话琢磨了半天，突然明白过来："仲达，你是说……我三弟南下，最后会坐收渔利，大胜而回？"

"大胜不一定，但大败是不可能的。"

曹丕顿时急了,一咬牙一跺脚:"我必须采取行动……三弟,别怪我!"

曹丕立刻动身,从邺城跑到许昌,在曹植出兵的前一天晚上找到了曹植,并且成功灌醉了他。

第二天大军集结,曹植却醉得不省人事,根本没法带兵出发。曹操气得破口大骂,当场把他的南中郎将职务罢免,命令由徐晃统一节制各路援军。

经过这件事情后,曹操对曹植彻底绝望,接受了曹丕作为接班人的既定事实。具体表现在:他开始打压曹植,为曹丕顺利接班铺路。

曹操先是以一个非常牵强的理由杀了曹植的妻子,然后,曹操以牵强的理由杀了杨修。

杨修临死前说了一句耐人寻味的话:"我觉得我已经死得够晚了"。确实,杨修屡次揣摩上意触怒曹操,又明目张胆地卷入世子之争,曹操之所以一直没动杨修,是看在曹植的情分上,现在曹植再也没有继位的可能,那么作为曹植党羽的杨修自然是可杀不可留了。

随着杨修脑袋落地,曹丕心里的石头终于放下了。

而司马懿欣喜之余,心中的恐惧也愈发强烈:今天死的人是杨修,明天死的人会是谁?

尽管非常接近胜利了,但司马懿越发谨慎了。

第五章 辅曹丕代汉，谋国先谋身

就在曹丕为巩固世子地位拼命奋战的时候,荆襄地区的战况也进入了白热化。

关羽水淹七军之后,曹仁一边望着关羽耀武扬威,一边找出湿漉漉的帛书给曹操写信。襄阳的吕常被关羽分兵包围了,不过他运气好些,至少没有被水泡着。

紧接着更坏的消息传来,荆州刺史胡修、南乡太守傅方都投降了关羽。

对于这两个人司马懿一直不看好,曾经跟曹操进言说这两人一个粗暴,一个骄奢,都不是坐镇一方的那块料,曹操不听,司马懿也就照例没有坚持。结果证明,这两人果然不堪大用。

十月,陆浑、孙狼等作乱,杀死了县主簿,向南归附关羽。关羽授给孙狼官印,给他军队,让他当了个敌后武工队队长。有了这个先例,此时许昌以南的梁郏、陆浑众人,纷纷接受关羽的印号,归顺关羽。

一时之间,关羽军势大盛,威震华夏。

曹操于是决定亲自率领麾下六军南下增援。

司马懿心里并不赞同曹操亲征,从曹丕的立场上考虑,万一曹操在征战途中有个三长两短,曹魏局势必然产生动荡,这个时候曹彰或者曹植的党羽暴起发难的话,曹丕的合法继承权将会受到极大的挑战。但是似乎所有人都赞同曹操亲征,他不知道话当讲不当讲。

幸好他没有纠结太久，侍中桓阶抢先站出来进言："魏王认为曹仁能力过关吗？"

曹操的回答很干脆："是的。"

桓阶又问："那么魏王是恐怕曹仁、吕常磨洋工吗？"

曹操依然干脆："不是。"

桓阶追问："那么为什么你要带着六军亲征？"

曹操想了想，回答说："我担心敌人太多，徐晃不敌。"

桓阶摇摇头："魏王你想过没有，为什么曹仁能在樊城撑那么久？"

没等曹操回答，桓阶就自问自答说："那是因为他们相信魏王的主力在远处做外援，给了他们希望。"

"没错。"曹操点点头。

"那么魏王你就应该继续控制六军坐镇战场之外，显示我们还有多余的军力，为什么要亲自把所有筹码都押进战场里面呢？"

桓阶的话说进曹操心里去了，曹操同意了桓阶的话，没有动六军，只是先后派遣殷署、朱盖等十二营军队到徐晃那里增援。

司马懿松了口气，心里却在叹息曹操果然老了，战局还没到关键时刻就迫不及待想把压箱底的预备队打出去，在曹操一生的戎马生涯中，很少见到他有这么手忙脚乱的时候。

尽管曹操不再提亲征的事，但是对于即将到来的大决战心里还是没谱，一旦荆襄失守，整个曹魏王国的南大门都会向关羽敞开，而都城许昌首当其冲。

因此曹操提议迁都，离战场远一点，然后跟关羽拼个你死我活。

从汉中之战开始，曹操就在保守主义的错误道路上越走越远，曹操的这一提议自然会遭到很多人反对。

司马懿不喜欢当出头鸟，但是不介意成为众多出头鸟的其中一员，于是他上前进谏："魏王，之前于禁兵团覆灭的根本原因是汉水暴涨，而不是因为真的打不过关羽，这件事情也并没有伤到我们的元气，根本没必要迁都啊。"

司马懿继续侃侃而谈："现在可不是我们跟关羽你死我活的时候，魏王别忘了东南边还有个虎视眈眈的孙吴呢。"

曹操赞许地点点头，示意司马懿说下去。

"刘备和孙权，从外表看关系密切，实际上孙权十分恨刘备，关羽得志，孙权必然不愿意。所以，我们可以派人劝孙权威胁关羽的后方，答应孙权把荆州南部的土地都给他，这样樊城之围自然就解除了。"

曹操同意了司马懿的进谏，也不再提迁都的事情了。

事态接下来的发展比司马懿预想的还要顺利，孙权给曹操寄来一封信，请求允许他讨伐关羽，为朝廷效力。

几天后，徐晃奉命把孙权的信誊抄了几十份，用弓箭射入樊城和关羽军营中。被围的将士得到书信后，士气增长百倍，而关羽的军心则出现了动摇。

战机稍纵即逝，身为"五子良将"之一的徐晃当然不会错过，当机立断发起了进攻，关羽大败，军心进一步动摇。

正是在这个时候，孙吴吕蒙白衣渡江，攻克了南郡。关羽丢了大本营，哪里还顾得上樊城，立即向南回撤。

关羽败得太快，曹操还没来得及做出反应。司马懿再次提醒曹操，千万不能让曹仁穷追关羽败军：关羽是这场三方游戏其中之一的参与方，千万不能把他逼急了，让孙吴坐收渔利；相反，我们应该放关羽一马，让他去祸害孙权，我们坐山观虎斗才对。

曹操一听有道理，马上下命令让曹仁千万不要追击。

远在樊城的谋士赵俨和司马懿抱着同样的想法，看着关羽狼狈退走，曹仁立刻想痛打落水狗，但赵俨阻止了他。直到曹操的命令传到樊城，曹仁都一直按兵未动。

果然，从樊城全身而退的关羽立刻投入到与孙吴你死我活的搏杀中，最后，关羽败走麦城，被孙吴擒获后杀害。

蜀汉和孙吴之间结下大仇，在由此引发的夷陵之战中，吴蜀两国国力都被消耗殆尽。

而差点被打到要迁都的曹魏，居然成了最大的赢家。

汉建安二十五年（公元220年）正月，一代枭雄曹操在洛阳去世。

而此时此刻，曹丕远在邺城，只要曹丕一天没有拿到魏王印绶，那么一切皆有可能。

曹操在弥离之际下了两道遗诏，第一道遗诏乏善可陈，无非是关于怎么安置家里的锅碗瓢盆、财务支出以及众夫人，可是看到第二道遗诏的时候，司马懿脑袋"嗡"的一声响：曹操居然让戍守关中的曹彰千里加急赶回洛阳！

"魏王怎么这么糊涂！"司马懿当然知道曹操的初衷：曹操想让曹彰把屯驻在洛阳的大军带回许昌。经过"南中郎将事件"和"司马门事件"后，曹操不再信任曹植，而邺城刚经历了魏讽叛乱，一刻都离不开曹丕坐镇，曹彰就成了统帅东归大军的不二人选。

但问题是：这件事情本身就很暧昧！曹操的初衷司马懿能明白不代表其他人明白，更不排除有人揣着明白装糊涂！

果然，一听说曹彰正在赶往洛阳的消息，有些人就开始骚动起来了。

必须把所有可能出现的不稳定因素扼杀在摇篮中！

第五章 辅曹丕代汉，谋国先谋身

洛阳城里最有权威的人是谏议大夫贾逵，司马懿当时担任丞相府司马，品秩上比贾逵略高些，但司马懿一直很少对朝廷之事表态，在百官中的权威实在很有限，于是他非常识趣地推举贾逵主持洛阳，自己心甘情愿给贾逵做副手。

司马懿知道，决定一个人说话分量的不是他的职位有多高，而是他的权威有多大，在这方面，他自知不如贾逵，而且他知道贾逵是世子党中能力最过硬的人，一定不会有负所托。

贾逵也没有让司马懿失望，一上来便巧妙地化解了一场兵变。

兵变的主角是曹魏最精锐的兵团：青州兵。

青州兵从来只服曹操一个人管，一听说曹操死了，立刻擂起战鼓要求解散兵团回家种田。

史载青州兵团有四十万人之众，一般认为合理的数字应该是战兵三万左右，这么多身经百战的老兵油子一旦流窜到社会上，不知道会发生多少治安事件。于是有人建议，不如秘不发丧，先借曹操的名头震一震青州兵，等曹彰赶到洛阳后再和这帮人计较。

司马懿狠狠剜了一眼提议的大臣：君王客死，近臣秘不发丧，这种事情当年李斯和赵高干过，结果是胡亥继承皇位，太子扶苏被逼自杀。现在曹丕远在邺城，曹彰却正在赶来的路上，你们想当李斯、赵高吗？

不过司马懿不说话，因为他知道贾逵肯定能应对。

果然，贾逵当场否决了这个提议，立刻把魏王晏驾的消息公布天下，同时大开城门放青州兵出城，沿途还一路准备了接待站，供给遣散士兵吃住。

这一招走得妙，一旦青州兵哗变，非但整个洛阳会化为焦土，而且曹彰立刻就会军权在握,从此无法驾驭,不如直接遣散,一了百了。

青州兵团前脚刚解散,曹彰后脚就到了。他一路上已经快马加鞭了,但还是没能赶上见曹操最后一面。

在曹操的灵柩前,曹彰大哭了一场,然后开口向贾逵讨要魏王印绶。

司马懿暗地里一跺脚:"魏王糊涂,这道暧昧的遗诏果然让曹彰起了心思!"

幸好贾逵坚定地站在曹丕一边,曹彰话音刚落贾逵就翻脸了:"国家不是没有储君,世子还好好地坐镇邺城呢,这印绶的事情,轮不到君侯你来问!"

贾逵说得理直气壮,曹彰找不到反驳的理由,骂骂咧咧地走了。

曹彰本人的志向是当个将军,并不在意继承权的问题,印绶其实是替三弟曹植讨要的,结果发现曹植居然一点动作都没有。于是刚被贾逵骂走,他就气冲冲地去找曹植,表示愿意支持曹植。

如果当时曹植点点头,那么曹魏立刻就会陷入分崩离析。

幸好曹植没有点头,他已经对权力的游戏心灰意冷,叹了口气,拦住急着要去拼命的曹彰:"二哥,算了,难道你想看到袁家三兄弟的命运在我们曹家身上重演吗?"

听闻此言,曹彰知道大势已去,痛哭一场而去。

一场危机化解了。

当洛阳城风起云涌的时候,邺城也早已山雨欲来。

曹操刚晏驾,司马懿就写了两封信命人星夜送往邺城:一封是给曹丕的公文,通报曹操的讣告;一封是给弟弟司马孚的私信,反复叮咛弟弟一定要看住曹丕,在这节骨眼上千万不能乱了方寸。

在朝堂上读完司马懿的信，曹丕号啕大哭。

一开始曹丕只是做做样子，但是一哭起来就停不下来了：想起自己这些年忍辱负重，明明是嫡长子却四处讨好，厚着脸皮黑着心眼跟杨修斗、跟弟弟斗、跟父亲斗，这样的日子真不是人过的——到今天，终于算是熬出头了！

曹丕越哭越伤心，下面的文武百官也只能跟着哭。

司马孚也跟着哭了一会儿，接着就想起二哥的来信了，心想二哥果然有先见之明。

想了一会儿，司马孚停止了哭声，站出来声色俱厉地大喊一声："魏王刚晏驾，天下震动，我们现在要做的是早点立新君，稳定局面，不要再哭下去了！"

底下人一看曹丕消停了，如释重负，也马上停止了号哭。

接下来就该讨论权柄交接的问题了，但当时曹操只是王爵，理论上还是归汉天子管的，因此，有些家伙提出：咱们是不是该等汉献帝下了诏命之后再举办继承仪式？

这话听得司马孚七窍生烟，这都什么时候了还管这些虚头巴脑的事儿？正要开口反驳，站在司马孚身边的尚书陈矫先驳斥过去了："你说的这叫什么话？魏王在外面晏驾，临淄侯（曹植）跟鄢陵侯（曹彰）就在先王灵柩边，万一发生动荡，那社稷就完了，哪里还有干等什么天子诏书的道理！"

陈矫的话音刚落，马上就有多人发言表示支持。于是，司马孚立刻进宫见卞氏夫人，请她以魏王王后的名义令世子速登王位。

要说曹操这一家子，也确实明事理的人多，卞氏虽然也疼爱曹植，但是这节骨眼上还是坚决支持曹丕立刻继位。在卞氏的鼎力支持下,司马孚等人闪电般地完成了继位仪式筹备工作,第二天凌晨曹丕起了个大早,急匆匆地走完流程,登上了他梦寐以求的王位。

等几天后汉献帝的特使赶到邺城宣读诏书,任命曹丕为汉朝丞相、魏王和冀州牧时,曹丕早就把王位坐热乎了。

半个月后,司马懿扶着曹操灵柩进入邺城。

曹丕终于当上魏王兼汉朝丞相,他做的第一件事情就是搭台子、建班子,对前朝老臣能拉拢的拉拢,不能拉拢就打压,再提拔一批嫡系心腹,尽力在最短的时间内巩固权力。

曹丕的第一个麻烦事儿是曹植和曹彰,尤其是武将出身的二弟曹彰——在曹彰的眼神中,曹丕都能感觉到熊熊怒火。

自曹彰一进入邺城,曹丕就跟防狼一样防着他,为此,他连曹操的葬礼都没有出席。

二月二十一日是曹操出殡的日子,按理说曹家子孙都要出席葬礼,等大家到了葬礼现场一看,却发现曹丕缺席了。

此刻曹丕正躲在戒备森严的王宫里陪卞氏夫人,只送来一篇哀策文让人当众朗读了一番。这篇文章只有两个主题:前半部分的主题是我父王死了我很哀伤,后半部分的主题是大臣们让我以国事为重,不许我出席葬礼。

使者刚朗读完就引来大臣们一阵腹诽心谤:"明明是害怕鄢陵侯。"

的确,曹丕不想在葬礼上遇见曹彰:这黄须儿武艺高强又被军人拥戴,若是暴起发难,手下的人真没几个拦得住他。

在这种心理的驱使下,葬礼结束的头一天,曹丕就下令让诸侯都回到封地去,没事儿不准出来。

当年曹操给自己的十四个儿子都封了侯爵,曹丕一声令下,等于把兄弟们全部软禁在自己的封地上。不过所有人都明白,曹丕的主要目标还是自己的两个亲弟弟:在政界颇有威望的曹植和在军界有极高威望的曹彰。这两人必须远离曹魏军政中心,否则曹丕会睡不着。

接到命令后,曹植没什么表示,很听话地回去了;曹彰也很快上路,但是临走前发了一通脾气。不过曹丕暂时不打算追究,这两人只要离开曹魏军政中心就掀不起什么风浪。

解除了来自亲弟弟的威胁,曹丕开始大刀阔斧地洗牌,有恩报恩,有仇报仇。

而经历这么多年的蛰伏,司马懿也终于到了收获的季节。

曹丕送给司马懿的第一个礼物是爵位:司马懿被封为河津亭侯。

曹丕的第二个礼物自然是升官。司马懿先是被任命为丞相府长史,相当于曹府的一把手。司马懿知道,这只是个开始,只要继续和曹丕保持步调一致,他的仕途一片光明。

果然,没过多久,司马懿就被任命为督军御史中丞,从此彻底告别了丞相府幕僚的身份。

所谓督军御史,类似于后世的监军,是朝廷派往军中的监察官,虽然没有军权,却能和军方搭上千丝万缕的联系,从此成为军政两栖明星,是个权力很大、前途很光明的职业。把司马懿安放到这个位置上,可见曹丕对他的信任。

在完成政界的调整,把司马懿等人提拔上高位后,曹丕开始着手军界的大洗牌。

曾经曹魏军界的五位宗室大佬:夏侯惇、曹仁、夏侯渊、曹洪、曹彰,夏侯渊战死在汉中,曹彰被赶回封地,而曹洪因之前和曹植过从甚密让曹丕非常不爽,所以在新的调整名单中,曹丕把夏侯惇和曹仁作为重点拉拢对象。

可问题是夏侯惇和曹仁的军职在曹操时代就已经到顶了，尤其是独眼将军夏侯惇，官至前将军。根据东汉的军制，最高级别的武将军衔分别是大将军、骠骑将军、车骑将军、卫将军，以及前、后、左、右将军共计五个等级，而级别上只有王爵的曹魏最多只能任命第五等——前、后、左、右将军。

不过这种小问题怎么可能难得倒曹丕？曹丕一句话，夏侯惇被任命为大将军，连升四等；曹仁被任命为车骑将军，总督荆、扬、益三州军务。

曹丕这种行为不管从理论上还是实际上都属于僭越了，当然，汉献帝连自己的皇帝宝座都快保不住了，哪儿还有工夫管什么大将军、车骑将军？

在异姓将领中，以张辽、张郃、徐晃、臧霸诸将最受曹丕的眷顾。

张辽被任命为前将军，张郃为左将军，徐晃为右将军，臧霸为镇东将军，分别驻守于陈郡、陈仓、宛县、青州等军事要地。既拜将，又封侯，这帮老将立刻成了曹丕的铁杆死忠。

提拔完老一代军界大佬后，曹丕开始大力扶植自己的心腹，主要是和自己从小玩到大的三位"曹二代"军界新星：夏侯尚封平陵亭侯，拜散骑常侍，迁中领军；曹休为领军将军，封东阳亭侯；曹真拜为镇西将军，总督雍、凉州军事，封东乡侯。

当然，和督军御史中丞、河津亭侯司马懿一样，这只是曹丕付给的订金，只要有合适的机会，曹丕会不遗余力地把这些人打造为军界顶级大佬。

总而言之，在曹丕这场大洗牌中，凡是当年坚定团结在曹丕旗帜周围的"拥立功臣"都得到了应有的封赏。当然，对于站错队伍的人，曹丕也绝对不会放过。

首当其冲的就是曹植的谋主丁仪、丁廙两兄弟。

从曹丕被任命为世子的那天起，全天下都知道这两个家伙死定了，所以曹丕连像样的罪名都懒得找，随便弄了个理由，就把这两兄弟抓起来丢进监狱了。

两兄弟早已认命，当听说曹丕终于来抓他们的时候反而如释重负：这一天终于来了。

看到丁仪、丁廙两兄弟一副死猪不怕开水烫的样子，曹丕气不打一处来，这两兄弟也太配合了，让曹丕享受不到秋后算账的快感。曹丕怒了，接着就下令将两兄弟全家男丁尽数诛杀。

该提拔的提拔了，该杀的也都杀了，经过一轮几多欢喜几多愁的大洗牌，曹魏的新政治格局已经稳定下来了，曹丕终于有精力把眼光投向朝堂以外的地方。

这时候诸葛亮还没开始北伐，曹魏最大的边患在南方，经过襄樊会战，曹魏南方的防线已经岌岌可危，而刚刚吞下荆州的孙权却虎视眈眈，还想把樊城和襄阳也收入囊中。

曹丕觉得襄阳和樊城实在是食之无味、弃之可惜的鸡肋，心想反正也守不住，不如放弃这两座城，收缩防线。

"丞相，不可！"他刚把自己的想法说出来，就有人出声反对，曹丕定睛一看，居然是司马懿。

曹操在世的时候司马懿很少带头唱反调，所以看着司马懿跳出来反对，曹丕有些不以为然："孙权刚刚灭了关羽，气势汹汹，现在打到家门口来索要樊城和襄阳，这两座城我们肯定守不住。"

"臣下以为不然！"司马懿回道，"正是因为孙权刚刚灭了关羽，所以他的主要精力肯定放在维持荆州地区稳定上，绝对不肯跟我们硬碰硬地打一仗，更何况，襄阳占据水陆要冲，进可攻、退可守，绝对不能轻易放弃。"

但曹丕撇撇嘴，继续不以为然。

司马懿默默退回去不再说话。对司马懿来说，第一个站出来反对曹丕这种事情已经很出格了，既然曹丕不听，那他绝不说第二遍。

他仍保持一贯的明哲保身作风。

司马懿的态度让曹丕很满意，好言安抚一番后就立刻命令曹仁一把火烧了襄阳和樊城，全军退守内线。

结果几天后前线传来消息：真的如司马懿所料，孙权根本就没打算和曹魏打硬仗，本来只想恐吓曹丕一下，没想到居然白捡了两座城池。

当年六月，曹丕突然下令要亲率大军南征，扬言要活捉孙权、踏平江东。

曹丕点起大军威风凛凛地踏上了征途，从邺城南下，过黄河，进入豫州境内，然后又转向东，一路上走走停停，走了一个半月才走到谯县。

到了谯县后曹丕突然不走了，他喊来了贾逵，对他说："豫州是我们的根基所在，我打算在这里打打猎，麻烦你帮我督军豫州，为游猎活动创造个稳定安全的环境，你觉得怎么样？"

"诺。"贾逵抬头看看曹丕，两人露出心照不宣的微笑。

旁人很奇怪，当初你心急火燎地要来讨伐孙权，一路上游山玩水不说，居然还有兴致跑到谯县来打猎？

当然，曹丕麾下明白人还是不少的，贾逵算一个，司马懿也算一个,彼此心照不宣:曹丕大老远跑到豫州不是来打猎的,分明是来耀武扬威的。

曹丕调动最精锐的士兵,打了一场酣畅淋漓的围猎,祸害山中小动物无数,紧接着,他又在谯县举办了盛大的祭祀活动祭拜祖先,还忙里偷闲大摆筵席。

就在曹丕逗留谯县的当口,西线传来消息,上庸太守孟达携房陵、上庸、西城全体人员投降曹魏了。

孟达,字子度,原来是益州军阀刘璋的部下,后来投到刘备麾下,与刘备的养子刘封一起镇守上庸。

这次关羽败亡,孟达按兵不动,让刘备十分恼火,他自己又不太会做人,跟刘封关系闹得很僵,被刘封挤兑得走投无路,一怒之下便投降了曹丕。得知曹丕在谯县后,孟达马不停蹄地赶往谯县参加投降仪式。

曹丕心里乐开了花。

不久,曹丕任命孟达为散骑常侍、建武将军,封平阳亭侯,并且把房陵、上庸、西城三郡合并为新城,让他做了新城太守。

大家都觉得曹丕有点儿过了:孟达再怎么有才,毕竟是个来回跳槽的反骨仔,而且说实话,在人才辈出的三国时代,此人才干也并不突出。

司马懿也看不过去了,进谏道:"丞相,孟达这个人说话专拣好听的,做人不耿直,是个滑头,不可以太过于信任啊!"

曹丕正被孟达迷得五迷三道,当然没理司马懿,司马懿也识趣地闭上了嘴没有再说话。

看到曹丕连司马懿都不理,很多人也跟着不说话了,这时候又有个愣头青站出来了:"丞相,孟达不可大用,臣料定此人将来必反。"

这话语出惊人,曹丕仔细一看说话这人,原来是父亲留给自己的谋士刘晔。

曹丕暂时收起脸上的不高兴,告诉刘晔不要多虑。刘晔还想辩解几句,但曹丕已经一甩袖子走远了。

但事实证明,司马懿和刘晔是正确的,而且刘晔比司马懿预测更准确。

等到九月份,曹丕终于下令,大军开拔,离开了逗留一个多月的谯县。

等确定行军路线的时候大家又迷糊了,按理说打孙权应该往东南方走,由涡水入淮河,再经芍陂即可抵达合肥前线,可是曹丕居然拉起队伍往西去了。走到一处叫曲蠡的地方,曹丕再次下令全军安营歇息,这一歇居然又歇了足足一个月之久,至于南征孙权,根本没有听曹丕再提起过了。

如果说谯县还是曹丕的祖籍所在,那么曲蠡这个平淡无奇的小乡镇实在没有任何理由值得曹丕盘桓一个月而不忍去。一开始,不少人还感到莫名其妙,跑去问司马懿,司马懿一脸神秘,笑而不语,等来人走后,目光缓缓转向墙上的地图:曲蠡正北不过五十里多一点的地方便是许昌,而许昌住着一位爷,那便是大汉天子、献帝刘协。曹丕带着十万雄兵先是在豫州搞军事演习,然后又在献帝眼皮底下驻军一个月,他想干什么难道还猜不透吗?

不得不说,总有那么一批人,反应永远比别人快一步,"曹丕之心"还没"路人皆知"的时候,一封请求曹丕取代汉献帝登上皇位的奏疏就被送到曹丕手里了。

这个人精是左中郎将李伏，一个名不见经传的小人物，靠着这次上表劝进，他也算青史留名了。

毕竟是第一个上表劝进的人，李伏不敢把话说得太露骨，大概意思是："丞相，我听某个从汉中回来的人说……那个人听汉中的人说……丞相您是真命天子，上天为您降下好多祥瑞……我又听张鲁手下的人说……那个人听张鲁说过……'宁为魏公奴，不为刘备上客'……丞相，天上的神和地上的人都很看好您当皇帝呀！"

曹丕的回复特别暧昧："承蒙老天爷厚爱，只是寡人何德何能，这都是当年我父王积下的德感动了上天，我是无功受禄、受之有愧啊。这事儿别再提了。"

在回复的末尾，曹丕又加上了一句话："对了，把你这个劝进表跟我的回复都给大家看看吧……一定要确保所有人都看到啊！"

曹丕这事儿做得也太明显了，这回连傻子都该反应过来。紧接着，曹魏朝堂上刮起了一阵"劝进"风。

于是，以曹丕这句"以示外"作为标志，轰轰烈烈的篡汉大业拉开了帷幕。

督军御史中丞司马懿一直在旁观。在这场劝进狂欢中，他当然不能置身事外，但他也不想太早下场，重量级人物总要留到最后出场，跟李伏这种层次的队友同时上场，太丢人。

等第四次劝进也被曹丕驳回的时候，司马懿才觉得时机差不多了，再不出手就有自抬身价的嫌疑，于是他纠集了侍御史郑浑、羊祕、鲍勋、武周等一批人，发动了第五轮劝进。

收到司马懿的劝进表，曹丕顿时感觉耳目一新，司马懿的劝进表既没有迷信，也没有阿谀奉承之言。两百多字，语言平实，情感朴素。

司马懿主导的第五轮劝进，宣告这场政治秀进入一个新的阶段，因为许昌的汉天子终于发话了。

从一开始，曹丕心思就不在手下那帮人身上，这场无聊的劝进游戏，说白了就是作秀给汉献帝看的，没有汉献帝配合就成了独角戏了。

汉献帝刘协一直冷眼旁观曹丕的这场闹剧。刘协自从八岁登基开始，先是董卓，然后是李傕、郭汜，再是杨奉、董承，最后是曹操，刘协早就料到会有这么一天，他无力扭转命运，只能把沉默当作最后的反抗。

直到司马懿的第五轮劝进，刘协终于沉默不下去了，司马懿的劝进表就像压垮骆驼的最后一根稻草，刘协厌倦了，也害怕了。

"想不到大汉四百年国祚，今日却要毁于我手！"在萧瑟的秋风中站立良久后，刘协拭去眼角的泪水，敲响了召集群臣的钟。

大汉太常卿张音带着汉献帝的禅册和天子玺绶来到曹丕面前。

五天后，曹丕正式派遣使节觐见汉献帝，上书辞让并奉还天子玺绶。

汉献帝知道曹丕的意思，陪着他继续演戏，四天后，汉献帝再发禅位诏，两天后曹丕再次上书辞让并且退还印绶。

这段时间曹魏的劝进大军也没闲着，督军御史中丞司马懿劝进结束后，终于轮到重磅级选手出马了：相国华歆、太尉贾诩、御史大夫王朗及九卿。

紧接着，辅国将军刘若又纠结了一百二十人的庞大阵容，继续展开劝进。

曹丕回复："大家都不要劝了，我宁可去跳东海也不会接受诏书！"

这话传到许昌，汉献帝一边咬牙切齿，一边发出了第三道禅位诏书。这一次，曹丕还是辞让了禅位诏书，却没有归还印绶。手下的人知道火候差不多了,各种禅位仪式准备工作也热火朝天地开展起来。

十月二十八日,汉献帝的第四份诏书送到曹丕面前。曹丕面对汉天子的使者,终于满怀兴奋地吐出一个字:"可。"

第二天,也就是大汉延康元年(公元220年)十月二十九日,经过一个月的疯狂作秀表演,曹丕终于受禅,登基称帝,定国号为魏,建都洛阳,改元黄初。

从此,大汉四百年社稷寿终正寝,历史正式进入三国时代。

作为曹丕最亲密的战友,司马懿被提拔为侍中兼尚书右仆射,与尚书令桓阶、尚书左仆射陈群共同负责尚书台事务,没过多久桓阶病逝,陈群升任尚书令,司马懿专任尚书仆射,同时又身兼侍中,相当于同时兼任了内阁副首相和皇帝高级幕僚长二职。

在这个位置上,司马懿一待就是五年。司马懿放开手脚,充分展示自己的行政才能,帮助曹丕波澜不惊地度过了从魏国到魏朝的过渡期。

黄初二年(公元221年),孙权派使者求和,提出愿意向曹丕求和称臣,还送来一份非常丰厚的贡品,计有优质大号的珍珠一百筐、黄金接近一吨、驯养的大象公母各一头、会说话的鹦鹉一批,以及其他珍玩上千个品种,好多都是曹丕见都没见过的宝贝。

曹丕很亢奋,觉得孙权实在太识时务了,于是,他兴高采烈地招来群臣,讨论如何封赏孙权。其实曹丕心里早就有想法,所谓讨论也就是走个形式,所以大家也就跟着庆贺,没人愿意去扫兴。

这个时候,却有个家伙跳出来高声反对:"无事献殷勤,非奸即盗。陛下,孙权无缘无故来投降,肯定是自家遇到大问题了。他在荆州把刘备得罪死了,刘备一定会起兵讨伐,孙权怕咱们再趁火打劫,不得已才投降,等把刘备搞定了,他绝对立马翻脸不认人。"

这话就像一盆冷水当头浇在曹丕身上，让曹丕很不爽，大家也纷纷转过头去，看看究竟是谁那么不开眼。

这个不开眼的家伙是刘晔，说起来算司马懿的老战友。

跟司马懿相比，经常出风头的刘晔仕途却很不顺利，混到今天也才混出一个散骑常侍，跟司马懿差了不是一级两级。

在司马懿看来，那是因为刘晔比自己聪明许多，但也仅仅是聪明而已。

"孙权怕咱们趁火打劫……"刘晔阴恻恻地一笑，"咱们就是要趁火打劫——趁他病，要他命！咱们不光不接受孙权投降，还要渡江进攻孙权，到时候刘备只能占据吴国外围的土地，我们却占有了扬州最富庶的地区，再去消灭刘备，难道不是举手之劳吗？"

曹丕当场就否定了刘晔："孙权来投降朕，朕却去攻打他，这样一来以后就没人会归附我了，此事万万不可，不过你的计策倒是不错，要不……"曹丕还是决定给刘晔点面子，卖他个好，"要不咱们接受孙权投降，然后攻打刘备吧，反正打谁不是打，你看怎么样？"

曹丕其实是给刘晔一个台阶下，刘晔却一点不给曹丕留面子："蜀地多远？我们调动军队要多久？如果刘备听到我们出兵立刻回防，我们怎么办？相反，现在刘备恨极了孙权，如果我们出兵，刘备肯定会不计后果跟我们合作的。"

本来挺开心的一件事情，被刘晔一而再再而三地泼冷水，曹丕听着很烦："好了好了，知道了，下去吧。"

最后"商量"出来的结果是册封孙权为吴王，加九锡。还没来得及下诏书，刘晔又冒出来了："陛下不可啊！"

曹丕问："有何不可？"

"陛下！"刘晔丝毫没理会曹丕的表情，"孙权原来就是个骠骑将军、南昌侯罢了，现在突然之间封给他一个王爵，还加九锡，过了吧？封个侯爵就差不多了。"

曹丕："管得着吗？我乐意！"

"这不是乐不乐意的事儿！"刘晔继续放炮，"王爵跟天子只差了一级，将来咱们还怎么驾驭？相反如果封侯爵，那孙权跟江东子民至少在理论上被解除了君臣关系，将来咱们打他就容易多了……"

曹丕极不耐烦地听完刘晔絮叨，回答照例是："好了好了，知道了，下去吧。"

最后的结果是，夷陵之战孙权打败刘备，然后真的如刘晔所料，翻脸不认人，再也没有当初那副恭敬的模样，让他送儿子来洛阳他不干，连让他来受封王爵他都不予理睬。

曹丕十分愤怒。前年就被孙权耍了一次，今年又被耍了，于是曹丕再一次提议兴兵南征。

看到曹丕那么生气，再想到前年南征前那个霍性的下场，大家都争先恐后地表示支持，正当曹丕准备下令全军动员的时候，又有人跳出来反对了。

曹丕定睛一看：还是刘晔！

"当初不是你让我打孙权吗？"曹丕几乎要咆哮起来。

刘晔一句轻蔑的回答就把曹丕噎回去了："刘备新败，孙吴现在士气高涨，上下齐心，还打个什么劲儿？"

听到这里，曹丕固然暴怒，司马懿也是大摇其头："刘晔啊刘晔，你还是不懂政治。你忘了陛下第一次南征的事情了吗？你以为陛下真的是为了打孙权而去打孙权吗？"

曹丕终于还是没有听刘晔的，立刻下诏，命曹休、张辽、臧霸取道淮南洞口；曹仁取道淮南濡须；曹真、夏侯尚、张郃、徐晃取道荆州的南郡，三路大军合攻江南。孙权早有准备，分遣麾下诸将凭江拒守；同时，抛弃魏帝的"黄初"年号，自定年号"黄武"，把曹丕气得够呛。

让人感到奇怪的是，曹丕虽然看上去暴怒无比，用兵时却一直保持着谨慎态度，始终不愿渡江打攻坚战，跟同样怒而兴兵的刘备表现完全不同，就连曹休屡次请战，曹丕都是装聋作哑。

就这么小打小闹玩到黄初三年（公元222年）三月，曹丕下令全线撤军。

与此同时，细心的人注意到，在这次南征的前后，曹丕刚即位时提拔上来的三位军界新星官位进阶如此之快：

曹休在延康元年（公元220年）南征时就从中领军升职为镇南将军了，而到了黄初三年（公元222年）的南征，他官拜征东将军，领扬州牧，假黄钺，督二十余军。

曹真战前是镇西将军，三年南征，他官拜上军大将军，都督中外诸军事，假节钺。战后，升为中军大将军。

夏侯尚在南征前是征南将军，三年南征，迁征南大将军，战后拜荆州牧，假钺。

刘晔这才明白过来，曹丕不是真的要打仗，他是想借打仗的机会，趁机提拔自己的嫡系将领，完成军权的大洗牌。

战争时期，最容易集中权力，办想办的事，提拔想提拔的人。

刘晔叹口气，说："我怎么就没想到。"

司马懿也摇摇头："你什么都懂，唯独不懂政治，所以爬到这个位置的人是我而不是你。"

曹丕上台后,司马懿的升官速度一般人拍马也赶不上。

黄初六年(公元 225 年),司马懿再次升职,封向乡侯,任抚军大将军、假节,领兵五千,加给事中、录后台文书事。

这几年升官都升麻木了,不过这一次还是让司马懿小小激动了一下,从侍中兼尚书仆射升任抚军大将军、录后台文书事,不仅官品提高了,而且实权也大大加重。

"录后台文书事"是个相当不得了的职务。所谓"后台"是一个行政机构。当天子离开都城的时候,尚书台会分为两部分——随皇帝巡行处理前方政务者,叫"行台";留在后方处理后方政务者,叫作"后台"。所谓"录"就是总管的意思,因此"录后台文书事"就是说当曹丕不在京城的时候,司马懿就是魏国的后台老板了。

而抚军大将军就更不得了了,位列大将军之下、三公之上,按曹丕的指示,在他出外巡游时,后方的中央军和地方军统统要听抚军大将军的调遣节度,这权力实在不小。也就是说,虽然司马懿直接指挥的士兵只有五千人,但他有调动十余万大军的权力。

抚军大将军的任命,意味着司马懿终于摸到军权了。

曹丕如此信任让司马懿受宠若惊,口称"岂敢",连连推辞。曹丕抬手制止了司马懿的谦虚:"这两年政务繁杂,孤实在是忙不过来了。授予你这个官职,不是给你的恩荣,而是让你替我分忧。"

司马懿这才千恩万谢地接受了这一职务,从此手握军政大权,成了曹魏统治集团中少数几位重臣之一。

曹丕说他很忙倒也不是句空话,从登基以来他确实忙得不行,六年来他留在洛阳或许昌的时间加起来不会超过一半。

虽然这几年来他一场能搬上台面的战役都没打过，虽然军队留在前线的时间还没行军途中的时间久，但理论上曹丕确实一直在忙着南征。

就在一年前，也就是黄初五年（公元224年），曹丕刚刚打完东吴，那一次不幸遇到了长江洪峰，之所以说不幸是因为曹丕刻意避开了洪峰时间，谁知道那一年的洪峰却迟到了，正好跟曹丕撞个正着。

看着波涛汹涌的长江，曹丕悲叹了一句："魏虽有武骑千群，无所用之，未可图也。"

然后，他跟没事儿人一样回许昌了。

才过去一年，曹丕又坐不住了，任命完司马懿后，曹丕开始风风火火地筹备他即位以来的第四次南征。

南征已经成了魏国的习惯，大军动员起来轻车熟路，当然，一如既往还是会有人跳出来反对。

这次反对的人叫鲍勋，也是当年劝进的积极分子，他反对的理由是曹丕这么多年穷兵黩武，把国库都耗尽了。鲍勋倒是不算冤枉曹丕，连曹丕自己都承认这几年把国家玩得有点穷，但他就是忍不住要打仗，因为他打仗的收益实在太大了——不是军事收益，而是政治收益。

曹丕当场把鲍勋贬官了。

黄初六年（公元225年）三月下旬，曹丕大军终于踏上了南征的道路，临行之前，曹丕还不忘下诏给司马懿："仲达啊，我的后方就交给你了，当初汉朝开国的时候，曹参虽然战功不小，但丞相的位置还是给了萧何，为什么？就是因为后方保障最重要，萧何立功最大啊！你能让我南征没有后顾之忧，就是你的大功一件！"

司马懿感动得一塌糊涂，望着曹丕远去的方面不停叩头谢恩。

不过感动之余，司马懿心里还是想着："比起萧何，其实我更愿意做韩信。"

即使在这时候，恐怕司马懿也没想过要当刘邦，毕竟没有谁生来就立志要当乱臣贼子，每一个权臣都是被时代造就的，而这个时代暂时还没来到。

对于曹丕来说，这又是一次郊游式的行军。

曹丕花了一个多月的时间才从许昌走到谯县，平均每天才十里多一点。到了谯县，数千艘战船已经调集在谯县城东北的涡水岸边待命，曹丕却再也没提过南征那茬儿，居然在谯县停下来了，这一停就是三个月。

原来，曹丕吸取上一次洪峰迟到的经验，觉得长江水太不靠谱，打算干脆等到十月份洪水退尽的时候再进攻。

所以曹丕在谯县一直待到了八月份，然后才水陆并进，杀气腾腾向江东而来。

然而不幸的事情再次发生，十月份突然气温骤降，前军斥候突然发来探报：由于近期气温骤降，长江周边湖泊结冰，支流的水灌不进来，导致前方水路水位骤降，大船过不去。

曹丕差点要疯了，十月份大湖封冻，这种事情几十年才能遇到一次啊！去年是洪峰迟到，今年为了保险选在这个时候出征，结果遇到了寒流早到。

看着一脚能踩到底的江面，曹丕哭笑不得地慨叹了一句："嗟乎，固天所以限隔南北也！"

大江对面的孙权同样是哭笑不得：曹丕每次都是过来看一眼就走，每次都把孙权搞得紧张兮兮，结果虚惊一场。

听说曹丕南征铩羽而归的消息后，留守许昌的司马懿忙得一塌糊涂,各种接驾工作一点都不敢疏忽,生怕一不小心扫了曹丕本来就不高的兴致。

黄初七年(公元226年)正月,曹丕带着十万大军垂头丧气地回了许昌。曹丕一路都很郁闷,倒不是郁闷没有打胜仗,而是郁闷老天爷三番两次跟自己开玩笑。

而老天的玩笑没有到此为止,快到许昌的时候,突然发生了一件非常戏剧性的事情:许昌南门居然塌了!

原来,这许昌城的城门是当初曹操迎驾汉献帝的时候仓促扩修的,本来就是豆腐渣工程,能熬到今天已经很了不起了。

司马懿吓得拍拍胸脯,幸好没有在曹丕进城的时候坍塌,看来南门还是很给自己面子的,于是立刻通知迎驾队伍转移到东门并且把这件事情通报给了曹丕。

曹丕心里本来就不爽,这下更不爽了,这城门早不塌晚不塌,偏偏在自己打了败仗回城的时候塌,而且塌的不是西门、北门,偏偏是自己经常走的南门。

太不吉利了。

一想到洪峰跟自己过不去,寒流跟自己过不去,连城门都跟自己过不去,曹丕心里太窝火了,一赌气,决定不回许昌了,当即挥挥手,下诏改道西北,绕过许昌,回洛阳,同时他还发了一道诏书给司马懿告知此事。

在许昌东门外苦等的司马懿只等来一份诏书,顿时战战兢兢,生怕曹丕怪罪自己。不过打开诏书后,司马懿立刻释然了:曹丕非但没有任何怪罪,反而对司马懿说"从今以后,如果我在东边,你就帮我总督西边的事务;如果我在西边,你就帮我总督东边的事务"。

何止是释然，司马懿简直感动了：这是对他何等的信任！

第六章 身受托孤任,高手初过招

经过曹丕的五次南征，曹真和曹休在军界的地位"嗖嗖"上涨，到黄初六年（公元225年），随着夏侯惇和曹仁相继去世，曹真和曹休已经是魏国军界首屈一指的人物了。此时，夏侯尚早已去世了。

剩下两位顾命大臣人选，司马懿相信一个会是陈群，而另一个必然是自己。

司马懿把朝中的大臣一遍遍地梳理，确认顾命大臣的人选超不出连他在内的这四个人，因为不管是论资历、论能力还是论官职，朝中已经没有人能超过他们几个了。

五月十六日，司马懿突然受到曹丕的紧急召见，和他一起进宫的是太子曹叡、镇军大将军陈群和大将军曹真，司马懿顿时知道了原因。

果然，曹丕拉着曹叡的手，看着曹真、陈群和司马懿三人，殷切嘱咐他们一定要齐心协力辅佐曹叡，接着，曹丕把头转向曹叡道："今后若有人说这三位大臣的坏话，离间你们君臣，慎勿信之，切切！"说完之后，曹丕陷入昏迷之中。

次日，魏文帝曹丕驾崩，太子曹叡登基。

从一开始，司马懿就发现曹叡这个人不一般。曹叡并不像他的父亲和爷爷一样礼贤下士，相反，他几乎很少跟群臣接触。

对此，群臣心里隐隐有些不安，摸不准曹叡的性情。直到有一次，侍中刘晔被曹叡单独召见，两人谈了许久。从皇宫出来后，刘晔对身边的人说："当今圣上，跟秦始皇、汉武帝是同一类人啊，只是才能上比秦皇汉武略少了一些。"

这句话作为一个重磅八卦瞬间传遍了整个曹魏政坛，当然也传到了司马懿耳朵里。司马懿一点也不怀疑老朋友刘晔的判断力，但其疑虑刘晔的评价是否有夸张的成分。

司马懿的疑虑没有持续多久，很快，曹叡就显示出了他在军事和政治上的无比成熟。

当年八月，孙权起兵攻打江夏。消息传到洛阳，朝中大臣气得暴跳如雷：自古兵不伐丧，想不到孙权竟敢这么不按常理出牌！魏国新丧，万一再丢了江夏，岂不是会举国震动？

朝堂上，大家议论纷纷，大多数都认为应该出兵增援江夏。

大臣们义愤填膺地讨论出兵问题，曹叡却始终高深莫测地沉默着。大家闹腾了一会儿，见曹叡始终不开口，慢慢安静下来。

等所有人都不说话了，曹叡才缓缓开口："不出兵。"语速虽慢，掷地有声。

众人"哗"的一下又沸腾了，等大家再次安静下来，曹叡才开口解释："孙权一向擅长打水战，现在之所以敢从陆路进攻江夏，是想打我们个措手不及，现在孙吴的第一波进攻已经被文聘抵挡住了，丧失突然性后的东吴肯定没有能力在江夏城下打长久战的。"

曹叡一番话说得大家目瞪口呆：想不到年轻的皇帝竟有这般见识！

大家此时的表情让曹叡很满意，过了一会儿，他补充了一句："更何况，朕早料到东吴会有所动作，所以之前已经派治书御史荀禹去南线劳军，此人素有智计，肯定不会让我失望的。"

群臣面面相觑，好一会儿才回过神来山呼万岁：英主如此，社稷幸甚！

最后的结果不出曹叡所料,孙权久攻江夏不下,正好荀禹劳军抵达,发动周边郡县步骑兵上千人在江夏附近放火,孙权以为曹魏援兵来了,于是撤军了。

曹叡的第一次表演完美落幕,全程旁观了这场表演的司马懿既感到很欣慰,但也有些落寞。曹叡越英明,说明四大辅政大臣的用武之地就越小,原先设想的辅政大臣总揽朝纲的局面看来不会出现了。

不过司马懿也不是很在乎这个,他可以等,都等了这么多年了,还在乎多等几年吗?继续埋头做事,以不变应万变,司马懿这一辈子就是这么过来的。

做事的机会很快就来了。孙权在江夏吃了瘪,很不服气,又派诸葛瑾、张霸等人攻打襄阳,看来他是铁了心要用一场军事胜利来庆祝曹丕的驾崩。

这一次曹叡不客气,果断命令时任抚军大将军的司马懿率军反击。

这是司马懿第一次独立领兵征战。司马懿心里既有激动又有不安,他对自己的军事能力倒是挺自信,但毕竟是处女战,他没有丰富的作战经验。

司马懿就这么一路杀到襄阳,然后带着巨大的心理压力完成了部署。

事实证明司马懿确实想多了,吴军的不堪一击超出司马懿的想象,在研究完东吴军阵后,司马懿郁闷地发现所有高深的军事理论在这里根本用不上,对付诸葛瑾这样的人,大军列阵后直接发起总攻是最简单粗暴又最有效的解决方式。

一个中规中矩的冲锋之后,司马懿的处女战就算打完了,诸葛瑾溃败,副将张霸被斩杀于阵中。

司马懿旗开得胜春风得意的时候，有一个人很失意，他就是曹休。

曹休和曹真、司马懿、陈群并列四大辅政大臣，但是由于地理方面的原因曹休没能出席曹丕的托孤大会，导致自己名义上比其他几位辅政大臣，尤其是比曹真矮了一截。

曹休非常不爽。

曹休一直看不起曹真，一个重要的原因是曹真其实本来不姓曹，他的父亲叫秦邵。曹操起兵讨伐董卓，秦邵率众随曹操征战，死于军中。曹操伤悼故人，便收养了秦邵之子，并赐姓曹氏，此子就是曹真。在曹休看来，曹真的"血统"比自己差远了。

一边是少主年幼，一边是两位手握重兵的辅政大臣相互视如仇寇，曹魏政坛陡升变局，一不小心就会演变成一场政治地震。

不过曹叡绝不是一般人，这场动荡非但没有让曹叡感到头痛，反而让他一下子兴奋起来。

太和元年（公元227年）初，曹叡突然下诏，任命太尉钟繇为太傅，征东大将军曹休为大司马，中军大将军曹真为大将军，司徒华歆为太尉，司空王朗为司徒，镇东大将军陈群为司空并录尚书台事，抚军大将军司马懿为骠骑将军。

大多数人都觉得这是新皇帝上台后的一次正常人事调动，但眼光毒辣的人马上就看出来，曹叡此举是为了调和曹休与曹真的矛盾。

大司马是曹魏最高的军职，曹休从征东大将军一步登顶，更妙不可言的是，大司马比大将军高两级，从此在职称上稳稳压住了曹真，着实让曹休扬眉吐气了一番。

而曹真从中军大将军直接被提拔到大将军的位置，也是连升五级，虽然升迁速度没有曹休快，但曹休跟曹家人的关系确实比自己家更近，

第六章　身受托孤任，高手初过招

他也没什么话说。

一纸诏书，曹叡就把剑拔弩张的两位军界大佬安抚下来，手段之高明，令人击节赞叹。

但是如果以为曹叡这么做只是为了调和曹休和曹真，那就有点小看曹叡了。只有像司马懿这种经年的老狐狸才能看懂这番人事调动背后的深层用意。

在被调整的七人中，钟繇、华歆和王朗都是打酱油的，曹叡真正关心的是曹休、曹真、陈群和司马懿这四位辅政大臣。

从目前的人事情况来看，曹休虽然已经升任全国武装力量总司令，但实际离政治中心洛阳远远的。

而曹真在升任大将军后，立刻就被曹叡踢回了雍凉战区抵御蜀国入侵，也远远离开了曹魏政治中心。

至于陈群，简直是最明显不过的明升暗降。陈群原先的官职镇军大将军是有实权的，而现在担任的司空美其名曰"三公之一"，其实没有实权，中看不中用。

对司马懿也是一样，他从抚军大将军被升为骠骑将军，但是本来的录后台文书事头衔却被摘掉了，没有了这个职务，让司马懿还怎么辅政？

曹叡还嫌不够，几个月后，司马懿又受命督荆、豫二州军事，成了荆豫战区司令长官，和曹真一样被踢出了政治中心洛阳。

司马懿一边收拾南下的行囊一边嘿嘿冷笑：曹叡果然不简单，这一手眼花缭乱的组合拳下来，等于把曹丕留下的辅政大臣全部扔进历史垃圾堆，把国家权柄牢牢握在了自己手里，而且还让所有人都无话可说。

上台不到一年，就把老班底全部清除，这是曹叡最牛的地方，但问题在于曹叡根本没有靠谱的新班底可用，最后还是要仰仗这些老臣。这就决定了他的这番人事调动从长远来看其实没有多少意义。因此，司马懿相信自己迟早有一天还是要回到洛阳的。

所以司马懿并没有感觉太失落，相反，他还有些庆幸，如果夏侯尚没死，那么督荆、豫二州军事的位置无论如何都轮不到他来坐，可是现在，他已经和曹真、曹休二人并列，成了曹魏三大战区的最高司令长官，换句话说，司马懿已经成了曹魏军界三巨头之一。

到此为止，司马家族终于重新掌握了枪杆子。从马背走进书房，又从书房回到马背，司马家族用数百年的时间完成了一个轮回，但是司马懿坚信，这不是一个简单的循环，而是一个上升的螺旋，虽然司马懿从此要离开曹魏政治中心，但是当他再一次回到洛阳的时候，兵权在握的那个司马懿就不是现在的这个司马懿了。

当然，就目前而言，还有两个人能压制司马懿，那就是曹真和曹休，对于这两个人司马懿一点办法都没有，因为他们不光是宗族，而且都军功赫赫，司马懿能跟他们并驾齐驱就已经很了不起了，想要压住这两人往上走，无异于痴人说梦。

不过没关系，司马懿从来不会去争夺那些虚无缥缈的东西，他可以忍，可以等，他已经耗死了曹操，耗死了曹丕，耗死了夏侯尚，他相信自己只要再等等，再忍忍，肯定还会有机会的。

至少对司马懿来说，机会从不是争来的，而是等来的。不是说争不好，而是一旦去争，就可能失败，而不争者，自然不会有失败，也不会有失去。

这就是司马懿的哲学。

第六章 身受托孤任，高手初过招

正当司马懿宦海沉浮之时,西南方的蜀国也经历了一番政治动荡,动荡过后,蜀汉政局重新洗牌,一位即将在司马懿人生中扮演重要角色的强大对手迅速崛起,成为横跨蜀汉军政两界的巨头。

他就是诸葛亮。

诸葛亮得到的信任比司马懿更多,而刘禅却比曹叡更加弱,像诸葛亮这样的托孤重臣,在新朝的地位可想而知。

其实,蜀汉政坛上还是有一些不自量力的小鱼小虾,想从诸葛亮手中分走一杯权力的羹。

可是,李严怎么可能是诸葛亮的对手?刘备尸骨未寒,李严就被诸葛亮扔到江州,远远离开了政治中心成都。

诸葛亮要的就是大权独揽,但这并不是因为他权势欲强烈,而是因为诸葛亮心里有一个梦想:完成先帝遗愿,光复中原,兴复汉室!

这是一项宏大的工程,对于国力弱小的蜀国来说尤其如此,所以必须采用高强度的集权政治,把蜀汉帝国的每一滴血液都注入战争机器当中,诸葛亮决不允许任何人来掣肘。

蜀汉建兴五年(公元227年),也就是曹魏太和元年,诸葛亮终于铲除了权力路上的一切障碍,权势滔天的诸葛丞相把目光转向了秦岭以北,那里,有先帝一生未尽的梦想。

不过在此之前,诸葛亮还有一件小小的事情要做,也就是这件小事,让诸葛亮第一次和司马懿有了交集,而在两人之间牵线的那个人,就是孟达。

投降曹魏的日子里,孟达从未间断过和蜀汉老朋友们的信件来往,尤其是诸葛亮、李严,几乎每个月孟达都会给他们写封信,谈理想,谈人生。

李严很认真地回复每一封信,告诉孟达:"我很想你。"

李严是真的很想念孟达。白帝城托孤之后,李严作为东州集团首脑却被远远发配到了江州,理论上和诸葛亮同为托孤大臣分庭抗礼,但其实当今的蜀汉,早已是诸葛亮为首的荆州集团一家独大了。

李严非常希望曾经的东州集团干将孟达能够回到蜀汉,和他一同对抗荆州集团。在某一封信中,李严很隐晦地说:"吾与孔明俱受寄托,忧深责重,思得良伴。"其实这时候的李严就被诸葛亮边缘化了,哪来什么"忧深责重","思得良伴"倒是真的。

另一方面,孟达也很希望回蜀汉,他投降本来就是被逼的,尤其是曹丕死后,孟达没了靠山,同僚申耽与他不和,新来的上司司马懿也不拿他当盘菜,孟达越想越郁闷,越郁闷越想回家。

孟达把这个念头透露给了李严,也透露给了诸葛亮。

发现孟达有归顺心理后,诸葛亮心中闪过无数个念头。

孟达镇守的东三郡位于沔水上游,"舟行下水差易而上水甚难",蜀汉若占据东三郡,就可以和下游的东吴联合,坐着船直接威胁荆州地区由曹魏所控制的襄阳、樊城等地。

在关羽丢掉荆州后,诸葛亮的《隆中对》就已经宣告破产,但是如果能重新夺回东三郡,并占领襄阳,那么在东吴的配合下,至少《隆中对》里"一向宛、洛,一出秦川"的两路伐魏战略便可重新实现。

但是,如果孟达真带着东三郡回归蜀国,已经半残的东州集团很可能东山再起,李严将重新和自己分庭抗礼。

一边是东州集团,一边是《隆中对》,诸葛亮权衡了许久。

夺回东三郡,对蜀汉北伐战略的优势是显而易见的,但并不是压倒性的。因为如果空有东三郡却攻不下襄阳,《隆中对》战略依然是镜花水月，而且，诸葛亮现在已经有了以夺取凉州为基础的应对方略。

相反，如果坐视东州集团壮大，那么这帮官僚很可能会影响到自己未来的决策。

诸葛亮并不是一个权势欲很强的人，但是他深知，以蜀汉弱小的国力想要统一中原，就必须走彻底的集权路线，他绝不能容忍任何人对自己的北伐策略有所掣肘，哪怕为此付出东三郡的代价。

孟达的命运就此决定。诸葛亮的嘴角露出一丝无奈的苦笑，他展开案台上的帛书，提笔写下了回信："几年前南征，在汉阳遇到李鸿，听他说了你的许多事迹，我非常感动，知道你是个牛人，可惜啊可惜。哎呀，阿孟！当年实在是刘封欺负你太狠了，跟先帝和我无关。我听李鸿说王冲跟你造谣我要杀了你全家，但是你没有听信谣言，你真是太了解我了，我怎么会做这种事情呢？我天天往东边瞅着你，写这封信也是因为想你啊！"

写完这封情深意切的信，诸葛亮搁下笔，长叹了一口气。与此同时，一盘很大的棋已经在胸中展开。

棋局上的第一颗过河卒是一个叫郭模的路人甲。

公元227年六月，蜀国人郭模奉命诈降魏国，他的任务是帮助孟达制定完善的叛逃计划。与此同时，他还接受了另一个秘密任务：经过魏兴郡的时候，"无意间"把这个消息走漏给申耽。

于是，经过魏兴郡的时候，郭模"很不小心地"让申耽看到了诸葛亮送给孟达的礼物：一块玉玦，一片织成，一块苏合香。

这是汉魏时期一种公开的暗语：玉玦，代表下决心；织成，代表谋已成；苏合香，代表两人合谋。

申耽立刻明白孟达要造反，申耽本来就跟孟达不和，此时更没有理由替孟达遮掩，当即快马加鞭把这个消息报告给了司马懿。

申耽不知道，他已经充当了诸葛亮的第二颗过河卒。

申耽的加急军报很快送到了司马懿手里。司马懿眯着眼，反复读着申耽的每一句话，他隐约嗅到了一股阴谋的味道：这么重要的消息，怎么会"不小心"让申耽看到？诸葛亮，你会派这么粗心的人来吗？

但诸葛亮没有给司马懿太多的时间考虑，很快，孟达就"无意中"得知自己要起兵的消息被司马懿知道了。孟达无路可退，只能决定提前起兵日期。

不过这一次，司马懿算得比诸葛亮准。用一句拗口的话来说就是：司马懿知道孟达知道司马懿知道孟达要造反。

于是，司马懿决定先跟孟达摊牌。当然，只能摊一半，目的是稳住孟达，让他先等几天。

几天后，孟达收到了一封来自司马懿的信，他惴惴不安地打开信。

在信里，司马懿首先告诉孟达：听说最近跟诸葛亮走得挺近呗？听说诸葛亮让郭模给你送个一块玉玦、一片织成和一块苏合香？

看到这儿孟达吓得直抹冷汗，不过接下来，司马懿话锋一转，开始说孟达的功绩：当年将军弃暗投明来投奔我魏国，我魏国也委将军以重任，这相互间的信任，实在让人感动啊。蜀国人没什么脑子，恨你入骨，却又拿你没办法。

司马懿在信里继续说：诸葛亮老早就想废了你，可一直拿你没办法。结果就想出这么没有技术含量的离间计，郭模带的信那么重要，怎么可能泄露给申耽知道呢？这肯定是个离间计。

读到这儿，孟达的心算是彻底放下了。他一边心里骂着司马懿自作聪明：这下着道了吧？一边心里也有点疑惑：是啊，这么重要的消息,怎么会泄露给申耽?以前没觉得诸葛亮是那么不精细的人啊,看来诸葛丞相脑子也没传说中那么好使。

孟达在心里把司马懿和诸葛亮的智商都贬低了一番,却不知道真正智商不够硬的是自己。如果你觉得两个顶级聪明人同时在犯傻,那么真正犯傻的其实很可能是你自己。

现在的情况是:诸葛亮和司马懿都知道这是个没有技术含量的反间计,但是两人都知道,这个没有技术含量的反间计必须会成功。这是一笔交易,司马懿要东三郡,诸葛亮要孟达的命。

这笔交易当中唯一没有达成一致的条件是:诸葛亮想让司马懿在东三郡城墙下多死些人,但司马懿不想死人。

读完司马懿的信后,孟达就开始犹豫了。是不是多等几天,等准备充分了再造反?

为此,他还写了一封信跟诸葛亮解释:宛城(司马懿的驻地)离洛阳八百里,离我这里一千两百里,等我造反的时候,司马懿肯定要向天子请示,然后等天子回复,这样可能也得一个月吧?这时候,我已经把我的城墙修得很坚固了,军队也武装得差不多了。更何况,我在那么险远的地方,司马懿养尊处优的,肯定不会亲自来,要是他随便派个将领来,咱还能怕他?

诸葛亮看完就把信扔到一边:你想得怎么那么美?不过孟达说的也不是没有道理,就凭东三郡的地势,至少能把荆豫军区的魏军拖上一阵子,让他们伤亡几千人。

结果证明,非但孟达小看了司马懿,连诸葛亮都小看司马懿了。

司马懿根本就没想过要上报朝廷,而是来个先斩后奏,亲自率领大军就往东三郡直扑而来。司马懿的参谋们对此有点意见,觉得东三郡紧挨着蜀国和魏国，政治地位非常敏感，司马懿好歹观望一会儿。当然，在观望的时候别忘了给天子请示一下，先斩后奏可不是个好习惯。

司马懿笑了，这些参谋不愿担责任的小算盘他看得清清楚楚，但当下也不点破，而是解释道："孟达这个人，从来不讲信用，别说我们不相信他，连蜀国也不会相信他，这会儿蜀国和孟达估计都还在犹豫呢，咱们应该趁这个机会把他灭了。"

说完，也不管参谋的意见，下令全军动员，一千两百里急行军，八天之后，就来到了上庸城下。

孟达吓傻了，没想到司马懿的兵这么快就来了。惊讶之余，他连忙给诸葛亮写信：司马懿八天就到我城下了，这也太快了……

不过惊讶归惊讶，孟达对上庸城的防守能力还是很有信心的：上庸城三面环水，修起的木栅栏足够把司马懿挡在城外……嗯，至少半个月吧？这时候援军也该到了。

司马懿再一次给了孟达一个巨大的惊喜，随着一声号角，魏军强行渡河攻破栅栏，分八路抢攻城池。

强行军上千里后居然还敢强攻如此坚固的上庸城，孟达惊讶极了。

司马懿之所以敢这么做，是因为他坚信上庸城不会有援军。他已经跟诸葛亮达成了一笔交易。虽然他本人并不想做这笔生意，但诸葛亮让他别无选择。

果然，蜀国的援军连窝都没挪，吴国更不用说，根本不想管这事儿。六天后，司马懿成功策反了孟达的外甥邓贤、副将李辅，两人献城投降，孟达城破身死。

至少有一件事情孟达说对了：从东三郡到洛阳的路确实很遥远，

第六章 身受托孤任，高手初过招

所以他的脑袋在路上颠簸了许多天才出现在曹叡的桌子上。

司马懿赢了,他创下了魏国军事史上的奇迹,以八天强行军和六天抢攻城墙充分地证明了自己的军事才能。他唯一感觉不舒服的,是被诸葛亮当了一回枪使,尽管他并没有损失什么。

诸葛亮也赢了,他除掉了孟达,东州集团再也不可能翻盘,没有人能掣肘他的北伐大业。但他也很不舒服,忍痛丢了东三郡,居然没挫伤魏军。

从此,诸葛亮记住了这个名字:司马懿。尽管在曹魏军界实际上的一号人物是西线的曹真和东线的曹休,但诸葛亮有预感,南线的三号人物司马懿,才是最难缠的对手。

解决了孟达之后,北伐计划已经万事俱备。

诸葛亮屯兵汉中已经好几年,著名的《出师表》都传遍天下了,从政坛到民间都知道诸葛亮和曹魏的战争不可避免,唯一的问题是诸葛亮会从哪里出兵。

摆在诸葛亮面前的有三个方向、六条路:

第一个方向是出秦岭入关中。秦岭天险倒也并非不可逾越,在汉中和关中之间有三条谷道,分别是子午谷、褒斜谷、傥骆谷,几乎是突袭长安的直达通道,不过谷长路险,大军行动非常困难。

第二个方向是由汉中出阳平关、武都(今甘肃略阳)、建成(今甘肃西和)、祁山(西和县北祁山堡)出天水,虽然绕了个大弯,但较为平坦。

第三个方向是由汉中向东,迂回武关、蓝田,这条路路线比第二条还长,而且靠近魏国首都洛阳,有重兵把守。

对于从哪里出兵这个问题,诸葛亮和魏延发生了分歧。

诸葛亮是一个稳重的人,所以他选择的也是最稳扎稳打的路线:兵出祁山,占据陇右,蚕食关中。诸葛亮并不想一口吞掉魏国,他只想先吃下凉州,然后吃下雍州,然后才是中原。

一口吃不成胖子,尤其是对蜀汉这种小国而言。

当诸葛亮在军事会议上把计划公之于众的时候,督前部、领丞相司马、凉州刺史魏延提出了反对意见。

魏延很鄙视了镇守长安的大将夏侯楙,认为夏侯楙之所以能坐到现在这个位子上只有一个原因:他姓夏侯。在这样的人镇守之下,长安简直易攻难守。因此,魏延向诸葛亮请求亲自率领五千精兵、五千辎重兵共计一万人,从子午谷出奇兵偷袭长安,同时由诸葛亮率领大军从斜谷进兵,最后和魏延在潼关会师,这样一来,长安以西的大片土地就姓刘了。

魏延一边慷慨陈词一边盯着诸葛亮的反应,看到诸葛亮不说话,魏延有些着急,于是加重语气补充道:"奇兵出子午谷出现在长安城下的时候,夏侯楙这种酒囊饭袋一定会第一个逃跑,到时候长安就只剩下一帮子文官,根本守不住……至于军粮,我军完全可以到长安周边区县打秋风。"

说完,魏延一脸期待地看着诸葛亮,但诸葛亮还是一言不发,只是摇头。

魏延的计划太完美了。

但越完美的计划就意味着要求越精密,任何一个环节都不能出错:如果在子午谷受到伏击,如果夏侯楙没有弃城逃跑,如果长安久攻不下,如果魏延没能抢到军粮,甚至于,如果自己的主力部队在斜谷受阻……任何一个问题都会导致计划失败。

第六章 身受托孤任,高手初过招

魏延的计划如此完美,以至于容错率低到了零,但在任何一场战争中,计划永远赶不上变化,没人有能保证不出现突发情况。

所以诸葛亮否决了魏延,毅然选择了更为稳妥的兵出祁山计划。蜀国是小国,冒不起这个险。

当然,诸葛亮稳扎稳打,不代表他不懂"兵者诡道"的道理。诸葛亮一方面把大军秘密调往阳平关方向,一方面却扬言要兵出斜谷直取长安。为了演得更像一些,诸葛亮还派出赵云、邓芝二人进据箕谷,耀武扬威好像真的要打长安一样。

得知诸葛亮计划后,曹叡轻蔑地一笑:当年我爷爷打汉中走的就是斜谷道,诸葛亮真是一点创意都没有,那条路有多难走,我们魏国人可比你明白多了。诸葛亮,你也不过如此嘛。

一直以来曹魏的工作重心都放在和东吴打仗上,所以曹叡也不想跟诸葛亮费太大的事儿,为了能够毕其功于一役地消灭来自西南方的威胁,曹叡下令雍州刺史郭淮率领雍州兵团驻防斜谷道口,同时命令西北战区总司令曹真驻守郿城,准备以逸待劳跟诸葛亮主力决战。

事实证明,任何小看诸葛亮智商的人最后都会吃瘪,曹叡得意扬扬,却不知自己已经中了诸葛亮的计谋,亲手把曹魏西北军区最精锐的野战部队和最能打仗的两员大将钉死在了关中地区。

没有人注意到,陇右的兵力已经空虚了。

收到曹叡的命令后,曹真和郭淮天天望着斜谷道口,脖子都望酸了,始终没有等来传说中的蜀国大军,却等来一个爆炸性新闻:诸葛亮兵出祁山,大军直逼凉州!

此时此刻,诸葛亮的大军已经正在围攻祁山的魏国边防部队,扫清蜀军进入凉州的障碍。曹叡把郭淮的雍州兵团调往关中后,整个陇右地区就没有能与诸葛亮大军抗衡的野战部队了，消灭祁山的那些边防部队只不过是个时间问题。

事实上，战局比诸葛亮想象的更顺利。曹魏在陇右地区的统治基础本来就很薄弱，现在诸葛亮兵临城下，凉州军民根本就没有抵抗的欲望，一时间，天水、南安、安定三郡纷纷投降，形势不是小好，是一片大好。

但诸葛亮知道，这些都是表面光鲜，私底下依然暗流涌动。尤其是天水郡的重镇上邽（今天水市）、冀城（天水郡首县，今甘肃伏羌县南）等都还在魏国控制下；陇西、广魏两个郡固守城池，仍然忠于魏国。

而曹魏本身就像一台庞大的战争机器，它需要时间预热，可一旦开动起来，可以轻松地把失去秦岭"防御加成"的北伐军碾成碎片，到那个时候，他将轻而易举地失去如今似乎轻而易举就得到的一切。

诸葛亮忧郁的眼神在巨大的舆图上游走，最后停留在祁山东面的一个小小地标上。

那个地方叫街亭。

街亭，全称街泉亭，在今陕西秦安县东北、庄浪县东南，把守着自泾河谷地进入陇西的要道。因此只要控制了街亭，就等于封住了关中通往陇右的大门，形成关门打狗之势，同时也将宜州和凉州连成了一片。

在诸葛亮的计划中，兵出祁山、平定陇西三郡的同时必须占领街亭这一战略要地，这里既是阻击关中援军的壁垒，也是西进关中的桥头堡。一旦占据街亭，接下来就可以步步为营地吞并魏国土地，直到占领整个关中地区，到那时便可仿效高祖刘邦，退可据守潼关安然无恙，进可直取洛阳覆灭曹魏政权。再由许昌南下，配合从长江上游顺流而下的蜀军进攻，那么东吴俯首亦不在话下。

当然，诸葛亮的畅想有点远了，当务之急是攻下街亭，并且在街亭阻击来自关中的曹魏大军，给自己扫清祁山、平定陇右地区留出充足的时间。

诸葛亮把这个重任交给了马谡。

诸葛亮兵出祁山、陇右三郡皆反的消息传到洛阳，曹叡被惊得差点从椅子上掉下来：曹魏帝国上一次遭遇这类危机还是十年前关羽水淹七军、威震华夏的时候。

不过领导就要有领导的样子，曹叡只用了四分之一炷香的时间就恢复了镇定，他一边安慰群臣，一边从洛阳派出五万中央军驰援陇右，带兵的是曹操手下"五子良将"中仅存的硕果，也是当前曹魏经验最丰富、资历最老的老将张郃。

张郃从官渡之战起就追随曹操，经历大小战阵无数，又在汉中跟刘备对峙数年，夏侯渊死后还被民主选举为曹魏汉中军团的司令。这样的人，绝对不会是吃素的角色。

果然，张郃只扫了地图一眼，目光就和诸葛亮落在了同一个点上：街亭。张郃知道，别看诸葛亮声势浩大，但蜀军一旦离开秦岭庇护，在大平原上绝不是魏军的对手，只要能够夺下街亭，就等于开门放狗，蜀汉大军便直接暴露在曹魏铁蹄之下。

这么浅显的道理，张郃相信诸葛亮不可能不明白，所以他只能以最快的行军速度挺进，祈祷能在蜀军之前占据街亭。

张郃急行军的同时，在另一个方向上，马谡也向着街亭在迅速挺进。

这一路上马谡既郁闷又兴奋。兴奋是因为如此关键的任务诸葛亮没有交给魏延、吴懿这些宿将，却交给从未打过仗的自己，可见诸葛丞相对自己的器重程度。

而马谡之所以郁闷，是因为诸葛丞相太啰唆了。出兵之前，诸葛亮唠唠叨叨半天，把马谡行军路线和防守部署上的每一个细节都讲了一遍、两遍、三四遍，恨不能让马谡背下来默写一遍。

马谡心想我从小熟读兵法，每次交流打仗的事情连丞相都说不过我，至于把我当小孩儿一样手把手地教吗？丞相分明是不信任我的能力。

想到这里，连马谡自己都没察觉到的逆反心理油然而生。所以当马谡比张郃提前赶到街亭后，马谡有意无意地把诸葛亮的千叮咛万嘱咐扔在脑后，彻底抛弃了诸葛亮要求"拒城而守"的嘱咐，反而跑到附近的南山上去驻扎了下来。

马谡的偏将王平对此很有意见，劝他说："马参军……那个啥……当初诸葛丞相可不是这么嘱咐的……这南山上也没个水源什么的，万一被人包围，不用打我们就先渴死了。"

马谡轻蔑地看了一眼王平："你懂什么叫'置之死地而后生'吗？知道什么叫'背水一战'吗？哎呀算了，我看你也不知道，你别管我。"在斗大字不识一箩筐的王平面前，马谡的优越感简直要爆棚。

王平没办法，自己笨嘴笨舌反正也说不过马谡，但他也不想听马谡的，干脆领着本部兵马跑到旁边的小山丘上，和马谡形成掎角之势。

等马谡部署得差不多了，张郃大军也气喘吁吁地赶到了。看到街亭已经被蜀军占领了，张郃绝望得直想哭，不过，他也只绝望了四分之一炷香时间就感觉事情不对劲儿：蜀军非但没有利用险要的地势拒守城池，反而跑到边上一座连水源都没有的小山上驻扎了下来。

张郃这样的老将绝对不会错失送上门来的机会，他立刻率领大军把南山围了起来，然后切断了马谡的水源。

西北地区本来气候就干燥，再加上太阳一直暴晒，失去了水源的蜀军瞬间陷入了"死地"，但传说中的"后生"却没有出现，短短三天工夫，蜀军就被渴得毫无战斗力。还没等张郃下令进攻，蜀军自己就溃败了，逼得张郃把还没来得及喊出口的"冲锋"二字咽回去，硬生生改成了"追击"。

马谡毫无悬念地一败涂地，街亭重新回到了曹魏手中，从关中通向陇右的大门被再一次打开，而且诸葛亮再也没有能力将其关闭。

兵败的消息传到祁山，诸葛亮仰天长叹。此时的诸葛亮已经击破了祁山一带的魏国边防军，而且占领了西县（今天水市西南）、冀城，只要再攻下邽，就等于控制住了整个天水郡，然后就能进而兵进街亭，跟马谡会师。

马谡却因为如此可笑的低级错误丢了街亭。

一着棋错，满盘皆输，失去了街亭，诸葛亮的所有军事行动都变得毫无价值，如果继续进兵，就不得不在大平原上面对源源不断赶来的曹魏铁骑，那将是置全军于万劫不复之险地，为今之计，只能撤退。

功败垂成！功败垂成！这是诸葛亮的第一次北伐，也是离胜利最近的一次北伐，就这样莫名其妙地毁在一个自以为是的蠢货手里。

但是这能怪谁？归根到底，还是诸葛亮用人不当。

一声叹息后，诸葛亮率军缓缓退回汉中，留下数不尽的遗憾。

第七章 二曹皆逝去,独掌军中事

诸葛亮退兵的消息传到长安，曹叡异常兴奋，这是襄樊之战后曹魏第二次挫败蜀汉的入侵，取得对蜀作战的伟大军事胜利。曹叡顿时感觉信心爆棚，产生了横扫天下的欲望。所以太和二年（公元228年）司马懿奉召入京述职的时候，曹叡兴冲冲地问司马懿："仲达，你觉得我们应该先打吴国还是先打蜀国？"

"先打吴国。"司马懿不假思索地回答。

其实这个问题的标准答案应该是"谁都别打"，因为曹魏虽然是三国中最强大的势力，但吴蜀两国国力也都处于巅峰状态，又有长江和秦岭的防御加成，此时此刻，鼎足而立养精蓄锐才是正道。

但司马懿才不会笨到说出这种话来，既然曹叡这么想打仗，那就给他一场仗让他打吧，反正对司马懿也没坏处。至于司马懿为什么说先打吴国，用脚趾头想想也知道：打蜀国，功劳全是曹真的，能有司马懿什么事儿？

听了司马懿的回答，曹叡果然很高兴，继续兴致勃勃地问："那我们要怎么做才能打过长江，拿下东吴呢？"

这话算是问对人了，司马懿对此早有想法，于是一五一十地跟曹叡分析："东吴看不起我们，说我们不会打水战，所以在东关一代布防非常散漫，而东关、夏口地区恰恰是东吴的心脏地带，所以我们应该偷偷发展水军，然后派陆军攻击宛城，等孙权带主力部队救援宛城的时候，我们的水军就去偷袭夏口，来个神兵天降，把孙吴的心脏先打残。"

平心而论，司马懿这套战略算不上多高明，有点类似于魏延的子午谷奇谋，听上去厉害，真要实施起来困难重重。

但是对好大喜功的曹叡来说，听上去厉害就够了。听了司马懿的陈述，曹叡瞬间热血沸腾起来："好！就按你说的办！赶紧回宛城督造舰船，训练水军，时刻准备着为拿下东吴而奋斗！"

"领旨！"离开了洛阳的司马懿乐不可支：当时曹魏三大主战区中负责对蜀作战的是雍凉战区，负责对吴作战的是淮扬战区，而司马懿的荆豫战区基本处于替补队员的角色，冷板凳坐穿，在垃圾时间偶尔上上场，别说进球，连个助攻都捞不到。可是曹叡这道圣旨一下，就意味司马懿从此成了主攻队员，意味着更多的资源、更多的权力、更多的进球……司马懿美滋滋地回到宛城，投入热火朝天的水军建设中去了。

其实司马懿自己也明白所谓的"出奇兵攻江夏灭吴国"有些放空炮的感觉，可谁让曹叡喜欢打仗呢？

但司马懿没想到，他还是高估了曹叡的耐心，仅仅一个月后曹叡就按捺不住了，一道诏书送到司马懿面前："仲达，准备一下，要打仗了……对了，船造好没？"

"既然船没造好，那你从陆路进攻吧！"

司马懿："……"

太和二年（公元228年）五月，迫不及待的曹叡起三路大军伐吴：第一路，大司马曹休，直取宛城；第二路，建威将军贾逵，直取东关；第三路，骠骑将军司马懿，直取江陵。

司马懿一阵腹诽，但他绝不想给曹叡泼冷水，给自己惹麻烦，既然曹叡要打，就打呗，反正打打没坏处，一将功成万骨枯，权力不就是打仗打出来的吗？于是，司马懿恭敬地领了圣旨，立刻把造船工作停下来，一丝不苟地执行军令点兵出征。

尽管司马懿心里很不爽，但他万万没想到，更不爽的事情还在后头：就在司马懿杀气腾腾扑向江陵的半路上，曹叡突然就下了一道圣旨，让他取消全部军事行动，全军返回宛城！

当然，司马懿没有展现出丝毫不满，依然恭敬地领了圣旨，然后一丝不苟地带兵回宛城去了。

一路上司马懿都很疑惑：到底发生了什么？一打听，原来是曹休搞的鬼。

曹休一直被曹真踩着，本来就很不爽，好不容易升了官扬眉吐气了，结果居然是雍凉战区让诸葛亮铩羽而归，一时间让曹真风光无限；紧接着，又听说司马懿给曹叡出了个"水路奇袭江夏"的战略，曹休跟东吴打了半辈子仗，可没曹叡那么好骗，一听就听出来司马懿想抢他风头。

虽然后来曹叡仓促的出兵让司马懿的计划流产了，但曹休还是不满足：三路并进，功劳三个人平分，凭什么？

曹休琢磨着要怎么才能把灭吴的功劳独占，就在这个时候，他突然收到一封信，一封来自江东的信。

信是东吴鄱阳太守周鲂寄来的，在这封信中，周鲂向曹休诉说自己在东吴过得很郁闷，孙权处处欺负他，日子非常难过。

之后，周鲂才说出了自己的真实目的：他要投降曹休。非但如此，周鲂还把孙权在东部战区的全部军事部署都透露给了曹休，并且拍着胸脯要给曹休大军做带路党，里应外合直捣江东。

真是瞌睡遇枕头！曹休做梦都要笑出来了，根据周鲂提供的情报来看，孙吴东部防御体系极为薄弱，如果再加上周鲂的降兵带路，自己想不独吞功劳都难啊！

当然，为了保险起见，曹休又联系了淮扬战区驻东吴的情报机构，前方发回来的情报是：周鲂最近的日子比信上说的还要惨，孙权已经逼得周鲂不得不赌咒发誓，甚至削发明志了。

既然如此，那肯定不会错了。曹休抑制不住心中的激动，他立即写奏折把情况呈报给曹叡。

收到奏折后，曹叡比曹休更兴奋。兴奋难耐的曹叡当即命令曹休率主力部队快速推进，贾逵的中路大军立刻转向前去和曹休回合，至于司马懿的东路军，离得太远，干脆回宛城歇着去吧。

就这样，司马懿白忙活一场，灰头土脸地回宛城了。撤军路上，司马懿遥望东方，想象着曹休那张得意忘形的脸，气不打一处来。

不过愤怒过后，司马懿隐约感觉曹休全盘计划的基石——也就是带路党周鲂——是有问题的，但是问题在哪儿呢，司马懿想不出来。

和司马懿一样感觉不对劲儿的人还有尚书蒋济。

蒋济在智谋方面与刘晔平分秋色。得知曹休的军事计划后，蒋济进谏道："三路大军伐吴变成了曹休孤军深入，很容易被长江上游的吴军切断退路，这恐怕很危险吧？"

蒋济也只能说到这个地步了，因为他和司马懿一样，只是感觉周鲂有问题，至于哪里有问题，他也看不出来。

司马懿和蒋济毕竟离战场太远，另一位更接近战场的高人却看出了更多的门道，他就是当时和贾逵一起出兵中路的满宠。得知曹休的进军路线后，满宠上表提醒曹叡：周鲂跟曹休约定碰头的地方是一片洼地,而且道路险要,很容易被断后、包围。

但是,求胜心切的曹叡和曹休并没有理会这些杂音,他们依然满怀着希望,憧憬着胜利的荣耀。

事实证明,司马懿、蒋济和满宠的直觉是对的,周鲂确实有问题。

孙权一直把曹休的淮扬兵团看作东吴最大的威胁,几个月前,孙权找到鄱阳太守周鲂,让他找几个当地土豪诈降曹休,把淮扬兵团的主力引出来。不过周鲂认为曹休这条鱼太大,想要钓上曹休这条大鱼,光靠几个土豪是不行的,必须自己亲自出马。

孙权同意了周鲂的计策,于是一场苦肉计上演了。

周鲂在信里写的遭遇一点没造假,间谍发给曹休的情报也没有丝毫水分,只不过这些都是孙权和周鲂在唱双簧。

苦肉计加诈降计,这是东吴压箱底的拿手好戏,早就玩得炉火纯青了。

在得知曹休上钩后,孙权一边偷偷地把陆逊、朱桓、全琮等东吴名将所率领的主力部队全部调往东线,一边大张旗鼓地兵出安陵,做出一副要从西路进兵的样子。

这一招玩得有点过火,终于被蒋济看出了问题。

收到前线军报的蒋济心急火燎地觐见曹叡:陛下,曹休危矣!

看到一向以沉稳著称的蒋济有如此慌张的时候,曹叡奇道:"蒋尚书此话怎讲?"

"东吴从安陵出兵了!陛下,快快下旨让曹休撤兵!"

曹叡哑然失笑:"尚书大人老糊涂了吧?东吴从西线安陵出兵,东线岂不是正好让大司马乘虚而入?"

"陛下!"看到曹叡反应这么慢,蒋济都急了,"三路大军中曹

132

休兵团规模最大，孙权再蠢也不至于把主力调往西线啊？只能说明孙权早就在东线暗中部署大军，就等着曹休上钩了。至于西线出兵安陵，纯属欲盖弥彰啊！"

蒋济说得这么明白，曹叡终于反应过来了："快，立刻下诏，让大司马退兵！对了，再下一道诏书，让贾逵快速挺进，接应大司马。"

诏书十万火急地送出洛阳，可是已经来不及了。

曹休兴冲冲地钻进东吴大军伏击圈，没见到带路党周舫，却见到了陆逊、朱桓、全琮这些东吴名将，和他们背后虎视眈眈的伏兵。

孤军深入的曹休顿时悲剧了。

当退兵诏书送到曹休手中时，曹休兵团已经溃败，要不是贾逵赶来接应，命都不一定能保住。

就这样，太和二年（公元228年）轰轰烈烈的伐吴大业以淮扬兵团一败涂地而告终，非但如此，淮扬兵团的覆灭还导致曹魏三代人在东线的经营毁于一旦，此后一段时间内，曹魏再也没有能力在东线发动大规模的伐吴战争了。

此战过后，曹休上表请罪，然后回家待罪去了。对于司马懿来说，这意味军界三巨头中曹休的光芒已经黯然退去，此消彼长，司马懿的地位变得愈发重要。

事实上，这一战带来的红利远远超过司马懿的想象，回家后曹休越想越窝火，内火攻心，背上长出了一个痈疽，此时此刻，曹休非但不静心养病，反而忙着写奏折把失败的所有原因都推给了贾逵，说他接应得太晚。

贾逵也不是个好惹的人物，立刻上表自辩，两个人唇枪舌剑，嘴架打得热热闹闹。

第七章 二曹皆逝去，独掌军中事

133

经一番折腾，跟贾逵吵了几架以后，曹休痈疽发作，病逝了。

被曹操誉为"千里驹"的曹休马失前蹄，最悲痛的是曹叡，最开心的是孙权，除此之外还有两个人在暗爽：因为曹魏军界一号首长的倒下，意味着空出了一个萝卜坑，意味着有人可以挪窝了。

这两个人，一个是曹真，一个是司马懿。

淮扬兵团被重创后，曹魏不得不投入巨大的人力、物力来重整东线战区，很快诸葛亮就察觉到了曹魏西线的空虚，于是果断决定：再一次出兵北伐。

此时离诸葛亮第一次北伐失败不到八个月。

第一次北伐时祁山战场的形势一片大好，但是听到街亭失守的消息后诸葛亮第一时间下令，果断放弃陇右一切战略成果，全军有条不紊地撤回了汉中，保证了蜀汉的军事力量没有受到任何损失。

因此，在北伐中蜀国唯一的损失可能只有蜀军的士气。

但诸葛亮很快用行动弥补了这一损失：他先是挥泪斩马谡，然后又上表要求自降三级，把所有的罪责都揽到了自己身上，最后，又重赏了在街亭之战中表现突出的王平。

当诸葛亮做完这些事的时候，潜伏在汉中的曹魏间谍惊人地发现：蜀军再一次士气高涨，仿佛他们几个月前根本没有打过败仗。

因此当诸葛亮第二次北伐的时候，蜀军不管是军队规模还是军人士气都丝毫不逊色于第一次北伐。

这一次，诸葛亮放弃了蚕食陇右的计划，而是把目标对准了关中，决定从武都出散关直取陈仓。当年韩信攻取关中时走的就是这条路。

蜀军一路走来无比顺畅，曹魏似乎并没有在这条道路上严密布防，尤其是地势险要的散关，居然没有重兵镇守。

诸葛亮小小地鄙视了一下曹真，目光扫过前方送来的一份情报：几个月前曹真把陈仓城太守换成了一个叫郝昭的人。

陈仓是西北、西南通向关中的交通要冲。西可去天水郡，西北有大道直通安定郡，西南与武都郡相连，向东则是长安。对于曹魏来说，只要控制住了陈仓，哪怕雍、凉被蜀汉军队占据，大军也可以把陈仓当根据地随心所欲地打击敌人而使敌人难于设防。当然，对于蜀汉来说，占据陈仓后的效果也是一样的。

诸葛亮对攻克陈仓是有信心的，因为双方在兵力上的差距实在是太巨大了，抱着"能不死人尽量别死"的想法，他还是派了一个叫靳详的手下去劝降。此人是郝昭的老乡，据说跟郝昭私交不错，出发之前，靳详拍着胸脯保证轻摇三寸舌一定把陈仓拿下。

靳详走后，诸葛亮优哉地坐在中军大帐，等着靳详的消息。他对此没抱太大的希望，但是反正等几个时辰也无妨，正好让士卒们歇息一会儿。

事实上，诸葛亮根本没等几个时辰，没过多久，亲兵就来报告：丞相，靳详回来了。

"哦？这么快？"诸葛亮心里已经有数了。果然，靳详哭丧着脸走进中军帐，说郝昭连城门都没让他进，在城墙脚下他就被骂回来了。

诸葛亮遗憾地耸耸肩：既然你要战争，那就给你战争吧！

紧接着，蜀军发起了排山倒海的进攻，陈仓之战正式打响。

但是让诸葛亮万万没有料到的是，就是这个名不见经传的郝昭，能让蜀军在占有优势的情况下，昼夜相攻二十余日。

诸葛亮唉声叹气的时候，曹叡却有点惊慌失措。关中地区的主力部队要么在陇右布防，不敢随便调动；要么就被派往荆豫战区参与三路伐吴，目前没有多少机动部队了。没办法，只能再次请出老将张郃，率领洛阳的中央军前往驰援。

曹叡紧张地直搓手，大军开拔的前一分钟还在磨磨叨叨："老将军，你可要赶快啊，万一你到了，陈仓失守了……那可就要命了。"

张郃倒是很轻松："放心吧陛下，我估摸着等我到了，诸葛亮也该退兵了。"

事实证明，老将张郃果然名不虚传，当洛阳援军还在路上的时候，诸葛亮就已经撑不住了。

主要是蜀汉的后勤系统撑不下去了。越过秦岭跑到魏国的土地上来打这么一场旷日持久的战争，诸葛亮当年在汉中积攒下来的粮食已经快告罄了。

没有粮食，仗还怎么打？就算打下了陈仓又有什么意义？诸葛亮一声长叹："退兵。"

果然如张郃所料，当他赶到陈仓的时候，战斗已经结束了。

郝昭浴血奋战的时候，雍凉战区司令长官曹真一点没闲着。他在忙着调动本来就捉襟见肘的野战部队，打算等陈仓失守后构筑第二道防线。曹真没有太多部队可以用，只能希望拖一会儿是一会儿。郝昭的表现大大出乎曹真的预料，非但拖住了诸葛亮，还把诸葛亮打跑了。

这下曹真得意起来了，反正第二道防线也没有构筑的必要了，他立刻招来部将费曜、王双，点起兵马打算来个乘胜追击。

痛打落水狗这种事情谁都喜欢，尤其是骑兵统帅王双，兴奋得嗷嗷叫，连夜披挂上阵，一人配三马，风驰电掣而去。

曹真太不了解诸葛亮了。诸葛亮用兵从来都是有条不紊，即便是在败退的时候也保持着严整的军阵,步步为营。

这一次,诸葛亮还是像往常一样,保持着紧密的战斗方阵,并且留下了精锐的断后部队埋伏在追兵的必经之路上。

王双这辈子打过很多仗,见过什么叫兵败如山倒,他满心欢喜地憧憬着即将到来的大屠杀,想象着自己领着上万个首级领赏的美好场景。冲进蜀军包围圈的时候,王双脸上还挂着笑。

一支弩箭凝固了王双的笑容,紧接着,一阵箭雨倾盆而下,王双这辈子没有见过那么多箭矢同时倾泻而下,他疯狂地嚎叫,徒劳地想把溃散的队伍收拢起来,直到锋利的箭镞穿过铁甲,刺穿身体,王双还在想,怎么会有这么密集的箭雨……

答案是,蜀军在伏击王双的时候动用了新兵器:诸葛连弩。一扣扳机,能发出十支箭矢,堪称弓弩界的机关枪。

割下王双的首级,断后部队缓缓后撤,融入诸葛大军本阵,安然无恙地退入汉中。

第二次北伐,从战略上讲,诸葛亮再一次失败了,却成功诛杀了魏国大将王双,还耗死了郝昭(郝昭在陈仓之战中操劳过度,战后没几天就去世了),而且蜀国的元气却依然充沛,诸葛亮依然有实力发动第三次、第四次、第五次北伐。

这就是诸葛亮的伟大之处,他不会被任何一场失败拖垮,总是能用最快的速度东山再起,原因正如他自己所说的:"善胜者不败,善败者不亡。"

诸葛亮两次铩羽而归,让雍凉战区最高司令长官、大司马曹真名望如日中天,虽然街亭是张郃打下的,陈仓是郝昭守住的,但是作为领导,下属的功劳就是自己的功劳。

尤其是在一败涂地的曹休和碌碌无为的司马懿的映衬之下，曹真更加显得光芒四射。也就是在诸葛亮第二次北伐失败后，曹真被加封为大司马，顶替了曹休留下来的萝卜坑。

可以说，诸葛亮两次北伐，最大的赢家是曹真。

按理说曹真也该满足了，但人心就是得陇望蜀，曹真这段时间自信心爆表，真把自己当军事天才，已经不满足于被动防御诸葛亮了。

在给曹叡的一封奏疏里，曹真抱怨道："诸葛亮跟苍蝇一样，'嗡嗡嗡'赶也赶不走，虽然没啥大威胁，但总还是拍死了舒服。"然后，他向曹叡提出了一个大胆而狂野的计划：兵出子午谷，远征蜀汉。

之所以说狂野，是因为连魏延在提出"子午谷奇谋"的时候都着重强调了一个"奇"字和长安守将夏侯楙的无能，曹真居然想率领大军大摇大摆地穿过子午谷去跟诸葛亮硬碰硬？

曹真狂野的计划正好击中了曹叡狂野的梦想，当场批准，下令曹真率领雍凉战区的主力军团从长安出发，走子午谷南下，同时，命令司马懿率领荆豫战区主力沿汉水而上，从上庸地区的西城进攻，最后在汉中首府南郑跟曹真胜利会师。

诏书传到宛城之后，司马懿心中突然一动，他有一个强烈的预感：曹真要完了。

当时，司马懿刚刚接受任命，接替了曹真的大将军职位，从骠骑将军到大将军，司马懿连升三级，成为曹魏军界第二号人物，这都得感谢无私的曹休让出了萝卜坑。

然而这一次，司马懿在曹真身上看到了曹休的影子：同样是好大喜功的宗室将领，同样是越过天险去攻打强大的敌人……对，还有同样拿我司马懿当替补队员。

司马懿看着舆图上层峦叠嶂的秦岭，紧锁眉头。

他并不看好曹真的伐蜀计划，就和曹休的伐吴计划一样，这是一个仓促出炉的政绩工程，失败是必然的。那么要不要提醒下曹真和曹叡呢？思考了一会儿，司马懿摇摇头，算了，何必触他们的霉头，在别人兴致高涨的时候泼冷水，这从来不是司马懿的作风。

甚至于，司马懿不无恶意地猜想：曹真会不会跟曹休一样的下场，到那时候，曹真空出来的萝卜坑……

想到这里，司马懿决定举双手双脚赞同曹真的计划。送走了曹叡的使者后，司马懿就投入到热火朝天的战争动员工作中去了。

太和三年（公元229年）八月，经过一番紧锣密鼓的准备，曹真怀揣着光荣与梦想，从长安出发，雄赳赳气昂昂一脚踏进了子午谷。

司马懿也是热情高涨的样子，杀气腾腾地出征了。

如果单看表象，司马懿简直是曹真计划的铁杆支持者。但事实上，司马懿一点都不看好曹真。

诸葛亮早就料到曹魏会来那么一出，早在曹真出兵前他就已经在南郑的西、东两个方向修筑了两个军事要塞：汉城和乐城，确保曹真的奇袭机会绝不会那么顺利。

诸葛亮最明白一个道理：严防不是死守，进攻才是最好的防守。得到魏军进攻的消息之后，诸葛亮准备来个主动进攻：你要打我的汉中，我趁机打你的陇西。

不过诸葛亮面临一个要命的问题：兵力不足。

面对曹真大兵压境，汉中的数万兵力只够防守，想要进攻还需要去别的战区打打秋风才行。诸葛亮立刻想到了驻扎了蜀汉数万正规军的江州军区，当时吴蜀关系正处于蜜月期，去江州打秋风是最合适不过的了。

"驻防江州的人……是前将军李严吧？"诸葛亮喃喃自语了一句，突然有个想法像闪电一样击中了他，他翘起嘴角，笑了，"这说不定是个机会。"

于是，诸葛亮给李严写信，请求李严亲自带两万士兵北上汉中，协助诸葛亮防守曹真以及北伐中原。

李严迅速给诸葛亮回信，但是信上没说两万大军的事儿，却东拉西扯说了一大通，还假装闲聊地说了句："我听说魏国的司马懿，还有那谁和那谁都开府了呢……"

李严不知道，诸葛亮其实正等着他提要求呢，这是诸葛亮下的一个套，他不光要借走李严的兵，还要趁机收走李严的权。

收到李严的信，诸葛亮心里敞亮得很："李严倒是滑头得很，开府就意味着拥有独立的人事任免权，拥有属于自己的班底，你这个李严，野心不小嘛。"

于是，诸葛亮立刻回信，把李严吹捧了一顿，同时告诉他，自己已经表奏陛下，要封李严为骠骑将军，金印紫绶，位同三公，同时还让李严的儿子李丰当江州都督，在李严不在的时候代理一切军政事务。

在蜀国，骠骑将军的地位仅次于大将军，又因为大将军一职本身空缺，诸葛亮这一任命等于承认了李严是全国武装力量总司令，同时册封李丰，等于宣布李氏家族可以永远保有在江州的地位。

在诸葛亮的信里面丝毫没有提到开府的事情，但一连串殊荣已经把李严开心坏了，于是他也不再提开府的事儿，带着军队开开心心地出发去汉中了。

这样一来，诸葛亮拥有了七万大军，已经足够一边防守、一边反击了。

除此之外诸葛亮的另一个收获是：李严离开江州来到汉中，鱼脱于渊，从此就处于诸葛亮的掌控之下了。至于他的官职是骠骑将军还是别的，诸葛亮根本不在乎。

此时的诸葛亮既获得了江州的援兵，又趁机解除了李严的威胁。

蜀国这边准备妥当了，厉兵秣马等待曹魏大军，可是左等不来，右等不来，一打听，曹真卡在子午谷了。

原来，子午谷比曹真想象的更难走，此时此刻，他还没走完一半的路程。只有先锋夏侯霸走得稍微快了点，并且在迷路等不可抗因素的作用下，稀里糊涂走到一个叫兴势的地方，在那里，他们遭遇到了一支驻防的蜀军。

夏侯霸是曹魏名将夏侯渊的儿子，十几年前，夏侯渊葬身于汉中定军山下，因此，当遭遇蜀军后，夏侯霸兴奋异常，觉得为父报仇的机会到了。

事实上，兴势的蜀军比夏侯霸还要兴奋。兴势不在曹真的预定路线上，诸葛亮原先的防御体系中是没他们什么事儿的，现在遇到了自己送上门来的魏军，不打白不打。

所以，夏侯霸还在气势汹汹地部署进攻策略，这支蜀军就嗷嗷叫着杀过来了。蜀军的诸葛连弩在魏国是传说一样的存在，夏侯霸有幸近距离观摩并体验到了这种神奇的武器，蜀军居高临下，又有如此犀利的武器，魏军从白天杀到傍晚，全军死伤无数，夏侯霸一看顶不住了，只得下令撤退，最后仗着夜色的掩护才狼狈逃离了这个鬼地方。

兴势之战是曹真大军和蜀军的第一次交锋，也是唯一一次交锋。进入九月份后，连绵不绝的秋雨袭击了中国西南地区，关中的伊水、洛水、河水（黄河），汉中的汉水都泛滥成灾，栈道被冲毁了多处，本来就困难的补给线愈发难以维持了。

整个子午谷也被大雨泡成了一锅泥浆，曹真的大军本来就步履维艰，此刻全身湿漉漉地走在遍地泥泞的山路，推进速度更是慢得让人难以置信。

最可怕的是，面对连绵的秋雨和无尽的山路，曹真大军的非战斗减员与日俱增，有掉下山崖摔死的，有一头栽进泥潭淹死的，有病死的，有累死的……总之，除了战死之外各种五花八门的死法都有。

曹真突然发现，比起诸葛亮的军队，秦岭才是最要命的敌人。曹真开始后悔，怀疑自己这次伐蜀计划是不是太激进了。与此同时，他还觉得挺对不起司马懿："仲达不知推进到何处了，万一打到南郑城下我却还没走出这该死的子午谷，仲达恐怕会有危险吧？"

当然，曹真多虑了，司马懿此刻离目的地南郑足有十万八千里。

司马懿是从西城出发了，他先是派水军沿沔水而下，然后调动陆军部队逢山开路、遇水搭桥，经过艰苦卓绝的工程作业后在沔水边上开出一条山路，然后水陆并进杀气腾腾地冲到巴东郡朐忍县，经过一番浴血奋战后攻克了新丰县，取得对蜀作战的伟大胜利。

这段战报听上去很威风，可是仔细一推敲就发现问题了：首先，既然西城到汉中有现成的水路可以走，司马懿何必花那么大的力气去搞什么"水陆并进"？水陆并进也就算了，巴东郡朐忍县就是现在的重庆市云阳县，司马懿明明是要去打汉中的，最后怎么跑到重庆去了。就算迷路也没有那么夸张吧！

也就是说，司马懿要么是故意南辕北辙跑到重庆去了，要么就是随便溜达了一圈然后随便报了一条线路，总而言之，司马懿伐蜀，是典型的出工不出力，既不给曹叡泼冷水，也不把自己往火坑里送，真是两全其美。

曹真忧心如焚，司马懿到处旅游，远在洛阳的曹叡却出现了极不靠谱的状况：他似乎把西征军这事儿给忘了！

曹叡是个建筑学发烧友，平生最大的爱好就是建造宫殿，尤其是当了几年皇帝之后，曹叡越来越觉得造宫殿同样能满足他好大喜功的性格，而且比打仗更好玩、更无害，更让人有成就感。

所以尽管好久没有收到来自曹真的消息了，曹叡也似乎不太着急。

皇帝不急，有人急了。管理皇帝私房钱的少府杨阜最先忍不住，上疏提醒曹叡咱们魏国军费开支有点儿大了，是不是把前线的曹真喊回来……

杨阜开了个好头，一时间恳请曹叡撤兵的奏疏雪片一样飞进皇帝办公室。

九月底，曹叡终于下诏撤兵，结束了这场要命的远征。

曹真收到诏书后的心情是极度复杂的，一方面他真不甘心就这样无功而返，可另一方面，他也真的撑不下去了。

撤吧，撤吧，反正死撑下去也没必要了。

太和四年（公元230年）十月，大司马曹真回到洛阳，尽管这次西征耗费钱粮无数，却连汉中的墙角都没看到，曹真出征前的所有大言不惭如今都成了大家的笑柄。

跟前任大司马曹休一样，曹真承受不了大家鄙视的眼光和自己失败的命运，急火攻心，病倒了。

正在重庆旅游的司马懿同样收到了退兵诏书，结束了愉快的旅程，然后他就听说了曹真病倒的消息。

司马懿耸耸肩,知道曹真恐怕不会活太久了。

曹真死后,我就是军界第一人了,司马懿快乐地想着。同时,司马懿还想到了另一件让他激动万分的事情:曹真病倒后,谁来担任雍凉战区的总司令呢?当今曹魏,除了我,还有谁能在那个位置上和诸葛亮一较高下?

想到这里,司马懿激动得浑身颤抖:诸葛亮,让我来会会你吧。

曹真重病不起的消息让司马懿度过了一个愉快的春节,没过多久,一个更美妙的消息传来:曹真重病不治,一命呜呼了。

到此为止,曹丕一手提拔的军界三巨头:曹真、曹休、夏侯尚,全部去世,反倒是行政大臣司马懿,踩着这些人的尸体终于一步一步走到了军界的巅峰。

第八章 司马战诸葛，耐力决成败

曹真离开后，雍凉战区出现了群龙无首的局面，与此同时前线传来消息：诸葛亮又来了。

太和五年（蜀汉建兴九年，公元231年）春二月，诸葛亮再次举兵北伐，沿着第一次北伐的路线大军出祁山，兵锋直指陇右。

消息传到洛阳，也许是诸葛亮前几次雷声大雨点小的北伐让大家见怪不怪了，曹魏群臣居然没人把这事儿当个事儿。

当曹叡召开紧急会议讨论第四次抗蜀战争细节的时候，他惊讶地发现大臣们一副懒洋洋的状态。

群臣的懒散让曹叡感觉轻松了很多："诸位爱卿，可有什么退敌良策？"曹叡愉快地问道。

大臣们你看看我，我看看你，叽叽喳喳议论了一小会儿，站出来一个人说："陛下，诸葛亮跑这么远，带的粮草有限，咱不用派人去打，就让地方军坚守不出，诸葛亮用不了多久就得撤军。"

曹叡一愣：这算什么主意，还没来得及开口，就听见有人高声反驳："此言差矣！"曹叡点点头，正要看是谁在说话，就听此人继续高谈阔论："天水郡上邽县是陇右产粮大县，诸葛亮大军到的时候刚好麦子成熟，万一他从此地补给军粮怎么办？"

"有道理，不如现在就去把上邽的粮食都割了烧掉……"

曹叡算是明白了，跟这帮人讨论不出什么东西来，——否决众人提议后，曹叡下诏：命司马懿即刻前往长安，接替曹真统帅西线大军，阻击诸葛亮大军。

当司马懿经过洛阳办理交接手续时,曹叡嘱咐道:"西线的那点破事儿,除了你,没人能帮我分忧了。"

曹叡的信任令司马懿深深感动,离开洛阳奔赴长安的途中,司马懿遥望西南方的秦岭:"诸葛亮,尽管来吧,让我司马懿来做你的对手吧。"

到达前线之后司马懿突然发现,他面临的问题比想象中的更复杂:首先是粮食问题。

去年曹真伐蜀,基本上把陇右地区的存粮吃光了,今年的粮食还没熟,从全国各地转运的话时间肯定来不及。

幸好,这时候坐镇陇右的雍州刺史郭淮送来了一个好消息:"我已经把大军作战的粮食准备好了。"

司马懿一阵惊喜,郭淮怎么能凭空变出这么多粮食来?一打听,原来听说诸葛亮入寇的消息后,郭淮就知道粮食肯定不够吃,于是立刻给西北的羌胡部落写信,主题就是一句话:"守土抗战人人有责,给我送点粮食过来,不给我粮食你就是奸细卖国贼,看我以后怎么收拾你们。"

郭淮经营陇右多年,在羌胡部落中威望极高,谁都不敢得罪他。而且打从一开始他把附近有多少羌胡部落、每个部落有多少人口、多少粮食储备摸得清清楚楚,想糊弄也糊弄不过去,大家只好乖乖地把粮食"借"给郭淮。

只用了几封信,郭淮就彻底解决了雍凉兵团的军粮问题,让司马懿大大松了一口气。

"郭淮。"司马懿默念着这个本来就熟知的名字,"此人是雍凉兵团的头号名将,能力出众,若是能与我齐心,西北大事可定。"

司马懿之所以这么想，是因为曹叡拨给他的西北军高级将领们普遍不怎么买司马懿的账。在这帮骄兵悍将眼里，曹真常年扎根雍凉，身经百战，而且还是宗室将领，至于司马懿，颍川世族出身的读书种子，又干了半辈子文官，没见他打过几仗，又是荆豫战区的指挥官，有什么资格来给我们当统帅？

尤其是张郃，毫不掩饰地把轻蔑写在了脸上。

张郃是曹叡直接派给司马懿的，并不隶属于雍凉兵团，再加上此人身为曹魏"五子良将"仅存的硕果，可以说全程见证了司马懿的发迹史，在他眼里，司马懿也就是个靠曹丕恩宠起家的前朝世子党。

司马懿有些懊恼，如果不能收服张郃，他在雍凉战区的权威肯定会大打折扣。

司马懿还没想好怎么搞定张郃，张郃却率先发难了。

等大军集结完毕后，司马懿下令费曜、戴陵留四千精锐驻守产粮大县上邽，然后亲自率领主力前往祁山压制诸葛亮。

令箭刚刚扔下去，张郃就跳出来反对了："诸葛亮第一次入寇就玩声东击西，这次他要是还玩声东击西，佯攻祁山大军却从褒斜道奔袭长安，那岂不是糟糕？"

张郃的猜想有理有据，见识过诸葛亮狡猾的将领们纷纷点头，接着，张郃提出了自己的战略："所以我们应该留一部分军队在长安附近守备。"

司马懿的计划是集中优势兵力在战术上压制诸葛亮，相比而言，张郃更重视战略层面的稳妥，本身说不上多高明也说不上多低劣，只能说张郃完全不信任司马懿的军事能力，千方百计想把指挥权抓在自己手中。

司马懿眯着眼打量着张郃好一会儿，阴沉地回答："分兵之后，如果诸葛亮的主力在祁山，分兵之后我们的压倒性优势就不存在了，如果诸葛亮的主力真的走了褒斜道，分兵后怎么可能是他的对手？留在长安的后军完了，我们一样会跟着完的。"

张郃不再说话，他隐约感觉到一丝不安：这是个权力欲很强的家伙，绝不会容许自己指手画脚。可是，把军队交给司马懿，真的没问题吗？

司马懿丝毫不关心张郃的想法，再次重申了自己的命令后，大军向着祁山出发了。

事实上，张郃说对了一半，诸葛亮确实在玩声东击西的把戏，不过玩的手法极其高明，超越了张郃想象力的极限。

第一次抗蜀战争结束后，魏国在祁山上设置了一座要塞，由贾栩、魏平二人驻守，导致祁山边防军的战斗力陡然上升，对于诸葛亮来说，第二次北伐战争中的陈仓攻防战是他心里永远的痛，他再也不愿意用有限的兵力去死磕曹魏要塞。

所以当大军来到祁山脚下的时候，诸葛亮的眼睛其实盯着另一片金黄的土地：上邽。

蜀军斥候很快打探到司马懿大军奔祁山而来的消息，诸葛亮狡黠地一笑：来得正好。一声令下，蜀汉大军迅速脱离战场，像一支离弦的箭直扑上邽，只留下少数部队继续装模作样地攻打祁山。

当蜀军前锋部队出现在上邽城下的时候，费曜、戴陵还以为这是蜀军来偷粮食的小股部队，于是立刻出击，想把这群没眼力见儿的小偷赶走。费曜、戴陵万万没想到的是，两军交锋，一时还没分出胜负，负责战场外围警戒的轻骑兵突然骚动起来，紧接着，只见烟尘滚滚，

第八章 司马战诸葛，耐力决成败

149

一个庞大的步兵方阵出现在战场上,一面大旗映入费曜眼帘:诸葛。

居然是蜀汉主力部队!魏军立刻乱了阵脚,兵败如山倒。

费曜、戴陵领着残部狼狈地逃回上邽城,再也不敢出来了。

诸葛亮轻蔑地望了一眼上邽城,那些小鱼小虾,根本就不可能成为他的对手。鹅毛扇挥动,诸葛亮下达了军令:全军,割麦子去。

这才是诸葛亮的目的,后勤保障一直是北伐军的软肋,有这么一个产粮大县,又恰好遇到麦子成熟,诸葛亮不想办法去弄来那才奇怪。

蜀军兴高采烈地割麦子,费曜、戴陵眼睁睁地瞅着自家粮食从眼皮底下被抢走,心在流血,却一点办法都没有。

与此同时,司马懿的斥候也发现了这一情况。

"什么?诸葛亮大军离开祁山奔上邽去了?"所有情报都指向这一令人尴尬的事实,司马懿不得不承认自己又被诸葛亮玩了一道。

"不过没关系,这次我不会让你得逞。"司马懿一脸沉静地下令,把所有沉重的甲胄器械都留给辎重队,全军轻装前行,即刻增援上邽。

不得不说上邽的麦子确实多产,蜀军割了两天才割了一小部分,两天之后,司马懿的援兵到了。

听说司马懿的援兵到了,诸葛亮也没太惊诧,他只是远远望着司马懿的军阵,面露微笑:"不出所料,魏军重装果然还在路上,来的都是轻骑兵和轻步兵。"

诸葛亮回头,下达了简短的命令:"全军列阵,准备跟魏军决战。"

此时此刻,司马懿也在观察诸葛亮的军阵,发现蜀军不慌不忙地结阵后,司马懿立刻明白了诸葛亮的诡计:我开始以为祁山是诱饵,诸葛亮真正的目标是上邽,结果连上邽都只是诱饵,诸葛亮最终的目标居然是想以逸待劳跟我军主力野外决战啊。

司马懿不由一阵心悸，他很早就听说过诸葛亮的可怕，但亲眼见到之后，才发现诸葛亮居然可怕到如此地步。

不过诸葛亮有些小瞧司马懿了。司马懿清楚地知道，自己的长处并不在于野外大兵团决战，相反，诸葛亮治军严谨，"八阵"变化无穷，蜀汉步兵纪律严明，武器先进，这些都是大兵团野外决战的优势条件。

司马懿丝毫不掩饰自己在这方面比不上诸葛亮，这一点恰恰是他的优势：既然明白自己的不足，他就绝对不用自己的短处去碰诸葛亮的长处，这就是为什么一开始他就反对分兵，坚持要用优势兵力压制诸葛亮。

"如果换了一个人，说不定还真上当了，可惜啊，你到底还是不了解我。"面对诸葛亮咄咄逼人的气势，司马懿果断下令，全军在上邽以东三十里处扎寨安营，坚守不出。

众将对此很有意见，他认为魏军在兵力上已经压过诸葛亮的情况下居然缩头缩脑，简直是畏敌如虎，贻误战机！

司马懿根本不在乎部下鄙夷的眼神，坚持龟缩在营地自保，营外蜀军的搦战挑衅越来越刺耳，但司马懿始终不提"决战"二字，相反，蜀军的叫骂声越响亮，越说明诸葛亮急于求战，司马懿越是开心。

善战者致人而不致于人。诸葛亮越想决战，就越不能跟他决战。司马懿有自己的打算，他不想跟着诸葛亮的剧本走，相反，他想让诸葛亮跟着自己的剧本走。

非但魏军将领觉得司马懿胆小，连蜀军都觉得司马懿是个没胆的乌龟，只有诸葛亮知道司马懿的高明之处，他甚至能猜到司马懿接下来要干什么。

"继续割麦子吧。"诸葛亮下达了新的命令,语气中却没有丝毫兴奋。明知道司马懿的计划,他却只能跟着司马懿的剧本走,诸葛亮第一次感到很无力。

司马懿的反应果然跟诸葛亮设想的一模一样,听说蜀军又开始割麦子后,司马懿长长出了口气,我的大戏该登场了。

没过多久,魏军大营的辕门突然打开,一队轻骑兵嗷嗷叫着冲向麦田,把正在割麦子的蜀军杀得七零八落,等蜀军结阵赶来增援时,这些骑兵立刻风一样地回到了大营。当蜀军再一次出来割麦子的时候,司马懿的轻骑兵又像旋风一样出来一顿砍,当蜀军结阵完毕赶到麦田的时候,魏军又旋风一样撤退了。

这就是司马懿全部计划的第一步。骑兵是魏国的优势兵种,曹魏轻骑来去如风,以步兵阵见长的蜀军除了疲于奔命一点办法也没有。

诸葛亮望着绝尘而去的魏国骑兵,心里明白:麦子,不会再有了;主力决战,也不会再有了。司马懿只用了一招,就把自己逼进了极其被动的地位。

要么跟着司马懿的剧本走,要么自己重新写剧本,这是诸葛亮的选择。

司马懿得意扬扬:"诸葛亮啊诸葛亮,运筹帷幄,治军有方,这是你擅长的。耐心寻找机遇,让敌人跟着我的剧本走,这才是我所擅长的呀!"

司马懿铁了心不打算让蜀军安心割走小麦,对此诸葛亮一点办法都没有,因为蜀军骑兵不如人。

日子就这么一天天过去了,每天诸葛亮都会派人去搦战,司马懿就装死,等诸葛亮开始收麦子,司马懿的骑兵就如约而至,这种令人不堪忍受的骚扰持续了整整一个月，蜀军麦子没割几捆，人到死了不少。

眼看着曹叡像挤牙膏一样不断给司马懿送来援军，司马懿的辎重队也已经赶到了，魏国士兵重新穿上了厚重锃亮的铠甲，现在就算开打，恐怕也占不到多大便宜了。"撤兵吧，这次北伐又失败了。"随着诸葛亮一声长叹，蜀军缓缓拔营，向祁山以东三十里处的卤城撤退。

司马懿登上望楼，仔细观察着诸葛亮撤退，整个过程秩序井然，蜀军展现出来的纪律性令所有魏军将领叹为观止。

等蜀军渐渐撤出视野范围，司马懿在中军帐召开会议，宣布了会议精神：全军拔营，追击。

这个命令让不少人犯嘀咕。痛打落水狗的事情谁都愿意，但谁都知道诸葛亮肯定不是落水狗，当年王双被诸葛连弩射成刺猬的教训还历历在目，没有人愿意去触诸葛亮的霉头。

但谁也不可能因为这种原因站出来反对，就在司马懿的命令差点要被执行的时候，张郃又跳出来了。

"诸葛亮远道而来，最想速战速决，所以我们更应该做出打算以持久战耗死蜀军的姿态，让他们心生绝望知难而退才对，现在蜀军退兵了，我们却出兵，这不是又给了他们野外决战的希望吗？"

司马懿几次想打断张郃，却发现其他将领都听得很认真，只得让他继续说下去。

"当然，我们不能什么都不做，主力屯驻上邽的同时，我们还应该排出一支奇兵偷袭蜀军后路，帮诸葛亮坚定退兵的决心。"看着司马懿还是没有反应，张郃又加了一句，"如果我们追上去，却又不敢跟蜀军交战，恐怕有损军威，到时候会很丢人。"

最后一句话说得司马懿心理"咯噔"一下：他确实打算像狗皮

第八章 司马战诸葛，耐力决成败

153

膏药一样粘在蜀军屁股后面,如果能等到战机就进攻,等不到战机就当是给诸葛亮开欢送会了。没想到张郃一番话,非但点破了他的计划,还犀利地指出了他计划中的破绽。

"老东西确实有一套。"司马懿有些懊恼自己的军事水平确实跟这些打了一辈子仗的名将没法比,但他同样相信,任何时候,军事都要为政治服务,如果在这里打败了诸葛亮却不能为自己在雍凉兵团的地位带来任何实际好处,他宁可不要胜利。

所以,司马懿断然拒绝了张郃的要求。这是一场赌博,司马懿要用自己的方式而非张郃的方式赢得这场战争,只有这样,他才能在这里站住脚。

于是,司马懿再一次下令全军追击,当然,说是追击,其实是只"追"不"击",在诸葛亮看来,司马懿就像一只讨厌的苍蝇,一直在自己面前"嗡嗡嗡"地叫唤。

司马懿主动追击确实让诸葛亮很意外,再一次点燃了他野外决战的希望。于是,诸葛亮在卤城驻扎下来,决定暂时不走了。

诸葛亮不走了,司马懿也立刻停了下来,第一件事情就是找个易守难攻的地方安营扎寨,防守得比普通城池还严密。

诸葛亮已经对司马懿的龟缩政策见怪不怪了,只是派人天天跑到司马懿营地外面叫骂挑衅。

蜀军心里憋着一股火:"本来都快回家了,司马懿又出来搅和,来就来呗,来了又不打,存心耽误我们是不?"所谓"物不得其平则鸣",所有负面情绪都是文学才华的催化剂,怀着怨毒心理的蜀军这一次叫骂简直花样迭出,恶毒到了极致。

可司马懿居然还是装死,天天免战牌高挂,根本不搭理诸葛亮。

洞悉人性司马懿

饶是诸葛亮涵养再好也有点火了：跟我比狠？我让你看看"狠"字怎么写！

第二天一早，魏军从不安的睡梦中醒来，发现水渠里不出水了。更令人难堪的是，蜀军居然绕着魏军营地修建工事，把整个魏军大营都围在了中间。

是可忍，孰不可忍。魏军简直要疯了，气势汹汹地要找蜀军拼命。军官们一边阻止手下的冲动，一边用怨毒的眼神盯着司马懿："我们真的还打算继续做乌龟吗？"

其实司马懿也是有苦说不出。

他不听张郃之言，结果张郃的预言居然一一验证，现在已经把他放在一个两难的境地上了：打吧，肯定是一场败仗，不打吧，照这架势迟早有人要爆发。

让司马懿没想到的是，最早爆发的居然不是自己帐下的将领，而是祁山上的两位守将——贾栩、魏平。这两人困在祁山要塞里叫天天不应，叫地地不灵，好不容易盼来了援军，结果援军却这么一副窝囊相。

贾栩、魏平二人实在看不下去了，修书一封命人送下祁山直接送到了司马懿手里。这两人被围困得太久，脾气暴躁得像火药桶，一点都没给司马懿留面子，开口就是一串责骂："将军你畏敌如虎，难道不怕天下人耻笑吗？"

司马懿阴沉着脸读完这封信，目光扫过帐下诸将，这些人的脸上都写着鄙视和佩服，司马懿知道，鄙视是给自己的，佩服是给贾栩、魏平二人的。

再看看张郃，只见他一脸凝重。

大多数人都以为司马懿畏敌如虎，但张郃知道司马懿是骑虎难下。

打从一开始张郃就不看好司马懿的军事能力，现在发生的一切更是印证了他的想法。

望着眼前这些人的表情，司马懿的脑子里突然闪过一个想法，他发现他等来了一个极为美妙的机遇。

"下令全军，准备出击。"司马懿这句突如其来的命令让在场所有人都产生了违和感，面面相觑了很久，才确定司马懿真的在下令出击，一阵欢呼后，各自回本部准备去了。

只有张郃离开大帐前意味深长地望了司马懿一眼，这一眼，看得司马懿非常不舒服。

司马懿的进攻计划是这样的：派张郃攻打南部的蜀军大寨，而自己则率领主力攻击北寨。

这是典型的诸葛式声东击西战术，司马懿学得挺快，但诸葛亮怎么可能看不穿？一阵欣喜若狂后，诸葛亮命王平扼守南路，同时命令魏延、高翔和吴班率领主力迎战司马懿。

梦想已久的主力决战终于到来了。

大军到了野外，那就变成诸葛亮的主场了，在诸葛亮的剧本上，一切进展顺利，进攻南路的张郃发现自己很不幸遇到了老对手王平和王平手下的蜀汉精锐特种部队：无当飞军。

所谓无当飞军，是诸葛亮在征服南中后，利用当地少数民族兵源建立的蜀汉劲旅，是一支雇佣兵团。在三国历史上，无当飞军是和曹魏虎豹骑并列的精锐部队，正如它的名字——无人能当。

更何况张郃带来的只是普通骑兵而非虎豹骑。

南线的战斗毫无悬念地结束了，张郃被这些哇哇大叫的无当飞军砍得丢盔卸甲，大败而回。

司马懿的主力大军也没好到哪儿去，因为他面对的是蜀汉头号猛将魏延。在名将凋零的三国晚期，魏延已经是战神一样的存在了，只用了几个冲锋，司马懿的军阵就变成了一堆散沙。

魏延一阵兴奋，在亲兵的簇拥下杀入魏军阵中，左冲右突，如入无人之境。看到主帅如此，蜀军也拉开了散兵队形，一场决战变成了屠杀。

如果诸葛亮在场，或许会发现司马懿的列阵方式和地点都很不对劲，魏延也察觉到了，但他不知道不对劲儿在哪儿。

容不得魏延多想，只听到司马懿军中传出号角声响，后军迅速变阵，然后以迅雷不及掩耳之势——逃跑了！

魏延没想到司马懿会跑得那么果断，根本来不及收拢大军，只能眼睁睁看着司马懿跑掉。

不过，这一仗蜀军的收获也足够惊人了。史载蜀军斩首无数，光军官的脑袋就砍下了三千颗，又缴获铁甲五千副，弓弩三千一百副，这几乎等于全歼了雍凉兵团中的弓弩部队。

打扫战场的蜀军欢呼声震天，司马懿中军帐却哀声一片。

司马懿冷峻地扫视着败军之将，他的目光扫到哪里，哪里的人就低下头。司马懿不会说"看吧，这就是你们非要出击的结果"这种话，他也没必要这么说，因为所有人都明白。

看到大家一副犯了错的孩子的模样，司马懿脸上露出了一丝不易察觉的微笑："从现在起，再也不会有人质疑我的命令了吧？"

当司马懿的目光最终停留在张郃身上时，张郃抬起那张满是血污的脸，也看着司马懿。

张郃没有那么多花花肠子，玩手腕他比不上司马懿，但是他太懂军事了,从司马懿的部署上他就看出,司马懿打从一开始,就决定要打一场有限的败仗。

张郃低下了头,避开司马懿的目光。他是一个武人,从来没想过争权夺利,只想打胜仗,所以他理解不了司马懿为什么放着上邽的胜利不要,却跑到卤城来追求一场失败。

"一场恰到好处的失败,很多时候也是胜利的一种。张隽义(张郃字),你不会懂的。"司马懿在心中默默地说,看张郃的眼神却变得阴冷起来。

司马懿在兵败后终于可以毫无压力地龟缩不出,诸葛亮打了胜仗,觉得蜀兵士气可用,暂时也没想回家的事儿,战事重新进入胶着状态。夏天即将过去,秋天马上来临,这就意味着秦岭已经进入了雨季。

诸葛亮紧皱眉头,盯着案头的粮簿苦苦思索。

随着雨季的到来,秦岭的粮道越来越难以通行,每天能顺利送到北伐军大营的粮食越来越少了。

"粮食,为什么每次都是粮食!"诸葛亮有些懊恼。其实为了本次北伐的后勤保障,诸葛亮已经做了极大的努力,甚至还为此发明了一种革命性的运输工具:木牛。

木牛到底是个什么东西、长什么样、什么原理已经无从考据了,不过根据历史记载,一辆木牛可以装载一个成年人一年所需的粮食(约四百斤)在秦岭间以每天二十里的速度穿行,如果是以最高速行驶的话,每天的运输距离能达到数十公里之多。

科学技术是第一生产力,诸葛亮是三国时代最懂这句话的人。理论上,借助这样的科技后勤装备,蜀军的粮食供给短期内不会出现大问题。

可是，诸葛亮完全没想到会碰上司马懿这么丑陋的战术，明明掌握着优势兵力，却龟缩在阵地里面就这么耗着，诸葛亮跟随刘备征战半生，就没见过这么无赖的打法。

在诸葛亮原来的计划中，这一仗绝对不可能拖到雨季，借助技术革新所带来的后勤运力飞跃，诸葛亮完全有信心在运动战中一举击溃曹魏主力，然后不慌不忙地收割上邽的麦子，失去机动兵团的陇右地区立刻就会插遍蜀汉的大旗。

千算万算，没有算到司马懿会来这么一手，诸葛亮有些不淡定了。

当然，最不淡定的人是留守汉中负责后勤保障的中都护李平（就是李严，这时候他已经改名为李平）。

首先李平很不爽，本来他在江州也算是一方封疆大吏，吃香喝辣，呼风唤雨，结果不小心着了诸葛亮的道儿，贪图虚名跑到了汉中，这下算是虎落平阳，龙困浅滩，让诸葛亮欺负得够呛。最可恶的是他堂堂骠骑将军，位同三公，诸葛亮却拿他当幕僚，让他督运粮草。

每次诸葛亮跟李平伸手要粮草，李平都是一阵腹诽心谤，但也只敢把怨气留在肚子里供五脏六腑交流，该怎么筹备军粮还怎么筹备，可是这场秋雨，却让李平真的一点办法都没有了。

关键是李平还不敢把困难告诉诸葛亮，好员工都是把问题留给自己，把答案交给领导，李平虽然不是好员工，但他没有胆量把问题抛给诸葛亮，因为他理论上跟诸葛亮平级，两人分工非常明确——一个管打仗，一个管后勤，如果因为李平的工作环节出了问题导致诸葛亮的工作无法开展，李平能想象得到诸葛亮将会如何暴怒。

尤其是前线传来消息，诸葛亮打得非常漂亮，胜利在望。如果因为他的后勤工作没有搞好导致北伐功败垂成……

第八章 司马战诸葛，耐力决成败

李平不敢往下想了。

他决定换一个思路来思考这个问题，李平相信，一切问题都会有完美解决方案的。

没过多久，诸葛亮收到一封来自李平的信，信里没有多少废话，只是传达了后主的一句口谕：值天霖雨，运粮不继，请丞相把队伍拉回来吧。

诸葛亮仔细读了李严的信，心中闪过一丝不解："陛下的口谕，为什么要李平来传达？"

当然，疑惑只持续了一瞬间，以诸葛亮的忠诚与谨慎，是绝对不可能违抗皇帝的圣旨，更不可能又让大军陷入断粮的危险中。幸好，这里的战事也快成鸡肋了，那就干脆退兵吧。

诸葛亮小心翼翼地收起李平的信，同时下令，全军准备撤退。

随着诸葛亮一声令下，蜀军开始了有条不紊地撤兵。卤城的主力部队收到撤退命令后依然不动如山，直到围攻祁山的部队被撤了下来，跟他们会合后，全军才缓缓拔营，经由卤城以东的木门道，准备向南撤往蜀汉益州所辖的武都郡。

司马懿站在望楼上，再一次观赏了蜀军整个撤兵过程，越看越心惊。纪律严明的部队他不是没见过，但从来没见过如此秩序井然的部队。善胜者不败，善败者不亡，司马懿突然觉得，只要诸葛亮还活着，蜀军就绝不可能被击败。

想到这里，司马懿嘴角露出了一丝不易察觉的微笑，他决定好好利用这次机会，再次巩固一下自己的权威。

司马懿转身走下望楼，宣布在中军帐开会，然后下达了军令："蜀军已经撤退，张郃，命你率精兵追击蜀军，务必斩首而归，一雪前耻。"

张郃一听，愣了。他不知道司马懿复杂的脑袋里又在算计什么东西，因为从纯军事的角度考虑，诸葛亮退兵时军容严整，层次分明，这时候轻兵追击，不等于羊入虎口吗？况且追击诸葛亮绝对不会有好果子吃，这是王双用生命做代价换来的血的教训，在魏国连新兵蛋子都明白这个道理。

当然，张郃不能这么说，只能拣个比较中规中矩的理由反对道："兵法上说'围城必阙''穷寇莫追'，现在去追击，不合乎兵法吧……"

司马懿才不管什么兵法不兵法，他怎么可能不知道"追诸葛亮必然倒霉"定律？但他要的就是让张郃倒霉。

"将军难道想违抗军令吗？"司马懿阴沉的声音让张郃心中一震。这次战役中张郃已经无数次试探司马懿的底线了，他早已得出一个结论：这家伙虽然打仗不如自己在行，但对军权抓得极紧，绝不容许任何人置喙。张郃明白，自己如果继续顶撞下去，很有可能会被司马懿拿来开刀。

"末将……遵命！"张郃十分勉强地领了军令，转身点兵去了。望着张郃的背影，司马懿竟然感到有些疲倦：做个像张郃这样纯粹的武人，简单而直率，也许日子会很轻松吧。

"张隽义，你的资历太老、威望太高……最不幸的是，你在军事上表现出来的能力太强了，至少比我强，可我才是这里的最高指挥官，在这里，只能有一个说话的声音，一个拍板的人，那就是我。所以……对不起了。"

张郃郁闷地点起本部兵马，提心吊胆地杀进木门道，走得步步惊心。那木门道本是一条南北走向的小河谷，两侧山势陡峻，是杀人放

第八章 司马战诸葛，耐力决成败

火、埋设伏兵的最佳选择。张郃不愧是一代名将,在高速追击的情况下依然派出了一部分斥候搜索前方道路,他暗暗决定,只要一嗅到危险的气息,立刻就撤退,让司马懿和诸葛亮都见鬼去吧。

但是,兵法中说过"百里而趣利者蹶上将,五十里而趣利者军半至",这一点绝对不是信口开河的,高速机动中的张郃部队根本无法进行细致的战场侦察,尽管已经万分小心,但张郃还是钻进了诸葛亮的圈套中。

诸葛亮不可能不在路上设置伏兵。以诸葛亮的性格,就算急得火烧眉毛了,也会把退路收拾得一丝不苟,更何况诸葛亮并不着急。

在退兵之时,诸葛亮按照平时的习惯,命令王平率领断后部队埋伏在木门道的两侧。这种部署完全是为了保险,属于能钓到鱼就钓,钓不到拉倒的性质。

在干掉了几个发现他们的斥候之后,大股部队进入王平的视野中。他心中一阵兴奋,尤其是看到一面大旗上大些一个"张",心里更是激动得不得了:"难道是……传说中的……张郃?钓到大鱼了!"

王平挥挥手,身边响起一片"咯吱咯吱"的上弦声。王平的断后部队自然装备了诸葛连弩。

随着王平一声令下,万弩齐发,弩箭像暴雨一样倾泻而下,那一瞬间,张郃感受到了王双曾经感受过的绝望。

"果然……有伏兵!"张郃瞬间闪过无数个念头,但依然保持着名将本色,"全军靠拢!结鱼鳞阵缓缓后撤!"

可是,他手下的士兵已经被突如其来的箭雨吓傻了,瞬间陷入了崩溃。

张郃当机立断,立刻放弃了这些混乱的士兵,双腿一夹马腹打算撤离战场，正在这时，一支弩箭准确地射中张郃的大腿动脉，巨大的冲力将张郃连人带马掀翻在地，鲜血顺着箭镞上的血槽喷涌而出，张郃的生命力也随着鲜血迅速消散在木门道的土地上。

"司马懿……"怀着无比的遗憾，张郃吐出了最后一口气。

以张郃之死作为终点，司马懿与诸葛亮的第一场战斗就此落下帷幕。

从总体上说，司马懿赢了，他击退了蜀汉入侵，挫败了诸葛亮疯狂的穷兵黩武，取得了曹魏第四次卫国战争的辉煌胜利。

胜利属于魏国，光荣属于司马懿，军功章上没有任何人的另一半。

但是如果深入战场局部来看，司马懿的战果并不好看。

从一开始，司马懿就被诸葛亮牵着鼻子走，丢了上邽的麦子不说，而且始终没能解除祁山的围困，在之后的进攻战中遭受重大损失，最后在诸葛亮撤军的途中还折损了老将张郃。

这样看来，司马懿似乎又不算胜利了。

但司马懿从来不是一个军人，他是一个政客，他不需要热血沸腾的胜利，在这场战争中，他不仅赶走了诸葛亮，而且树立起了自己在雍凉战区的权威，最重要的是，他已经知道应该如何对付诸葛亮了。

这就是司马懿式的胜利。

而对于诸葛亮来说，这是一场不折不扣的失败，无论每一场战斗有多漂亮。

当诸葛亮再一次把北伐大军毫发无损地带回汉中，他要做的第一件事情是请来李平，要求检查汉中的后勤保障体系，诸葛亮在撤军前没有对此提出质疑，不代表他心中就真的没有怀疑。

谁知李平自己先跑来了，一脸惊讶地说："丞相，汉中存量充足，何故退兵啊？"

听到李平这句话，在场的左右僚属大吃一惊：不是你李平送来天子诏书命令撤兵的吗？

诸葛亮倒是没有显得很吃惊，只是表情变得无比严峻，用一道犀利的眼神将李平从头到脚扫视了一遍。李平被盯得直发毛，故作镇定地站着不说话。

过了一会儿，诸葛亮收起眼神中的锋芒，一言不发地走回后堂。

李平背上已经被冷汗打湿，他事先准备好了一大堆说辞，甚至还选好了替罪羊，但这些在诸葛亮的沉默面前都变得毫无价值。他突然觉得，自己的那套小把戏，是不是有点自作聪明了？

就在李平惴惴不安的同时，诸葛亮已经派出使者直奔成都，没多久，使者带来了成都的消息：所谓的后主口谕根本就子虚乌有，相反，李平还曾向天子上书解释，说北伐大军是伪装撤退，想要引诱敌人与其决战。

李平那点可怜的小把戏立刻穿帮。

原来，李平的本意是想利用信息不均衡玩个左右逢源，他对诸葛亮说撤兵是后主口谕，对后主说撤兵是诸葛亮的计策，于是，他自己就不用承担任何责任了。

诸葛亮感到深深的悲哀。他不惜在刘备尸骨未寒之时就把李平送出权力中心成都，不惜断送东三郡和孟达的性命，又不惜玩弄诡计把李平骗到汉中，只是希望这位顾命大臣不要掣肘自己的北伐大业。然而机关算尽，最后还是被李平摆了一道。

当然，这次退兵和李平的小把戏其实没有多大的关系，就算李平不耍这一招，诸葛亮也耗不了多久的。

但是下次呢？下下次呢？

诸葛亮终于决定下狠手了。

成都。

后主刘禅收到一份来自诸葛亮的奏折，义正词严地弹劾李平，把李平从刘备驾崩之后的种种劣迹一五一十地摆出来，最后，诸葛亮痛心疾首地说道："这种人和事任其存在下去，必将导致国家的祸败！"

这话就说得太重了，任何人都能感觉到诸葛亮的愤怒，与此同时后主刘禅也很愤怒，他是个质朴的孩子，质朴的孩子都讨厌被人欺骗，而这个可恶的李平，恰恰同时欺骗了他和他可敬的相父。

后主一道诏书，李平被废为庶人。

诸葛亮和李平的恩怨，终于以诸葛亮大获全胜而告终。从此，诸葛亮成了蜀国真正的、唯一的权威。

或许后人觉得诸葛亮这样做有失光明磊落，但似乎很少有人注意到，在这场蜀汉最惊心动魄的权力斗争中，没有人下狱，没有人被杀，没有人受牵连，连最终的失败者李平都只是被贬黜。

在残酷的三国时代，很难见到如此温情脉脉的权力斗争。

祁山重新恢复了平静，魏军大营沉浸在胜利的喜悦中。将士疯狂喝酒、喧闹，发泄着此前心中的压抑，连司马懿都破例喝了不少酒，虽然还没醉，脸色却已经发红了。

在这片欢乐的海洋中，还是有人保持着清醒，军师杜袭和督军薛悌一副忧心忡忡的样子，告诫司马懿，等明年麦子熟了，诸葛亮肯定又会来，可是陇西的粮食已经完全见底了，到时候恐怕连郭淮都"借"不到粮食了，所以，这二人建议，应该尽早从外面征调粮食，囤积起来。

司马懿脸颊红红的，眼神却依然清醒，他很欣赏这两人的冷静，可惜看问题不够深远。

"诸葛亮两次出祁山、一次攻陈仓,都是铩羽而归,我料想他绝对不会再选择攻坚要塞了,肯定会想尽办法跟我们野外决战!"司马懿声音洪亮,确保每个人都能听见,"因此,诸葛亮下次入寇绝对不会再从陇西出兵,而是会选择沃野千里的关中地区。"

在场诸将听了纷纷点头,诸葛亮急于野外决战的心思在这次北伐中就已经显露无遗了。

司马懿接着把头扭向杜袭、薛悌道:"诸葛亮每次都因为军粮问题功败垂成,所以这次,他肯定会全力积蓄粮食,然后再开战,我估计,没有三年时间,他是不可能再次出动的。"

有了这样的判断后,司马懿接下来的工作就从容多了。

首先,面对陇右缺粮的问题,司马懿的方针是与其到处征调粮食,不如征调种粮食的人,所以他上奏魏明帝,从农业大省冀州征伐了大量业务娴熟的农民,让他们在上邽地区屯田,解决粮食问题。

这就叫"授人以鱼,不如授人以渔"。

安顿完陇右地区后,司马懿把主要精力投放到他认为诸葛亮下次入寇的主攻方向上:关中。

关中沃野千里,从不缺粮食,但是在司马懿的战略计划中,他和诸葛亮之间的战斗将会旷日持久,需要更多的粮食保障,所以,司马懿调集大量人力在关中地区兴修水利工程,先是在渭河平原上建成长达四百里的成国渠,又在临晋县一带兴修大型水库,确保粮食产量能够支撑一场消耗战。

如此一来,三年之后,雍凉战区将会有足够的粮食储备,对任何一场战争来说,这都是至关重要的生命线。

除此之外，在蜀军数次北伐中体现出来的科技实力令司马懿震惊不已。

司马懿决心和诸葛亮展开军备竞赛，于是，他上奏朝廷在长安一带建立官办的冶铁工厂，大批量生产兵器。同时又在天水、南安两郡设立兵工厂，日夜赶工打造兵器甲胄。

在司马懿热火朝天投入到备战备荒热潮时，秦岭南麓的诸葛亮也在同样热火朝天地准备下一次北伐。

其实，秦岭北麓的司马懿一直密切注视着诸葛亮的动向，从青龙元年（公元233年）年底开始，司马懿就发现一支工程兵开进了斜谷道，在那里修起了行军粮仓。从这些布局来看，这些蜀军工程兵似乎打算沿着四百七十里长的斜谷道一路把粮仓修到关中平原。

由此，司马懿可以确定三件事情：第一，诸葛亮即将入寇；第二，诸葛亮将从斜谷道进兵；第三，这次诸葛亮不太会缺粮食了。

"来吧，诸葛亮。"司马懿早已迫不及待，三年，他囤积了足够的粮食，制造了大量兵器铠甲，最重要的是，他已经完全树立起权威，牢牢掌控了雍凉兵团的指挥权。

魏明帝青龙二年（蜀汉建兴十二年，公元234年）春，诸葛亮终于又要卷土重来，只是谁也没想到，诸葛亮这次的来势居然会如此凶猛。

吸取前几次孤军奋战的教训，诸葛亮这次联络了吴国一起出兵，两国分两路同时攻打曹魏东、西两线。

收到诸葛亮请求的孙权十分给力，亲率大军进攻合肥新城，又遣陆逊、诸葛瑾率万余人入江夏、沔口，进迫襄阳，还派将军孙韶、张承由淮河直指淮阴，这三路大军号称十万，大有一举吞并曹魏淮扬战区的气魄。

诸葛亮本人当然更加给力,经过三年的休养生息,屯驻在汉中的北伐大军已经彻底恢复,而且收拾了李平之后,诸葛亮把屯驻江州的兵马调到了汉中,一并参加北伐。

也就是说,诸葛亮这次北伐的兵力也在八万到十万之间,这个数量,基本等于蜀国机动部队的总兵力了。

诸葛亮已经砸上了蜀国的全部本钱,这是五次北伐中规模最为浩大的一次,也是诸葛亮最寄予厚望的一次。

也是最后一次。

第九章 君臣唱双簧，耗死诸葛亮

诸葛亮第五次北伐的消息震动了魏国朝野。

自从赤壁之战奠定三足鼎立的局面以后,曹魏就不停地在跟吴蜀两国打仗,但是两国同时起兵入侵的情况还是头一回碰到。

魏明帝曹叡亲自统兵南下抵御吴国,同时命令司马懿坚守要塞,抵御诸葛亮。为了表示对司马懿的支持,曹叡刮地三尺又凑出了两万援兵,在秦朗的带领下开赴雍凉前线。

因为有了整整三年的准备时间,司马懿从容地完成了大军调度,在渭水南岸严阵以待。

这次战役,曹叡一开始就下了死命令让司马懿坚守,这条命令正好跟司马懿的战略计划不谋而合,所以诸将中没人提出异议,只是在选择据守地点的时候出现了分歧。

诸将都希望能够驻守在渭河北岸,这样有大河做天堑,安全系数陡然上涨。然而司马懿反对这个方案,他认为,渭河南岸还有魏国的百姓,我们若是据守北岸,不等于把南岸的土地百姓拱手送给诸葛亮了吗?

"全军渡河,背水扎营,我们在南岸等诸葛亮!"司马懿一挥手,决绝地下令,众将一愣:"呵,咱们的司马将军什么时候胆子这么大了?"

司马懿暗自一笑,占据了渭水南岸,就等于牢牢扼住了诸葛亮的咽喉,此中深意,你们马上就能领会到。

公元234年四月,蜀军终于穿过了崎岖难行的蜀道,来到了沃野千里的关中平原,也看到了渭水南岸司马懿的大营。

当斥候报告司马懿驻防情况的时候,诸葛亮一愣神,接着一声惊叹:高!实在是高!士别三日,想不到司马懿用兵已经如此纯熟。

麾下众将一时没听明白:司马懿放弃渭水天险,渡河背水列阵,有什么高明的?难道他想效法淮阴侯韩信的"背水一战"吗?

诸葛亮叹口气,指了指墙上的舆图,舆图上画着鲜红的行军路线,聪明的将领立刻明白过来了。

渭河与秦岭山脉之间有一条狭长的平坦河谷地区,蜀军若是沿这个狭长地区行军,东出武功水,就能直接突袭长安地区,从而速战速决。

很明显,这是诸葛亮最中意的行军线路,但是现在被司马懿扼住了咽喉。

由于司马懿在渭水南岸沿河驻扎,也就是说想通过这条走廊,蜀军就必须侧敌行军,将柔弱的侧翼整个暴露给魏军,而这正是行军的大忌。

司马懿什么都没做,只是提前占据了一个位置,就摧毁了诸葛亮的整个计划。

当然,像诸葛亮这种人不可能没有备用计划,望着司马懿的大营,诸葛亮思虑再三,终于下定决心,放弃东出武功水计划,全军向西挺近,前往一片宽阔的高地驻扎下来,和司马懿对峙。

这块高地叫作五丈原。

司马懿一直在紧张地观察诸葛亮。从一开始他就明白,自己抢先落子虽然占据了先机,但也极为冒险:一旦诸葛亮铤而走险宁可暴露侧翼也要东出武功水,那么司马懿就不得不全军出动阻击诸葛亮。司马懿并不介意和诸葛亮打一场小小的遭遇战,但是如果是整个兵团级别的大会战,即使占据了优势地位,司马懿心里依然没底。

所以司马懿不停地告诫手下将领:"如果诸葛亮东出武功水,一场恶战是免不了的;如果诸葛亮西上五丈原,那么我军可以高枕无忧了。"

不过,诸葛亮谨慎的性格中没有冒险基因,他做的每一件事情都中规中矩,稳妥为上,司马懿相信,这一次,诸葛亮依然不会冒险。

果然,很快消息传来,诸葛亮已经放弃了东进计划而选择西上五丈原,司马懿长出了一口气:"咱们已经赢了。"

这时候,有人突然站出来道:"将军,咱们恐怕还没到高枕无忧的时候。"

司马懿一看,说话的人是郭淮。

郭淮当初筹备军粮的事情给司马懿留下了深刻印象,而张郃死后,郭淮也成了雍凉战区的头号名将。更重要的是,此人丝毫没有老牌战将的嚣张气焰,始终坚持和司马懿穿一条裤子,因此深得司马懿赏识。

于是,司马懿示意郭淮说下去。

郭淮指着舆图分析道:"五丈原的正对面,渭水的北岸有一片开阔的高地,叫北原,如果诸葛亮发兵占据北原,蜀军就能南北夹击我军大营,还会乘机骚扰渭北地区,割裂关中与陇右的联系。"

郭淮刚说完,军帐里就响起一片不以为然的议论声,但这一次,司马懿表现得极为从善如流,非但同意了郭淮的提议,而且立刻命令郭淮率本部兵马前去占领北原。

郭淮领命而去,快马加鞭赶到了北原,一看原上空空如也,高兴得不得了,立刻开始构筑防御工事。郭淮相信诸葛亮一定会注意到北原,在蜀军到来前,多修一座营垒就多一分胜利的希望。

郭淮一点都没猜错，进驻五丈原后诸葛亮第一时间就注意到了北原，他立刻派出一支军队前去占领北原。

与熟知关中地形的司马懿和郭淮不同，诸葛亮能够在如此短的时间内判断出北原的战略价值，完全来源于他过人的军事直觉，只是可惜，人生地不熟的蜀军晚了魏军一步。

当蜀军渡过渭水到达北原的时候，郭淮的营垒才修了不到一半。

郭淮丝毫没有感觉意外：该来的终于来了！郭淮拔出宝剑大吼一声：儿郎们，列阵，守住北原，就是守住关中的门户，就是守住咱们秦中父老的家！

蜀军再怎么打着兴复汉室的旗号，终归是入侵，经不起魏军的拼死打击，只能撤兵。

等蜀兵退去，魏军一刻钟也没有休息，重新开始建筑工事，建造营垒。

溃退回来的蜀军向诸葛亮描述了这场遭遇战，出于失败者的普遍心理，这些败军夸大了北原魏军的兵力和战斗力。诸葛亮听后非常惊讶：想不到魏军中竟然有如此高人，这么快就能识破我的意图……惊讶之下，谨慎的诸葛亮竟然没有迅速派援军夺回北原。

这是诸葛亮当天最大的失误，当诸葛亮终于彻底打探清楚的时候，郭淮的防御工事已经构筑完成，蜀军再也没有能力攻下北原。

诸葛亮一声叹息：这几天来居然被司马懿连续抢占先机，想不到蜀军出师不久，就已经陷入了被动。

依靠在正确的时间占据正确的位置，司马懿兵不血刃就牢牢掌握了战场主动权。司马懿不得意那是不可能的，但司马懿不会忘形，他明白诸葛亮绝对不是个坐以待毙的人，诸葛亮虽然很谨慎，但玩起阴

第九章 君臣唱双簧，耗死诸葛亮

谋诡计也是行家里手,司马懿丝毫不敢放松警惕。

果然,没过多久,蜀军有了新动向:根据斥候探报,蜀军正在大规模向西运动,似乎打算攻击魏军西部防区。

收到消息后,魏军诸将立刻骚动起来,纷纷要求前往西部防区阻击诸葛亮。大家之所以这么积极,是因为这一仗太有利可图了:西部防区依托雍凉第一要塞陈仓城,进可攻、退可守,诸葛亮打西部,简直就是来白送功勋值的。

在这片骚动中,司马懿始终保持着冷静,他觉得诸葛亮不可能这么傻,他这么做的背后绝对有阴谋。可阴谋是什么呢?

司马懿一时想不出来,不过有一个人想出来了,那就是郭淮。郭淮不愧是西北第一名将,一眼看穿了诸葛亮的诡计:"西部防区兵力并不充沛,如果蜀军要打,最好的方法是奇袭,诸葛亮为什么搞得这么大张旗鼓?"

郭淮这句话一语中的,立刻让所有人都安静下来:是啊,诸葛亮从来不做傻事,所有认为诸葛亮蠢的人最后都被证明自己才是蠢货,既然如此,诸葛亮为什么还要这么干?

司马懿突然有种豁然开朗的感觉,一下子就想明白了。但他没有打断,而是示意郭淮说下去。

"那么只有一种可能,诸葛亮又在玩声东击西,想让我们把主力部队调往西线,然后他好进攻我们的东部防区。"郭淮走到舆图边上,继续说道,"如果我猜得没错,诸葛亮真正的目标应该在这里,阳遂!"

司马懿听完抚掌大笑:诸葛亮啊诸葛亮,这一次,可要让你大大地吃瘪了。紧接着,司马懿立刻命令郭淮带领胡遵等人前往阳遂守备,同时派遣小股部队大张旗鼓地救援西线防区。

事实证明，郭淮再次猜中了诸葛亮的计划，蜀军大摇大摆地向西挺进一天后，一支奇兵在夜色的掩护下掉头杀向阳遂。

这支特种部队的指挥官对胜利充满了信心，因为诸葛丞相信誓旦旦地向他保证，魏军主力都被调往西线，阳遂兵力空虚，探囊可取。

所以当数以千计顶盔掼甲的魏国士兵从阳遂大营杀出来的时候，他惊得几乎从马上掉下来。紧接着，数声鸣镝响过，又有数千伏兵从四面八方杀出来，这支蜀国特遣队瞬间失去了战斗下去的勇气。

当败兵逃回五丈原的时候，诸葛亮感觉到一阵头晕目眩。

是因为最近的失败打击太频繁了，还是因为身体越来越不行了？诸葛亮说不清楚，他不敢相信自己居然三番两次被司马懿抢占先机。短短三年时间，想不到司马懿的成长如此迅速。这次北伐，付出了无穷的心力，动员了全国之力，难道又要失败了吗？

想到这里，诸葛亮咳了起来，越咳越厉害，几乎要咳出血来。

而此时此刻，司马懿终于可以真正松口气了。诸葛亮再也玩不出什么花样了吧？接下来，恐怕又会是无聊的消耗战了。

阳遂之战后，诸葛亮确实消停了，再也没有什么大动作，就这样，一晃几个月过去，转眼到了秦岭的雨季。一场突如其来的暴雨给了司马懿绝佳的机会。

这场暴雨让渭河水位陡然升高，这时，前方斥候发回一个消息：蜀军有一支部队被暴涨的渭水分割在武功水东岸，成了孤军。

机会来了。司马懿心中一阵惊喜：一场完美的歼灭战，毫无风险，稳赚不赔。

"快，下令骑兵出击！"

天刚一放晴，魏国精锐骑兵就嗷嗷叫着冲向这支被洪水阻隔的蜀军。

当两军遭遇的时候，魏国骑兵突然发现，这个便宜貌似没那么好捡，因为蜀军的战斗力强悍得超乎想象。

原来，魏军这次遇上了蜀国的王牌军：虎步军。

司马懿全程关注着这场战斗，心急如焚：如此完美的战机转瞬即逝，一旦战斗陷入胶着，很有可能会无功而返，甚至败绩。

与此同时，诸葛亮在虎步军与魏军接触的第一时间就得到消息，立刻下令最近的部队前往增援。渭河涨水怎么办？修桥。蜀国有三国时代最优秀的工程兵部队，还怕造不出一座桥？一边造桥，一边还不停地用连弩射击魏国骑兵。

连弩本来就是骑兵的克星，现在隔着一条河不用担心被冲击，蜀国连弩兵射得更欢实了。

当蜀国援兵出现的时候，司马懿就知道求胜无望了，眼看着桥一截一截被修过来，司马懿的心拔凉拔凉的，终于，等到桥差不多被修通的时候，司马懿无奈地下令，全军撤退。

这场遭遇战打了个平手，一个绝佳的战机就这样溜走了。

不过对司马懿来说，这种遭遇战至少暂时缓解了全军的压力，给了将士们一个宣泄的机会。

这场小波折后，诸葛亮继续派人来骂阵，司马懿继续坚守不出，战争继续以这种无聊的方式打下去，偶尔发生几场小小的遭遇战为沉闷的战场添加几缕杀气。

直到八月份的某一天，魏国士兵从不安的睡梦中醒来，突然发现一个神奇的场景：蜀军居然扔下了刀剑，拾起了锄头，他们居然……在准备种地。

魏军顿时议论纷纷:"什么意思?蜀军打算在这里扎根了?这仗要打到什么时候是个头啊!"一时间军心浮动。

"传令下去,别管他们,诸葛亮绝不可能在此地屯田。"说完,司马懿转身就回大帐了。

这的确是诸葛亮的一个计策,他之所以做出屯田的姿态,其实是希望给魏军施加点压力。

可惜的是,司马懿本人就是屯田的专家,早年就给曹操提出过一套屯田方案,所以对诸葛亮的小把戏简直心知肚明。

"孔明急了。"司马懿愉快地做出判断,比起战役初期的高智商对抗,诸葛亮这招"树上开花"的技术含量明显太低了。

诸葛亮确实急了,一方面,大军在外,耗费的粮草数量是惊人的,那可都是蜀国人民辛辛苦苦耕种出来的粮食啊!而更重要的一个原因是:诸葛亮感觉自己的身体越来越糟糕了,他突然感觉到了一丝恐惧,觉得这次北伐,可能是自己一生中最后的战役了。

无论如何,都要把司马懿从乌龟壳里拔出来。

没过多久,诸葛亮派来一位使者,送给司马懿的礼物:一件女装。

怒火瞬间传遍了魏军大营:是可忍孰不可忍!愤怒的魏国将士眼里喷着火焰,纷纷要求出战,马踏诸葛大营,报此羞辱之仇。

群情激奋之中,唯独司马懿保持着微笑,心情无比愉悦:"诸葛亮啊诸葛亮,这么下三烂的手段你都使出来了,看来你是真的技穷了。"

司马懿好声好气地安抚了使者一通,然后转过头来,斩钉截铁地下令:坚守不出,违令者斩!

但这一次,司马懿突然发现自己有点太乐观了,因为诸葛亮这招实在太狠,魏军将士的情绪已经稳定不下来了。

原来，诸葛亮真正要激怒的人不是司马懿，而是魏军将士。

当所有人都被激怒的时候，光靠司马懿一个人的理性和权威已经很难安抚军心，而一旦开了这个口子，司马懿就再也指挥不动这支军队了。

没办法，看来只有出绝招了。无奈之下，司马懿决定祭出最后的法宝："出兵之前，陛下特意叮嘱我坚守营寨，不可与蜀兵交锋，但是诸葛亮实在欺人太甚，这样吧，我先请示一下陛下，然后出兵。"司马懿一边说一边做怒火中烧状，一副要活吞诸葛亮的样子。

司马懿的提议合情合理，他的态度也让诸位大老粗十分满意，既然如此，那就还愣着干吗？赶紧写奏折啊。

司马懿当即笔走龙蛇，写下一封慷慨激昂的请战奏折，写完还展示给诸将看，大老粗们甭管认字不认字都拿来看了看，感觉很满意。

玩手腕，武人永远玩不过政客，大老粗们满心期待着洛阳的诏令，完全没有想到，这是司马懿的一个小花招。

当奏折送到洛阳的时候，同是那个时代顶级政客的曹叡瞬间就明白了司马懿的意思："将在外君命有所不受，司马懿身为雍凉战区前敌总指挥，哪有千里请战的道理，仲达啊，看来你已经管不住手下这帮人了，想借我的权威来维持军纪啊！"

曹叡立刻下了一道措辞严厉的诏书："只需要坚守，不要想别的。跟诸葛亮耗着，等他粮食耗完了，自然就撤退了，那时候再去追击，这才是打胜仗的方法。"

为了让诏书显得更有分量，曹叡任命卫尉辛毗为大将军军师，亲自将诏书送到魏军大营，跟诏书一起带来的还有皇帝亲赐的旄节，意味着谁敢抗命，辛毗可以当场灭了他。

大老粗们傻眼了,怎么会是这个结果?司马懿假装无奈地耸耸肩:"陛下不许咱们出兵,得,咱们继续蹲着吧。"

陛下的权威绝对管用,再也没人敢提出战的事情了,这场危机算是化解过去了。

辛毗的到来给蜀军传达了一个明确的信息:"打死我都不会出来。"蜀军大将姜维很失望地对诸葛亮说:"辛佐治(辛毗字)带着符节过来,恐怕魏军再也不会出战了。"

诸葛亮冷哼一声:"'将在外君命有所不受'这么简单的道理司马懿怎么可能不懂?司马懿本来就不想出战,他要是真想打仗,哪里用得着玩这种千里请战的把戏?"

在这几年的较量中,诸葛亮早就把司马懿看透了,知道司马懿是铁了心要跟自己往死里耗了。

可是前线的士兵能耗,后方的经济撑不住啊,庞大的后勤开销每天送到诸葛亮案头,诸葛亮已经心力交瘁。祸不单行,没过多久,一个更加糟糕的消息传来:孙权三路伐魏,无功而返。

孙权再一次秉承了东吴用兵雷声大雨点小的传统,十万大军浩浩荡荡开向前线,一听说魏主曹叡御驾亲征,孙权亲自率领的吴军主力二话没说扭头就走。本来是跟着诸葛亮搂草打兔子的,结果兔子没打到,迎来一头老虎,孙权当然不干了。

一听说孙权撤了,东路的孙韶还凑什么热闹,拍拍屁股瞬间也走了,只有陆逊、诸葛瑾率领的西路好歹搞了一番大阅兵,耀武扬威了一下,当然,最后也跑了。

曹叡倾魏国精锐,紧张兮兮地御驾亲征,结果遇上这么一群莫名其妙的敌人,简直哭笑不得。

第九章 君臣唱双簧,耗死诸葛亮

对魏军来说是喜剧，对蜀军来说就是悲剧了。这场胜仗带来的政治意义远远大于军事意义。没过多久，东线大胜的消息就传遍了整个魏国，传到了苦苦对峙的司马懿大营。

司马懿收到消息后立刻下令全军狂欢。

转眼又是几十天过去了，诸葛亮依然隔三岔五送来战书，司马懿回一封不痛不痒的信给诸葛亮，然后依然龟缩不出。

往来于魏蜀大营间的蜀国使者都已经习惯了这项毫无意义的工作。所以当他带着诸葛亮的战书再次来到魏军大营的时候，已经没有了往日的拘束。

收到战书，司马懿照例瞄了一眼，除了文字越来越刻薄也没什么新鲜东西，司马懿提笔写下一封同样没什么新鲜东西的回信，交给使者，正当使者转身要离去的时候，司马懿突然问了一句："孔明最近挺忙吧？"

使者愣了好一会儿才发现原来是在问自己。这种无伤大雅的事情也没什么好隐瞒的，于是使者老老实实相告："我家丞相夙兴夜寐，真正做到了事必躬亲，因为害怕属下刑赏有所偏颇，只要是20军棍以上的刑罚都是亲自过问的。"

说这些话的时候使者挺直了腰板，连声音都洪亮了几分。有这样一位兢兢业业的丞相是每个蜀汉人的自豪。

司马懿若有所思地点点头，继续问："孔明吃得还好吧？"

使者脸上立刻露出了关切的深情："丞相太忙了，每天也就吃三四升米吧。"

使者绝对不会想到，从他这番话中，司马懿得出了一个非常有用的结论。

等使者走后，司马懿呵呵一笑："诸葛亮食少事烦，恐怕活不了多久了吧？"诸将吓了一跳。司马将军比智谋、比用兵都比不过诸葛亮，不会是打算跟他比谁的命长吧？

司马懿确实有这个想法。

得知诸葛亮的生活习惯后，司马懿隔三岔五派细作前往蜀军大营刺探，刺探内容只有一项：诸葛亮还要多久才死。

蜀军将领对此哭笑不得，只有诸葛亮心越来越凉。

自己的身体自己最知道，诸葛亮明白，自己的确活不了多久了，连续的高强度工作，常年出兵在外得不到良好的休息，还有巨大的精神压力，都已经彻底摧毁了这位五十四岁老人的身体。

这场旷日持久的对峙依然没有要结束的迹象，希望越来越渺茫，诸葛亮的精神状态越来越差，咳血次数越来越多。不过诸葛亮不想让司马懿得逞，依然强打起精神，每天操练军队的时候，诸葛亮都会坐着小车，头戴葛巾，手执白羽扇准时出现在校场之上，亲自指挥大军演练阵型，苍老的身体挺得笔直，像一杆长枪伫立在秋风中。

当细作向司马懿描述这个场面的时候，司马懿感慨了一句："诸葛君可谓名士矣。"心里却暗暗打鼓：难道诸葛亮的身子是铁打的？

诸葛亮的身子当然不是铁打的，每一次强打精神之后，诸葛亮都感觉到自己的生命力在无可挽回地流失。一直熬到八月底，诸葛亮清晰地预料到：自己见不到九月的阳光了。

八月二十日，在一次次咯血和昏迷之后，诸葛亮把军中主要将领叫到身边，交代了自己死后大军撤退的种种细节，等诸将散去后，诸葛亮强撑起病体，最后一次巡查蜀军大营。

秋风吹面，彻骨生寒，诸葛亮心中无限苍凉。"出师未捷身先死，

第九章 君臣唱双簧，耗死诸葛亮

长使英雄泪满襟。"数百年后的唐代诗人杜甫一语写出了诸葛亮此时的心境：光复中原，兴复汉室，这些梦想都将和自己的生命一样，消散在历史尘埃中；当年隆中决策的意气风发、南征北战时的豪情壮志，如今都将烟消云散。

诸葛亮的目光越过蜀军大营，遥望向渭水南岸，在那里飘扬着司马懿的大纛，那个深不可测的人，那个老谋深算的人，那个让他在这里折戟沉沙的人。

"亮再不能临阵讨贼矣！悠悠苍天，曷此其极！"诸葛亮仰天长叹，早已老泪纵横。

当回到中军帐的时候，诸葛亮已经气若游丝。忽然，他听到一阵急促的脚步声，睁开眼睛一看，是来自成都的使者，尚书仆射李福。

李福奉后主之命前来慰问诸葛亮并且询问后事，他之前就来过，离开蜀军大营后突然想起还有一件重要的事情没问，于是连忙折回，再次见到诸葛亮的时候，却发现诸葛丞相已经气息奄奄。

李福一时之间手足无措。

反倒是诸葛亮先开口了，声音苍老、无力，却依然透着诸葛式的沉稳："是李福吧，我知道你回来问什么，你是想问我过世之后谁可继任吧？"

李福大吃一惊，想不到油尽灯枯的诸葛亮依然保持着如此透彻的洞察力。

"蒋琬可以继任我的衣钵。"诸葛亮缓缓说道。

"那么，蒋琬之后呢？"李福轻声再问。

"费祎可以继任。"

"那么，费祎之后呢？"

李福静静地等待回答,却发现诸葛亮再也没有说话,仔细一看,诸葛亮双目紧闭,已经陷入了昏迷中。

　　李福眼含热泪离开中军帐,回成都复命了。

　　当天夜里,诸葛亮病逝,享年五十四岁。

　　"鞠躬尽瘁,死而后已。"诸葛亮用自己的实际行动践行了《出师表》中的这句誓言。

　　与此同时,司马懿也感觉到了蜀军大营的异常,他隐隐感觉到,期盼已久的事情发生了:诸葛亮死了。

　　很快,司马懿的想法得到了印证,在没有任何先兆的情况下,蜀军居然拔营撤退了。尽管蜀军依然沿袭着以往的有条不紊,但是明显感觉少了主心骨。

　　当然,司马懿决定再观望观望,司马懿绝不会错失任何机遇,也决不允许自己因为任何错误的判断贸然行事。

　　两天之后,来自当地百姓和魏军斥候的报告同时证明了一件事:蜀军正在以极快的速度退往汉中。

　　"诸葛亮确实死了。"司马懿花了很大的力气才抑制住内心的激动,"结束了,终于结束了,我打败了这个时代最强大的敌人,最伟大的智者,以我自己的方式。"

　　"传令,全军追击。"司马懿强忍住兴奋,用力所能及的平稳语调下令。

　　营门大开,魏军主力尽出,嗷嗷叫着杀向汉中方向。这些大老粗被压抑得太久了,终于等来这个命令,他们已经迫不及待地要和蜀军大杀一场,报这大半年来的天天挨骂之仇。

　　司马懿尽管也很迫不及待,但依然保持着谨慎。"追击诸葛亮没有好下场"这一铁律依然萦绕在司马懿心头。他下令行军速度不要太快，要做好了准备应对一切意外情况。

然而没有发生任何意外情况，司马懿居然在大平原上遇见了正在退却中的蜀军主力兵团。

没有意外就是最大的意外，就算诸葛亮死了，他留下的光荣传统怎么可能在几天内就被丢得干干净净？司马懿有种不祥的预感，就在这时，正在退却中的蜀国军团突然军鼓大作，紧接着后队变成前队，长矛手突前，弩手上弦，瞬间变成了一个攻击阵型。

"糟糕！诸葛亮没死，咱们上当了！"司马懿差点从马上掉下来。诸葛亮之所以没留下伏兵，是因为整个军团都是伏兵。

"全军火速撤退！"司马懿忙不迭地高声下令。

阵型严密的蜀国军团没能追上司马懿的速度，耀武扬威了一番后再次缓缓后撤。

这一次，司马懿没有再追击。

直到几天之后，当地的老百姓来向司马懿报告，蜀军一路撤退，直到进入斜谷，全军齐刷刷地升起了白幡，一时间，整个斜谷道哭声震天。

诸葛亮真的死了，那一天蜀军的突然反击只不过是姜维的计策。

姜维的计策并没有多高明，但是诸葛亮的威慑力实在太过于强大，即使死后都还在庇佑着蜀国军团安全地退回汉中。

确认诸葛亮死亡的消息后，司马懿再次出兵追击，但这一次再也没有追上了。

诸葛亮死了都还能对司马懿产生如此震慑，连魏国的老百姓自己都觉得丢人，还专门编了一句谚语来调侃司马懿："死诸葛能走生仲达。"而司马懿自己也流露出了难得的幽默感，自我解嘲道："我能搞定活着的诸葛亮，却被死后的诸葛亮摆了一道啊！"

与诸葛亮的巅峰对决就这样以一种稍显尴尬的方式画上了句号。收拾战场的时候，司马懿站在蜀军废弃的营垒中，仔细观摩诸葛亮安营扎寨的方式，阅读蜀军来不及销毁的每一份文件，终于长叹一声，感慨道：诸葛亮真是天下奇才啊！

如此奇才，最后还是败给了司马懿。

平心而论，司马懿赢得并不漂亮，但赢得绝对让人无话可说。

司马懿带着胜利者的微笑回到中军帐，迎接他的是无尽的荣誉和崇敬，仿佛之前一切憋屈的事情都从来没有发生过。

诸葛亮死了，蜀军撤退了，不过司马懿还有一些善后工作需要处理，最令他头疼的是蜀国大将魏延。

魏延是蜀汉硕果仅存的名将，是名将凋零的三国时代中后期一颗最闪亮的将星。

早在诸葛亮执掌大权之前魏延就已经活跃在魏蜀边境战场上了。建安二十四年（公元219年），刘备自封为汉中王，将政治军事中心定在成都，这时候，汉中就成了整个蜀汉王国的北大门，亟需一位独当一面的大将镇守军事重镇。

当时几乎所有人都认为这个大任非张飞莫属，出人意料的是，刘备选择了魏延，直接提拔他总督汉中军事，封镇远将军，领汉中太守。

魏延镇守汉中的时期正是蜀汉政权最危难的时刻。建安二十四年（公元219年）下半年，关羽被杀，荆州三郡沦陷。紧接着，怒不可遏的刘备倾全国之兵东征孙权，结果在夷陵之战中被东吴陆逊击败。

刚刚建立的蜀汉政权立刻元气大伤，陷入了骚动和叛乱中，曹魏

第九章 君臣唱双簧，耗死诸葛亮

随时有可能趁火打劫，但是由于魏延治军有方、守卫得当，使得曹魏始终不敢窥视汉中。

可以说，当时的蜀国内忧外困，全靠诸葛亮的力挽狂澜和魏延的坐镇边庭，才将蜀汉从夷陵之败的深渊中挽救出来。

到诸葛亮屯驻汉中的时候，魏延便成为诸葛亮的直接下级，但依然是独当一面大将，蜀汉建兴八年（曹魏太和四年，公元230年），魏延曾经领兵北伐西入羌中，攻击曹魏凉州地区，并且在敌强我弱的情况下大破曹魏名将郭淮、费曜。于是魏延升迁为前军师、征西大将军，晋封南郑侯。

可以这么说，魏延是诸葛亮的头马，而郭淮是司马懿的头马，很不幸，郭淮在魏延面前居然不堪一击，魏延之强悍可见一斑。

在第五次北伐中，魏延担任前锋，所部人马是最突前的（换句话说，每次跑到司马懿大营前骂得最凶的人，大部分来自魏延的部队）。

如今，诸葛亮已经死了，蜀国失去了一位国士级别的人物，但是有魏延这样的顶级名将坐镇汉中，依然让司马懿耿耿于怀。尤其是听说了魏延的子午谷奇谋后，司马懿感觉更加不安："这不会是个亡命的赌棍吧……"

然而，一个爆炸性的消息打断了司马懿的思考：魏延被杀，连同三族都被夷灭。

司马懿震惊得说不出话，他简直难以置信：刘禅疯了吗？蜀汉为什么要自毁长城？司马懿立刻派人去打探，而来自五丈原前线、汉中和成都的消息也逐渐传来，拼凑出了整个事件的真相。

这一切都是诸葛丞相府长史杨仪的阴谋。

诸葛亮生前，在军务方面最倚重的人莫过于魏延和杨仪这一文一武两大要员。诸葛亮对魏延的倚重程度丝毫不比对杨仪少。

可惜魏延和杨仪势同水火，一见面就吵架。这一文一武，一个骄傲一个狂傲，偏偏又是同级，所以矛盾越积越深。魏延和杨仪每次开会都会吵起来，魏延当然吵不过杨仪，被杨仪骂得灰头土脸。当然，魏延也不是好惹的，每次都会拔出刀来扬言要砍死杨仪，这个时候杨仪立刻怂了，当场哇哇大哭，鼻涕流一地。

连诸葛亮都对这种局面一筹莫展，他非常器重这两人的才华，可是文武不和，只能尽力调和矛盾，小心翼翼地施展平衡术。

诸葛亮没想到的是，他还是犯了一个小小的错误，一个甚至不是错误的错误，让两人之间矛盾立刻爆发，并且断送了魏延的性命。

临死之前，诸葛亮特地招来了包括魏延在内的军中要员，当着所有人的面把北伐大军的指挥权交给了魏延，同时叮咛道："我死之后，千万不要发丧，大军要如同我生前一样，缓缓退入汉中。"

也就是说，在大军退入汉中之前，对外依然宣称诸葛亮统率全军，魏延的继承人身份不能公开。

正是这个安排送掉了魏延的命。

接到命令后魏延立刻接管了整个北伐军团，并且严格遵循诸葛亮的遗嘱，名义上所有军令依然来自诸葛丞相，而魏延则成了"影子统帅"，只有杨仪、姜维、王平、费祎等少数高级将领知道他的真实身份，即使在司马懿追来后魏延也没有露面，而是像往常一样由姜维和杨仪二人出面指挥大军。

杨仪对此恨得牙痒痒，再也没有什么事情比眼睁睁看着仇人踩到自己头上更加让人难以忍受了，最可恨的是，杨仪一直相信自己将是诸葛亮的接班人，没想到搞了半天诸葛亮居然钦定了魏延这个老匹夫。

当然，诸葛亮其实并没有打算把所有衣钵都传给魏延，他只是把军权交给了魏延，而行政权的继承人诸葛亮另有人选。很遗憾，那个人依然不是杨仪。

失望与愤怒交织在一起，杨仪的眼中已经能喷出火来，如果有机会，杨仪恨不得亲手摘下魏延的脑袋。

像杨仪这么聪明的人，如果想做一件事永远不愁找不到机会。机会很快就来了。

当北伐大军走出秦岭栈道，退入斜谷道口的时候，魏军的威胁已经彻底解除，魏延决定立即就地发丧，并且在发丧期间向三军公开宣布诸葛亮生前对自己的任命。

这是魏延犯下的一个小小错误。

事实上，这也只能说是一个不是错误的错误，魏延的安排从军事上讲没有任何问题，只是他完全没有想到，自己已经和杨仪陷入了一场你死我活的政治斗争中。

这个安排正好给了杨仪机会。

杨仪立刻纠集了自己的党羽：王平和马岱，三人经过连夜的密商，决定使用最野蛮、最粗暴的方式夺权——突袭魏延本部军马，诛杀魏延。

魏延还在为诸葛亮的丧事忙碌，打算忙完这些就公开自己的统帅身份，但他不知道死神已经偷偷降临。在一个毫无预兆的午后，王平的无当飞军暴起发难，向魏延大营发起了突然进攻，同时还齐声高喊："魏延要领军叛国投敌，奉丞相遗命可得而诛之！"

魏延的兵将们果然措手不及，立刻发生了大溃败。没有谁愿意自己人打自己人，尤其是对方还宣称魏延是叛国贼，军心瞬间就散了。

魏延带着还忠于自己的士兵且战且退，由于他是前锋部队，在部署上更接近北方，所以魏延的撤退方向也是朝向北方魏国本土的。

这是魏延犯的第二个不是错误的错误，杨仪迅速抓住这一点大做文章：看吧，魏延打算投敌。

但魏延已经顾不得这些了，他用最快的速度拟好一封奏折，派最可靠的亲兵快马发往成都，将今日之事上奏给后主刘禅。与此同时，杨仪的奏折也已经上路，内容恰好跟魏延的奏折相反。

在无当飞军的迅猛攻势面前，魏延很快就撑不住了，部队彻底被打散，魏延终于撑不住了，于是，他选择了抛下部属，跟几个儿子骑上快马向汉中方向逃亡。

这时候就该马岱出场了，马岱精锐的西凉骑兵撒开大网，展开地毯式搜捕，终于在汉中的虎头桥旁追到了魏延。

此时的魏延迷惑、愤怒而绝望，他始终不明白这一切究竟是怎么回事，为什么自己会遭到突然袭击，为什么王平、马岱会对自己反戈相向，为什么他们宣称自己要投敌叛国？

马岱没有工夫跟魏延解释，他指挥着骑术精湛的骑兵将魏延紧紧包围，然后将弓拉满，瞄准了魏延……

魏延到死都没有弄明白，自己究竟犯了什么错。

可怜魏延一代名将，征战一生，却死得如此不明不白。

几天之后，杨仪和魏延的奏折同时送到了成都，面对两位重臣两封截然相反的奏折，刘禅陷入了震惊中，立刻派蒋琬去前线调查情况。可是蒋琬还没走多远，前线再一次传来消息：魏延已经死了，杨仪正率领军队向汉中方向撤退。

第九章　君臣唱双簧，耗死诸葛亮

魏延死了,所有话语权都在杨仪的手中了,更何况杨仪也的确把大军安然无恙地带回来了,所以成都方面再也没有追究这件事情,等于坐实了魏延谋反的大罪。

所谓成王败寇,便是如此。

听完这个故事,司马懿轻松地吐了一口气。

结束了,一切都结束了。诸葛亮之死,带走的不光是蜀军的战斗力,还有整个蜀汉朝廷的凝聚力,更是整个蜀国的气运。蒋琬、费祎、杨仪、姜维、王平、马岱……他们都是人才,但再也不可能有人撑起蜀汉大梁了,从此之后,西线战场再无劲敌。

第十章 率军平辽东，功高不震主

青龙三年（公元235年），蜀国大将马岱出兵北伐。

司马懿接到报告后只是轻蔑地一笑，同时下令牛金率领一支骑兵前去迎战。除了诸葛亮，谁都没有资格当我的对手。马岱？你根本不配让我亲自出手。

司马懿简单地布置完任务后，牛金就出击了。整场战斗乏善可陈，马岱的大军一触即溃，牛金轻而易举地斩杀蜀军千余人。

这场战斗虽然短暂，却引发了西北地区各大势力的大变局，司马懿和他的军队展现出来的武力威慑令人震惊，让当地摇摆不定的第三方武装力量下定决心投向魏国。同年，常年盘踞在武都的氐王苻双、强端率领部属六千余人投降司马懿，将这阵动荡带向了顶峰。

都说福无双至，祸不单行，可接下来发生的事情让人不得不感慨司马懿这两年真的是运气爆表：人逢喜事精神爽的司马懿外出打猎，居然猎到一头白鹿。

在中国古代，白鹿是一种祥瑞，一旦出现就意味着老天爷对当今天子最近办的某些事情很满意。这种机会怎么能错过？司马懿二话没说就把这头白鹿献给了曹叡。

曹叡收到白鹿喜出望外，开心地下发诏书，把司马懿狠狠夸了一顿："当年周公辅佐成王的时候，就曾给成王送过一只祥瑞白鸡，如今你辅佐我，竟然也抓到了一只祥瑞白鹿，这不正是天意要你当我的周公旦吗？"

司马懿清楚地记得，十年前曹丕曾把他比作汉丞相萧何，想不到如今的天子居然说他是周公。司马懿遥望东方洛阳山呼万岁，感动得不能自已。

总之，司马懿低调了大半辈子，终于混到了扬眉吐气、风光无限的这一天。

然而，这几年来司马懿的风头出够了，麻烦也就跟着来了。

一个手握重兵、立下不世功勋的外姓大臣，不可能不遭到猜忌，更何况这个人还是有着"狼顾之相"的司马懿。

早在太和四年（公元230年），司马懿还在都督荆豫战区的时候，司马懿的老朋友吴质就曾在曹叡面前大力推荐司马懿，甚至不惜贬损陈群，说司马懿是忠智兼备的社稷之臣，而陈群虽然文雅，却没有当顶梁柱的才华和气度，意思是把司马懿召回来当国之栋梁加以重用。

吴质此人，一直以心思灵敏、智计过人闻名，说话自然口吐莲花，把曹叡说得十分心动，几乎决定立刻下诏招司马懿入京。

当然，为了保险起见，曹叡还是私下咨询了尚书令陈矫，这一咨询就坏事儿了。

面对曹叡，陈矫只说了一句话："司马懿确实是本朝最有威望的大臣，至于是不是社稷之臣……呵呵，那可不好说。"

这话一出口，司马懿就没救了，曹操当年那句"司马懿非人臣也，必预汝家事"真是坑了司马懿一辈子，陈矫的潜台词就是司马懿有反骨，是个能臣却不见得是个忠臣，再联系曹操的那句话，曹叡当即决定：这事儿还是先放放吧。

其实这时候曹叡并没有猜忌司马懿，因为司马懿没有露出任何不臣之心，但有一点是肯定的：司马懿并没有得到曹叡绝对的信任。

第十章　率军平辽东，功高不震主

从另一件事情上更能看出曹叡对司马懿的态度。

曹魏青龙三年（公元235年），也就是诸葛亮死后的第二年，曹叡解除司马懿大将军一职，升他为太尉，还增加了他的封邑。

收到这个任命，司马懿顿时一愣神，显出一丝失落。当然，司马懿瞬间就收起了这份失落，面无表情地接旨谢恩。

要明白司马懿究竟为什么而失落，首先要明白太尉是个什么样的官，以及两汉魏晋时期的内廷、外廷制度。

所谓外廷指的是正式的国家政府机构，最高领导人是以丞相为首的三公九卿。而内廷则相当于皇家智囊团，由皇帝的私人随从组成的机构。汉朝初年，国家大事还是由外廷负责，但是到汉武帝时期，这位雄才大略的君主不想跟三公分权，于是内廷开始占据国家权力的主导，到后来内廷的地位越来越高，到汉武帝驾崩，大将军霍光掌握了最高权力，外廷地位急剧下滑，由霍光执掌的内廷完全成为中央的权力中心。

司马懿之前担任的大将军一职便是内廷的最高军事领导人之一，而太尉所属的"三公"却是外廷官员，职称比大将军要高，实际地位却要低很多。

很明显，曹叡担心司马懿尾大不掉，不敢再把他放到那么重要的位置上，而打算把大将军这个位置留给自己信得过的人，最好是曹姓的将领。

这个小插曲让司马懿从迷醉中清醒过来：功高震主，这是人臣之大忌，恐怕我在西北的功劳已经触及某些人敏感的神经了。

在一次进京述职的时候，司马懿路遇高阳乡侯常林，于是恭恭敬敬向常林执晚辈礼，将道路让在一旁，而常林居然也毫不客气地接受了司马懿的大礼。这个常林是司马懿的温县老乡，跟他父亲司马防平辈论交，算是司马懿的长辈，但官爵比司马懿低。有人就责备常林，说司马公现在身份尊贵，你可别再让他对你行大礼了。常林却不以为意，说道："司马懿自己想要分清长幼的顺序，为后辈做楷模，况且他的尊贵又不是我所敬畏的，他向我行礼也不是我给他定的规矩，我何必去阻止？"

这件事情很快便传开了，也传到了曹叡的耳朵里。司马懿在立下如此奇功、身居如此高位的情况下还对长辈如此恭敬有礼的态度给很多人留下了好印象，再加上他平时低调谦和的表现，包括曹叡在内的很多人都相信，司马懿是一个勤勤恳恳的忠臣，过去是，现在是，将来也是。

司马懿长长地松了一口气，觉得亡羊补牢，为时未晚，这事儿应该算是揭过去了，不遭人妒是庸才，以他的地位和功勋，被嫉恨和猜忌是正常的，以后做人更加低调一些就是了。

让他没想到的是，还有一个天大的考验在等着他。

青龙四年（公元236年），光禄勋高堂隆病逝，在病逝之前此人居然给曹叡留下了一封遗书，遗书的锋芒直指司马懿。

这封遗书的内容是这样写的："我听说，黄初年间宫里燕子巢穴中发现有一双全身血红的怪鸟，这是上天在警告我大魏朝，应该严防'鹰扬之臣'，以免祸起萧墙。所以我个人建议，最好让诸王在封地内建立军队，像棋子一样在全国星罗棋布，分布在全国重镇，拱卫皇室保护中央，维护首都所在的京畿。"

既然要同姓诸王建立军队拱卫王室，高堂隆要针对的正是那些拥兵一方的外姓将领，而坐拥十万大军，总督雍州、凉州两大战略重镇的司马懿正是首当其冲。

曹叡收到这封遗书后,心中深受震动。

高堂隆的奏疏都是秘密提交给曹叡的,司马懿对此一无所知,但出于对危险的本能直觉,从被曹叡撸掉大将军一职开始司马懿就保持着战战兢兢、如履薄冰的架势,甚至于比曹操时代还有过之而无不及。因为司马懿明白,在曹操时代,还可以通过"不出风头,不出岔子"的"两不出"原则自保,但如今,他已经是手握重兵的朝廷重臣,不可能用不做事、不立功的方式来明哲保身,他唯一能做的就是在态度上尽量做到低调和谦和。

正当司马懿坐镇雍凉韬光养晦的时候,辽东地区突然传来紧急军报:辽东太守公孙渊宣布"独立",三国突然变成了"四国"。

辽东公孙家族一直保持着实际上的"独立",但在名义上他们是依附于曹魏的,然而几十年过去了,眼看着曹操、刘备、诸葛亮这些当年叱咤风云的人物相继去世,公孙家族的掌门人公孙渊觉得,是不是该到洗牌的时候了?

公孙渊之所以敢动这种心思,一个重要原因是他的爷爷和父亲留给他的家底非常殷实,让他很自信能在军事上死磕一番。

公孙渊的爷爷叫公孙度,辽东本地人,从玄菟郡(今辽宁东部及朝鲜咸镜道)的一个小吏一步步往上爬,最后当上了冀州刺史。结果没当多久,就因为谣言被免了官,回家待业。

幸好公孙度认识一个叫徐荣的朋友,而徐荣恰好是董卓手下的中郎将,董卓执政后,公孙度被举荐为辽东太守,在这个岗位上一待就是一辈子。

公孙度发迹的时候正好遇上中原群雄逐鹿,能从那个时代活下来的个个都是牛人，公孙度自然也不是吃素的。

公孙度上任的时候，发现辽东郡的豪族很看不起自己。小吏出身的家伙，居然来给我们当太守？在东汉末年，如果一个地方官被当地大家族排斥，那他也就离滚蛋不远了（曹操就因为得罪了兖州豪强差点被撵出去），所以公孙度必须尽快收服这些当地豪强。

公孙度的方法简单、粗暴而有效——杀。

第一个被开刀的倒霉蛋是襄平县令公孙昭。此人之前为了羞辱公孙度，居然想出征召公孙度的儿子公孙康到他的军队里当个"伍长"这种低级的伎俩，把公孙度气得够呛，哪里想到风水轮流转，现在公孙度居然成了这家伙的顶头上司，那还客气什么？公孙度随便找了个理由把公孙昭抓了起来，然后活活打死在闹市区的大马路上。

还没等大家反应过来，公孙度又一声令下，将整个辽东郡对自己不够友善的大家族首领统统抓了起来，全部斩首一个不留。

上百个家族被公孙度一锅端，整个辽东郡震惊了。世家大族虽然有自己的私兵部曲，但是仓促之间根本无法与公孙度的正规军相比，公孙度这一招的关键就在于果决：杀人的时候如果有丝毫犹豫，让这些世家大族有时间联合起来那麻烦就大了。

事实证明，公孙度这一招彻底降服了辽东郡的所有世家大族，大家都是有家有业的人，没人愿意跟这种杀人魔王硬碰硬。从此以后，再也没人敢对公孙度指指点点了。

解决了这些麻烦事之后，公孙度开始走上了霸权主义道路。

后来，在公孙度、公孙康父子的经营之下，辽东成了名副其实的东北亚第一"军事强国"，势力范围覆盖整个中国东北、朝鲜半岛和日本列岛。

公孙康死后，嫡子公孙晃和公孙渊都还年幼，辽东掌门人之位传到了公孙恭（公孙度次子，公孙康之弟）手中。

太和二年（公元228年），已经长大的公孙渊囚禁公孙恭，自立为辽东之主。

此时，长兄公孙晃正在洛阳做官兼做人质，听到这个消息立刻向曹叡上表，说公孙渊当权则辽东必反，请朝廷早日出兵征伐。然而当时的曹魏正在忙于应付诸葛亮的北伐，腾不出精力，于是本着息事宁人的态度册封其为扬烈将军、辽东太守，正式承认了公孙渊辽东统治者的身份。

朝廷的绥靖政策给公孙渊打了一剂强心针，一个更加宏大的计划在公孙渊胸中展开：他要联络东吴南北夹击曹魏，重新书写三国的政治格局。

从辽东到江东一般都是走海路，校尉宿舒、郎中令孙综带着公孙渊蓬勃的野心和一封语气恭谨的降表坐上了南下江东的大船，临行前，公孙渊突然对孙权的实力有点不太放心，仔细叮咛二人要趁机偷偷查探东吴的综合国力，看看这个盟友靠不靠谱。

宿舒、孙综受到了孙权的亲切接见，曹魏重臣居然来投降自己，这可是一件值得大肆宣传的政治喜讯。最重要的是，江东地区不产战马，骑兵实力弱小，如果真的能够收降辽东的话就等于拥有了稳定的战马供给。

兴高采烈的孙权立刻决定封公孙渊为燕王，并派张弥、许晏带上大批金银珠宝等出使辽东。

对此，东吴重臣张昭表示了明确的反对："陛下，您不会以为公孙渊真的是仰慕我吴国的威名才来归附的吧？公孙渊是自己想造反，又怕曹叡讨伐，打算拉我们这张虎皮做大旗啊。万一公孙渊突然改变了主意，又想跟曹魏表忠，那咱们的使团和礼物可就肉包子打狗——有去无回，岂不是要多丢脸有多丢脸？"

孙权听了很不高兴，看在张昭是老臣的份上没有发作，彬彬有礼地驳回了他的进谏。谁知道张昭不识趣，坚决反对遣使辽东，怎么都不肯松口。孙权怒了，一手握住了腰间的佩剑，咬牙切齿地说："吴国的士大夫哪个不是在皇宫里就拜见我，在皇宫外就拜见你？我对你的恭敬也算极致了吧？但是你为什么总在众人面前折我的面子？你不知道这样会让我很没面子吗？"

张昭听了这番话愣住了，久久凝视着孙权，好不容易才张口说道："老臣我也知道有些时候陛下不愿听我的，只是当初太后驾崩的时候对我的托孤之言常在耳边，不敢不竭忠尽智啊！"

张昭说得恳切，孙权也觉得自己太过于失态，狠狠把佩剑扔到了地上，抱着张昭哭起来。

这一幕实在感人，张昭回到家还在唏嘘不已，觉得当今陛下真是太尊重自己了，然后一个消息彻底打蒙了他：哭完之后，孙权抹去眼泪捡起佩剑，然后下令张弥、许晏的使团立刻出发。

张昭被气疯了，这就是传说中的"虚心接受，坚决不改"。张昭脾气也很大，居然罢工抗议，从此不上朝了。

张昭有脾气，孙权更有脾气，居然派人把张昭的大门用土堵了起来。你不想出门是吧？那就别出门了。

张昭一看：跟我比脾气？谁怕谁！于是又在大门里面造了一堵墙，表明自己绝不上朝的态度。

正当东吴君臣闹得不可开交的时候，使团已经登上了开往辽东的大船。

这段时间公孙渊一直在琢磨，越琢磨越觉得吴国不靠谱，诸葛亮两次北伐失败的消息传来更让公孙渊心中不安，当宿舒、孙综带着吴国使团回到辽东的时候，公孙渊第一件事就是向二人询问吴国的状况。

这二人带回来的评估报告不太乐观：吴国上下弥漫着偏安主义思潮，军队自保有余，进攻不足，很难作为真正的依靠。

公孙渊的心立刻凉了，决定跟吴国的合作先放放，可是紧接着张弥、许晏送来的礼物又让他动了心。好多金银财宝啊！辽东贫瘠，公孙渊哪见过这么多金光灿灿的宝贝？舍不得退回去怎么办？于是，公孙渊做了一个极为愚蠢的决定——把使者杀了，把礼物吞了。

说干就干。

张弥、许晏刚上岸，还没吃几顿饱饭，脑袋就被一群凶神恶煞的甲士砍了下来，一路颠簸着送去洛阳了。然后公孙渊心安理得地收下了孙权的礼物，还把跟随使团前来的一万士兵也收进了自己的军队。

公孙渊有无数种方法在魏国和吴国之间周旋，毫无疑问，他采用了最愚蠢的方法。

收到张弥、许晏的人头后，曹叡脸上阴晴不定。理论上这是公孙渊在向自己表明态度，可是此人先是背着曹魏勾搭孙吴，然后又砍下东吴使者脑袋来讨好曹叡，翻脸的速度当真比翻书还快。

辽东公孙家族的人向来野心勃勃，这个曹叡一直都知道，但没有一个人是像公孙渊这么不按常理出牌。这个家伙，实在是颗危险的不定时炸弹啊。

想是这么想的，但安抚也是必须的，所以曹叡强忍住对公孙渊的厌恶，加封公孙渊为大司马，封乐浪公。

大司马这个职位本身比大将军的品秩还要高，但是自从曹仁、曹休、曹真相继死在大司马任上，这个职务变得不太吉利，所以一直空着，正好拿来给公孙渊用，也算寄托了曹叡希望公孙渊早点去世的美好愿望。

就在曹叡不爽公孙渊反复无常的同时，孙权却是彻底愤怒了。公孙渊把他当猴耍，非但抢了他的礼物杀了他的人，还害得他在张昭面前大大丢了脸，是可忍，孰不可忍！

孙权暴跳如雷，下令全军动员，发兵："朕年已半百，人世间的艰难困苦，还有什么没经历过，近来却被这鼠辈所戏弄，令人气涌如山。如不亲手砍掉鼠辈的脑袋扔进大海，就再也无颜君临天下，即令为此亡国颠沛，也决不怨恨！"这话说得实在是太意气用事了，大臣薛琮等人玩命劝谏，说什么也不让孙权的手令发出大殿，闹腾了好半天，等盛怒终于过去了，孙权也想明白了，没再提远征辽东的事。

然后，孙权很没面子地跑到张昭大门前，拆了土堆向张昭道歉。

可是孙权那么大的气量，张昭却不领情，打死不肯出门。孙权急了，居然想出了放火烧门的主意，想把张昭烧出来，结果张昭倔得跟头牛一样，宁可学介子推也不肯出门，孙权无奈之下灭了火，又好声好气地劝了张昭半天。最后，张昭的两个儿子都看不过去了，拆了门内的墙，把老爹架了出来，这事儿才算告一段落。

丢脸丢到这种地步，孙权自然都会把账记到公孙渊头上。

曹叡派遣的使团到达辽东后住在学馆中，公孙渊居然出动武装部队包围了学馆，一副如临大敌的样子，连骑兵都出动了。做完这些部署后，公孙渊才洋洋得意地走进学馆，一脸自得地接受了册封。

魏国使节哪里见过这阵仗？主持完册封仪式，饭都来不及吃一口就着急地跑回洛阳去了,然后添油加醋地跟曹叡渲染了一番。

曹叡火冒三丈,果断决定:不能忍了!

景初元年(公元237年),曹叡下令幽州刺史毌丘俭率领军队出使辽东,召公孙渊去洛阳上朝。

毌丘俭也是个牛人,是曹魏后期一流的名将,不过此人真正名声大噪还是在公孙渊死后。这时候毌丘俭还没有出名,带来的又是地方军而不是精锐的中军,所以公孙渊没把他放在眼里。

两军对垒,公孙渊踌躇满志地挥下令旗,战鼓大作,三军齐进,然后……

毌丘俭一看势头不对,立刻退兵了。

曹叡的本意只是要吓唬一下公孙渊,所以毌丘俭带来的都是地方上的守备部队,战斗力极弱,再加上毌丘俭也没想到公孙渊会悍然起兵对抗中央,于是准备不足,战败在所难免。

志在必得的公孙渊迫不及待地宣布脱离曹魏,自立为燕王,改元绍汉元年,像模像样地设置起了政府机构,任命了一大群"中央政府官员",又派兵出没于曹魏的北方进行骚扰。

就在同一时刻,远在长安的司马懿收到曹叡诏书,命他立刻回洛阳,稍事休整后立刻率领中央军出征辽东。

收到诏书的时候司马懿会心一笑。

司马懿深信,实力是一切权术的根基与后盾,只要他依然有能力替魏国取得军事胜利,任何人都夺不走他的权力。

当司马懿进宫朝见的时候,依然保持着低调与谦恭,上殿的时候解下佩剑、脱下双履,小步快走到曹叡跟前,叩拜行礼,整个过程一丝不苟,甚至比之前更加恭谨。

曹叡顿时感觉放心了不少。

让司马懿平身后,曹叡仔细打量着这个如今权势滔天的大臣。比起十年前首次执掌兵权,今天的司马懿变得更加深不可测,在与诸葛亮的对抗中,司马懿已经从一名相对优秀的将领成长为顶级的军事统帅了。

良久,曹叡终于开口了:"这种小事本来不应该劳烦你的,但是远征辽东之战只能成功不能失败,所以只有依靠你了,你认为公孙渊会做什么?"

曹叡说得诚恳,司马懿听得明白。略一沉吟,司马懿再次行礼,然后用恭敬的口气回答道:"对公孙渊来说,放弃襄平预先撤离是上策。"

曹叡并没有表示疑问,而是示意司马懿说下去,于是司马懿再次行礼,然后说道:"占据辽水抗拒我军,这是中策;如果公孙渊坐守襄平企图倚仗高城顽抗到底,那就是下策了,一定会被我军击破擒获。"

曹叡自己也是知兵之人,对司马懿的分析深以为然:"那么,你觉得公孙渊会采用哪种策略呢?"

"只有真正明智的人才能理性分析敌我势态,审时度势做出最合理的判断。能够预先做准备,放弃重镇襄平,这绝不是公孙渊所能做到的事情。"司马懿继续以平稳的声调回答道,"公孙渊肯定会认为我军孤悬辽东,没法持久作战,所以他会先占据辽河,然后死守襄平,也就是说,他会采取中下策。"

"那么,算上来回的时间,这场仗要打多久?"

"出兵需要百日,撤兵需要百日,在辽东作战需要百日,另外再休息六十日,臣下需要一年时间。"

"好，就给你一年时间，给大军筹备一年粮草。"

君臣二人一问一答，没有一句废话，曹叡问得仔细，司马懿答得详细，立刻把远征辽东的所有问题都商定下来。

谈话即将结束时，司马懿突然小心翼翼地说了一句："陛下，洛阳的宫殿从周公、萧何开始就已经营造，到现在陛下还觉得不够住那就是臣下的失职，但是今年河北大灾，老百姓连饭都吃不上了，可国家还是要拉他们服徭役，这样恐怕不太好……臣觉得，陛下应该暂时把'内务工程'停一停，给百姓点喘息的空间啊！"

"知道了，知道了！"曹叡听完不耐烦地挥挥手，司马懿立刻识趣地闭嘴，诚惶诚恐地退下了。

曹叡知道，司马懿是在说自己太过热衷于营造宫殿，耗费的国力巨大。这种话其他大臣都说了无数遍，曹叡早就听烦了，所以气鼓鼓地把司马懿轰走了。

不过曹叡其实并没有真的生气，反而觉得更加放心。一个有野心的人是绝不会冒着触怒皇帝的危险来进谏这种事情的，直言犯上并不是一个有二心的臣子会做的事情。

离开皇宫后，司马懿把整个诏对过程细细回忆了一遍，每一个动作，每一句话，以及曹叡的每一个反应，直到确认没有丝毫问题，他才松了一口气，放心地整理军务去了。

景初二年（公元238年）正月，司马懿率领四万大军踏上了北伐的道路。为了确保魏军不在兵力上捉襟见肘，曹叡还特意下令幽州刺史毌丘俭所部兵马统一调归司马懿统辖。

得知曹魏大军征讨的消息后，公孙渊立刻决定：向东吴称臣，祈求孙权发兵援助。

也不知公孙渊是怎么想的：杀了东吴的使者，吞了东吴的礼物，把孙权像白痴一样耍了一圈，他居然还打算向东吴求援。

果然，孙权收到求援信后想起了上次被愚弄的不愉快经历，再一次暴跳如雷，打算把辽东来使砍了。在孙权盛怒之际，一个叫羊衟的大臣劝住了他："陛下不可！这是在因匹夫之怒而毁掉称王称霸的机会啊！"

"匹夫"二字让孙权的眉角一挑，孙权圆睁着碧蓝大眼气哼哼地盯着羊衟。

羊衟不紧不慢继续发言："我们应该宽待公孙渊的使者，同时出动一支舰队北上辽东，两不相帮，只捡现成便宜。"

"捡便宜"三个字再次让孙权眉角一挑："说下去。"

"我们的舰队到了辽东后远远观望，如果公孙渊赢了，那我们就装模作样上岸帮忙，这人情就卖大发了。如果公孙渊输了，我们就趁机上岸抢掠一番，也算是报了仇，还能赚个路费，一点不吃亏。"

"此计大妙！"孙权转怒为喜，一边下令组织远征军北上捡便宜，一边找来辽东使者，慷慨激昂地表示："回去告诉公孙老弟，说我东吴肯定与辽东共存亡，即便是因此跟中原彻底翻脸也在所不惜。"

使者圆满完成任务，快乐地回家了。

与此同时，魏国的间谍也把孙权出兵的消息千里加急送到了洛阳，曹叡有点小小的担心，万一辽东和东吴联手，司马懿可就啃上硬骨头了。于是他找来蒋济，想听一听这位谋臣的想法。

蒋济显得很不以为然，十分肯定地告诉曹叡："孙权不会帮公孙渊的。"

"东吴远征军不可能深入辽东腹地，但不深入的话救援就起不到作用。再说，孙权这个人，就算子侄遇上危险他都能岿然不动，更何况是往日羞辱过他的公孙渊。现在他往外声张此事，肯定是诡计，不过想等我军万一失败了卖个现成人情给公孙渊而已。"

蒋济的判断一直很准，曹叡瞬间吃了颗定心丸。

"不过！"蒋济突然提高了声音，让曹叡的心又揪紧了

"不过什么？"

"不过若是我军攻打公孙渊不能速战速决，一旦相持不下，以孙权程度不深的谋略，或许会以轻兵掩袭也说不定。"

"嗯。"曹叡若有所思地点点头，"这就得看司马懿的本事了。"

不出司马懿所料，公孙渊果然选择了中下策。

当司马懿还在温县饮酒赋诗的时候，公孙渊紧急动员数万大军，由大将卑衍、杨祚统帅，驻扎于辽隧等待魏国大军。

辽隧位于辽河与大梁河的交汇口，东北一百里左右便是襄平城，一般来说，守襄平必须先守辽隧，这是军事常识，所以公孙渊的安排倒也中规中矩。

可惜在司马懿面前，中规中矩是不够的。

景初二年（公元238年）六月，司马懿大军跋涉四千余里抵达辽隧后，不禁哑然：原来，卑衍、杨祚二人抵达辽隧后又沿着辽河构筑了一道南北走向长达六七十里的防御工事。壕沟深得能淹死大象，土墙厚得能砌进一头骆驼，魏国大军就算开着坦克过来都无法轻易碾过去。

卑衍和杨祚站在工事后面，得意扬扬地望着司马懿：怕了吧，当年你就是拿这一招耗死诸葛亮的，我这叫"以其人之道还治其人之身"。

司马懿很无语。"卑衍—杨祚防线"在他眼里简直破绽百出。

拳谚云：练武不练功，到老一场空。卑衍、杨祚学到了司马懿的招数，却没学到内功。"耗"字诀的精髓不是造堵墙把人围起来，而是占据一个咽喉位置让人进退不能。反观"卑衍—杨祚防线"，再怎么连绵六七十公里难道还能把整个辽东都围起来？也就是说，除了防线所在的六七十里地，其他地方全都是突破口。

简单地扫了一眼舆图后，司马懿心中已经有了一个宏大的战略计划。

第一步，司马懿先大摇大摆地开到防线南段安下营寨，做出一副打算在辽河南岸突破的架势。同时，司马懿下了一道奇怪的命令：把所有的旗帜取出来，甭管有用没有，全部插上。

一时间魏军大营锦旗飘扬，遮天蔽日。

卑衍、杨祚二人看得真真切切，十分得意地把主力大军调往防线南部，打算依托防御工事给魏军来个"半渡而击"。

就在辽东军调动时，魏军也在紧锣密鼓地安排下一步行动。在一个月黑风高的夜晚，司马懿突然下令：全军紧急出动，向北绕过防线。

大军立刻有条不紊地撤出营寨，安静地向北方运动，一直绕到"卑衍—杨祚防线"的尽头，在那里渡过了辽河。

"卑衍—杨祚防线"柔软的背部立刻暴露在司马懿的兵锋之下。

由于辽东军的主力已经被骗到防线南段，没人发现魏军的行动。直到几天后，卑衍、杨祚才突然发现魏军大营有点奇怪：旌旗依然飘扬，可总感觉少了点人气。

二人合计了半响，决定派出小股部队去查探一样。派出去的侦察兵也缩头缩脑，好半天才畏畏缩缩地钻进魏军大营，发现是座空营。

第十章 率军平辽东，功高不震主

就在同时，后方传来消息：司马懿大军已经渡过辽河了。

居然被司马懿的"暗度陈仓"之计骗了。辽东军一时间有些慌乱，不过他们很快就冷静下来："卑衍—杨祚防线"固若金汤，就算从背后也没有那么容易突破。于是辽东军一齐向后转，打算和司马懿来个硬碰硬。

司马懿从不打硬碰硬的仗，看到片刻慌乱后又冷静下来的辽东军，司马懿心中一阵冷笑，走出了第二步棋子。

于是，魏军又收到一个奇怪的命令：摧毁所有渡河船只，并且沿着辽河构筑简易城防。

正在辽东军莫名其妙的时候，魏军的工事已经建筑完毕。紧接着，司马懿下达了第三个奇怪的命令：全军急趋东北，直捣襄平城。

在背后有大军盯梢的情况下居然去攻打坚城襄平，这简直就是自寻死路的"乱命"。司马懿麾下将领终于忍不住要提意见了："太尉，我们都绕道辽隧后方了却围起来不去攻打，这算个什么事儿？"

司马懿解释道："兵法云，'敌虽高垒深沟，不得不与我战者，攻其所必救也'。我这是攻敌必救，骗贼军出战。"

众将心想太尉大人是不是读书读傻了："话是这么说没错……可是敌军主力在我后方，此时贸然攻打襄平，若是阳遂守军趁机出动，与襄平守军首尾夹击，我军岂不危矣？"

司马懿板起脸不再继续解释："我意已决，不必多言！"一甩手，走了。

司马懿居然直接放弃阳遂直奔襄平而去，卑衍心中一喜一忧。

忧的是辽东主力都在阳遂，襄平恐怕会受不住，喜的是司马懿居然抛下阳遂直接攻打襄平，这不等于是把后背留给自己吗？

于是，卑衍立刻下令：全军出动，尾随司马懿，到襄平城下一决生死。

这时，杨祚提出建议，说出兵是不是先缓缓，反正阳遂到襄平也才百里地，等司马懿在襄平城下损兵折将的时候再出击岂不是效果更好？

杨祚的建议有理有据，却被卑衍当场拒绝："你想得也太简单了！襄平主力都在阳遂，万一被一举攻破怎么办？更何况，若是我军不及时回援，就算打赢了又如何？万一有人觉得我们在拿主公的性命当诱饵换军功，那你我还有好日子过吗？"

杨祚一听，佩服得不得了，觉得卑衍太深谋远虑了，再不多说，点起本部军马就出发了。

司马懿早把卑衍、杨祚的反应料准了，在向襄平进军的时候都一直保持着作战阵型。果然，没过多久斥候就传来探报：阳遂大军出动了。

司马懿立刻招来众将，下令全军掉头，迎战阳遂守军："阳遂贼将见我进兵襄平，肯定迫不及待地出兵来阻击。阳遂贼军必定急切求战，如此则攻守易势，我军必定大破辽东贼。我没有攻打阳遂，就是因为这个原因啊！"

阳遂守军好不容易渡过了河，又跨过魏军垒起来的工事，正队形散乱地埋头赶路，怎么都没想到司马懿会突然杀个回马枪，一时之间手足无措，被司马懿抓住机会，连续发动三次进攻，卑衍、杨祚毫无还手之力，数万大军被尽数歼灭。

辽东主力兵团被歼灭，司马懿可以毫无后顾之忧地攻打襄平城了。

数日之后，司马懿出现在襄平城下，与公孙渊遥遥相望。

公孙渊也得知了卑衍、杨祚军团覆灭的消息，气得咬牙切齿却无可奈何。他开始思考是不是要弃城而走，毕竟留得青山在，不愁没柴烧。

但是思来想去,公孙渊还是舍不得襄平这份基业,而且,他信任脚下这座襄平城,公孙家族在这里经营了三代人,这座城市是整个东北亚最坚固的要塞。他相信,凭司马懿的远征军绝对无法撼动这座堡垒。

早在出兵前司马懿就把这个问题想透了,所以他才带了三百天的粮草,做好了对峙一百天的准备。抵达襄平城下的时候,司马懿并没有急着攻城,而是细致地部署军队,准备长期围城。

用四万人围困辽东第一大城不是件容易的事情,然而司马懿毕竟当过计掾,精打细算,居然在襄平周边的每个隘口都部署完军队后还留下了一支数量可观的预备队。

一场围城战就此开始,一直孤悬辽东的客军居然敢和东道主公孙渊拼消耗、打持久战,司马懿的压力不小,但他依然信心十足。

他现在唯一担心的是在公孙渊突然改变主意弃城逃跑。

魏军有条不紊地进入阵地,逐渐合拢对襄平的包围圈,时间也慢慢进入了七月份,连绵不断的霖雨如期而至,辽东地区进入了雨季。

倾盆大雨连续下了一个月,辽东成了水乡泽国,平地上都能涨起数尺大水,低洼处简直变成了湖泊,魏国大军泡在水中,苦不堪言。

远征军中大多数人都听说过"水淹七军"的故事,更不乏参加过曹真伐蜀的老兵,一场大雨非但让他们浑身湿透,更让全军军心惶恐,生怕这个司马懿重蹈了于禁、曹真的覆辙。

于是,便有人向司马懿提议,不如把营地转移到高处去,就算不为避雨,至少也能稳定军心。

司马懿一口否决:"我军营地本来就不在低洼处,何必移营?贸然移营,若是让公孙渊乘虚而出,谁来担责任?至于稳定军心,我倒是有比移营更好的办法。"

说完，司马懿当场下令："再有敢说移营者，杀无赦！"

军令一出，三军肃然，但还是有不开眼的，过了几天，都督令史张静没有理会司马懿的命令，居然又提出要移营。

司马懿等的就是这种人，二话不说当场把张静拉出去砍了。

自此以后，再也没有人提起移营的事情了。时间久了，大家也慢慢发现司马懿扎营的地点其实选得很安全，根本没必要担心洪水问题，于是军心慢慢稳定下来了。

襄平守军的军心比魏军更稳定。大雨一起公孙渊就喜得眉飞色舞，大喊"天助我也"。一天暴雨下来，辽东军民登上城楼一看，城下变成了一片泽国水乡，魏军大营像几座孤岛一样漂浮在水洼上，根本没法靠近城墙，更不用说攻城了。

紧张的神经松懈下来，辽东军民从卑衍军团覆灭的阴影中走了出来，三三两两地走出城门放风，发现魏军果然没什么动静，于是愈发嚣张，居然成群结队跑到城外打柴放牛来了。

一个叫陈圭的司马一脸不满地跑来问司马懿："太尉，当年您攻打上庸的时候大军昼夜不停狂奔数百里，只用了十几天就攻克了坚城，斩杀了孟达。现在我军远征在外却如此不紧不慢，属下有些不明白。"

看着陈圭这张不服气的脸，司马懿很耐心地解释道："当年孟达人少，但粮食能支撑一年之久，而我军人多，粮食却只能吃一个月，我是跟粮食赛跑，怎么敢不快？可是现在呢？贼兵多，我兵少，贼兵饿，我兵饱。何必速战？况且大雨连绵也无法速战。"

陈圭一直仔细地听着，但还是没有被彻底说服，于是司马懿继续解释："自从发兵之日起，我最怕的不是公孙渊来攻打我，而是怕公孙渊跑掉啊。现在公孙渊的粮食快吃完了，我们的包围圈却还没有合拢，

第十章　率军平辽东，功高不震主

我们就去攻打他,掠夺他,我恐怕会把公孙渊吓走。"

陈圭此时才恍然大悟,连呼"太尉英明",司马懿欣慰地点点头,总结道:"兵者诡道。要根据不同的情况做出不同的反应。公孙渊虽然没粮了,但仗着秋雨还不肯投降,我就是要让他安心才不进兵攻打。为了打击一帮放牛砍柴的小兵就把公孙渊吓走,岂不是太不划算了?"

司马懿难得说那么多话,这番话既是对陈圭说的,也是对手下请战的将士说的。自此以后,再也没有人向司马懿请战了。

司马懿十分从容地处理了这次小小的"请战危机",至少比当年在祁山的时候从容多了。

一个月后,云破日出,魏军包围圈也彻底合拢了。而借助大辽河暴涨的水势,司马懿也已经把所有攻城器械都用船运到了襄平城下。

司马懿呼吸着辽东雨后清新的空气,抬头望着襄平城,平静地吐出两个字:"攻城。"

景初二年(公元238年)八月,魏国大军对襄平城发起了声势浩大的总攻。

司马懿不擅长打野战,他最擅长的是防守和攻坚,襄平算是撞到枪口上了。公孙渊马上就会体验到一次百科全书式的攻城战术博览会。

一上场,司马懿就牢牢占据了"制空权"。

魏军没有井栏这么高科技的攻城兵器,但司马懿有自己的土办法:在城墙外建土山,比襄平城墙还高,魏军士兵站在土墙上居高临下"嗖嗖"放箭,襄平守军被"轰炸"得头都抬不起来。

与土山相得益彰的是另一种低科技攻城手段:挖地道。襄平城的地基深,魏国的工程兵部队整体素质也比不上蜀国,司马懿也没指望他们能挖进城,只要求他们挖到城墙下,挖塌城墙脚。

头顶上箭如雨下，脚底下还有一帮"穿山甲"把城墙挖得摇摇欲坠，襄平城的守军军心也跟着摇摇欲坠。

司马懿一看差不多玩够了，下令全军轮流攻城，魏军也没有冲车之类的高科技兵器，没关系，用攻城锥。结成龟甲阵的魏军敢死队把包裹着铁皮的巨大木锥送到襄平城大门口，有节奏地撞击城门，撞得不亦乐乎。与此同时，另一队轻装步兵扛着云梯探钩附上了城墙，不顾城头倾泻而下的滚油沸水、滚木礌石，玩命地往上爬。

这就是所谓的"蚁附攻城"，伤亡最大，也最具有视觉震撼力。

困守孤城的敌人内心深处往往是绝望的，想要以最小的代价攻克城池，就必须先不计任何代价唤起敌人心中的绝望。一旦守军的心理崩溃了，离城墙崩溃也就不远了。

于是，在司马懿的命令下，魏军分成数个梯队三班倒，像波浪一样昼夜不停地发起进攻。不能给辽东军丝毫喘息的机会，要在不断的进攻中彻底消磨守军的意志，孟达的军心就是这么崩溃的，襄平也不会例外。

不出司马懿所料，襄平快要崩溃了。

公孙渊也快崩溃了，魏军在襄平城下血流成河，却丝毫没有要退缩的迹象，而襄平的粮食却一天比一天少，守军的死亡率一天比一天高，这样下去，城破是迟早的。

八月中秋，一颗陨石划过襄平的天空，在东北方坠入大梁河，全城陷入了深深的恐慌中，这成了压垮骆驼的最后一根稻草。公孙渊终于撑不下去了，他派出了"丞相"王建和"御史大夫"柳甫给司马懿送来了投降书，声称只要司马懿大军解围，自己就捆上绳子亲自出城谢罪。

第十章　率军平辽东，功高不震主

为了让公孙渊明白自己当前的处境,司马懿二话不说就把王建和柳甫砍了,然后送去了一封很不客气的檄文:

当年楚国和郑国都是周天子分封的诸侯国,郑伯尚且光着膀子牵着羊出城谢罪。如今我是天子钦命的征讨大臣,你居然派来个什么王建之类的二流货色就想让我解围退兵?你太把自己当回事了吧?你派来的两个老东西,话都说不清楚,估计把你的意思传达错了,我已经帮你杀了,如果有什么话没说完,记得下次派个年轻的、懂事的过来。

信送到公孙渊手里,把公孙渊气得够呛,在他自己看来,他是燕王,是和曹叡平起平坐的诸侯,司马懿居然敢对自己吆五喝六。当然,司马懿的实力摆在那里,公孙渊也无可奈何,于是,他真的派了年轻的侍中卫演过去,当然声明还是老一套:司马懿先解围,自己改天把儿子送来当人质。

司马懿看到卫演的时候都给气乐了:没见过这么不长眼的。冷笑一阵后,司马懿指着卫演鼻子训斥道:"打仗也就五件事情,能打就打,不能打就守,守不住就跑,不肯跑就降,不肯降就死。公孙渊不肯投降,看来他是想死。"

这一次,司马懿没杀卫演,羞辱一顿后就放回去了。卫演连滚带爬地跑回襄平城把司马懿的话转述给了公孙渊。公孙渊一听,终于想明白了一个非常浅显的道理:司马懿打算要自己的命。

那还有什么说的,赶紧跑吧。

公孙渊充分发扬"能打就打,不能打就守,守不住就跑"的精神,趁着夜色带上亲兵卫队突围跑了。

可惜司马懿的包围圈部署了整整一个月，怎么可能让公孙渊跑掉？得知公孙渊突围的消息后，司马懿立刻下令最近的隘口出兵追击，最终在大梁河彻底歼灭了突围部队，斩杀公孙渊于阵中。

巧的是，公孙渊死的地方，正好是当初大陨石砸下来的地方。

公孙渊猜得没错，司马懿确实打算赶尽杀绝，只不过他比公孙渊所想的更绝。

随着公孙渊的死，襄平守军土崩瓦解，魏军轻而易举攻陷了城池，辽东公孙家族三代人的基业就此灭亡。

刚入城，司马懿就下令把公孙渊伪政权中的所有官吏都抓起来。公孙渊的大燕国麻雀虽小，五脏俱全，什么乱七八糟的官职都有，魏军一口气抓了两千多个伪公卿。

然后，司马懿一声令下，这些人全部杀头，一个不留。

两千多颗脑袋干净利索地滚落地面，襄平城被染成了血红色。

但司马懿没有就此停止，紧接着他下令将襄平城内十五岁以上的男丁七千余人抓起来，然后一个不落统统斩首。

这些身首分离的尸体被堆积起来，封上泥土，筑成一座金字塔形状的建筑。这种残忍野蛮的建筑在历史上有专有名词，叫"京观"。

收复辽东很难，想要保证辽东长治久安更难，司马懿采取的是一种最绝的方式：把所有有能力造反的人全部杀光，就不会有人造反了。

这是鹰扬之臣司马懿第一次露出了尖锐的獠牙。一直低调、隐忍的司马懿露出了他杀伐果断的另一面，这才是真正的司马懿。

大屠杀过后，襄平成了人间地狱，一到晚上鬼影幢幢，就连魏军士兵都不敢单独外出。而这个时候，发生了一个小插曲。

当时，司马懿每天都要忙到很晚，这天他像往常一样熬夜批阅公文,突然感觉屋里阴风阵阵。等阴风过后,司马懿发现自己膝盖上躺着一个人。

司马懿瞥了一眼,模模糊糊地感觉到这个人是魏明帝曹叡。只听见曹叡毫无生气地呻吟着:"看我的脸,看我的脸。"司马懿低头仔细看,却发现曹叡的脸青黑扭曲,说不出的阴森恐怖。

就算是司马懿也被吓得惊恐万分,差点惊叫出来,就在这时,他身体一震,醒了。

原来是个梦。司马懿靠着案头睡着了,做了这样一个真实到让人难以置信的噩梦。

这个梦让司马懿耿耿于怀。

当然,这个小插曲对司马懿没有造成太大的影响,因为他面临着一个十分严峻的问题:他杀了太多的人,把辽东杀戮得服服帖帖。但是想要真正收服辽东,光靠杀戮是不行的。

恐怖政策可以摆平问题,但不能解决问题,只有恩威并济才能彻底收服人心。这一手司马懿一向玩得很纯熟,完成大屠杀后,司马懿想起来三个人。

一个是被公孙渊关进大牢的公孙恭,司马懿找到了曾经戒备森严的大牢,把已经跟活死人差不多的公孙恭放了出来,目的是向全辽东人民昭示:这一切都是公孙渊的罪过,我只针对公孙渊,而不是整个公孙家族,更不用说针对辽东人民了。你们看,连公孙恭都被我当成座上宾,你们有什么好不放心的?

另外两个人是纶直、贾范,他们曾是公孙康的手下大将,公孙渊篡位后屡次挑战魏国底线,这两人苦苦劝谏,惹恼了公孙渊,于是二人被杀了。

司马懿派人找到纶直、贾范的坟墓，搞了个隆重的祭奠仪式，还把两人的坟墓仔细修缮了一番。这又是一个明确的信号：凡是公孙渊的敌人，都是我的朋友。

杀活人立威，用死人（活死人）立德。这就是司马懿的手段。

一次教科书式的远征，一次鲜血淋漓的屠杀，一手漂亮的恩威并济，司马懿解除了魏国自立国以来就头痛不已的独立王国，将整个辽东郡和三十万户居民纳入魏国版图，立下不世功勋。

对司马懿来说，这是件好事，又不是件好事。

立功是好事，功高震主却不是好事。

不过，司马懿的性格决定了他的行为准则：功劳越大，越战战兢兢。现在，整个魏国都找不出一个能跟司马懿抗衡的大臣，而司马懿非但没有因此飞扬跋扈，反而更加低调谨慎，并且不遗余力地让全魏国都知道他很低调。

这个秀低调的机会很快就来了。

在解决了所有问题之后，司马懿班师回朝，这时候已经将近十月了。

辽东气候寒冷，十月份已经快飘雪花了，魏国远征军士兵都还穿着单衣，冷得瑟瑟发抖。这时候就有人建议说，辽东府库里有很多棉袄，何不分给将士们穿呢？

司马懿等的就是这句话，于是乎，一番事先早已打好的腹稿慷慨激昂地脱口而出："府库里的棉袄是大魏官家的财产，我拿来分发给士兵就是用公家的财务来施展私人的恩惠，这不是一个臣子应该做的事情，我绝不如此。"

说完，司马懿下令即刻撤军，数万大军就这么在寒风中瑟瑟发抖着撤离了辽东。

第十章 率军平辽东，功高不震主

司马懿这场秀做得漂亮，秀到了曹叡最敏感的神经上。

曹叡最担心的是司马懿功高震主，但司马懿一而再再而三地显示出自己功高而不自矜的品行，让曹叡这颗悬着的心终于慢慢放下了。

一个又能征战立功，又不居功自傲的下属，简直是所有领导心中的完美下属。

第十一章 权力的较量，庙堂胜战场

当司马懿行进到蓟县的时候，曹叡的使者也到了，带来了丰厚的赏赐：司马懿立下首功，加封昆阳县。

如此一来，司马懿的采邑就有了昆阳和舞阳两个县，在曹魏异姓公侯中，他是唯一一个封地有两个县的人。

景初二年（公元238年）十二月下旬，司马懿如期返回洛阳，按常规他应该进洛阳城面见曹叡并办理军队交割手续。然而，十二月二十五日，曹叡突然发来诏书，令司马懿绕过洛阳，直接返回长安坐镇关中。

司马懿敏锐地感觉到这道诏书有点奇怪。

真正的奇怪还在后头。

司马懿在车仗绕过洛阳取道轵关前往长安的时候，突然收到一封诏书，命他立刻掉头前往洛阳。

司马懿心中疑惑，短短数天之内，又是让他绕开洛阳，又是让他前往洛阳，天子到底用意何在？

更奇怪的还在后头。

没过多久，又一封诏书送到，这次的内容却又是让他绕过洛阳直接返回长安。

数天之内，司马懿连续收到三道内容截然不同而且反复无常的诏书，司马懿知道，洛阳肯定出事了。

第二天清晨，又一封天子诏书送到，这次是一位叫辟邪的天子特使亲自送来的，这次是天子亲笔书写的"手诏"，而内容也和其他诏书不同，歪歪斜斜地只写着一句话："迅速回来，赶到以后直接从正殿入寝宫，面见朕！"

读完诏书司马懿愣在了当场，一道惊雷击中了他的神经，梦里那张青黑扭曲的脸再次浮上心头：看我的脸……看我的脸……原来是天子要面见我。

司马懿立刻询问特使辟邪，辟邪的回答也证明了他的猜想：天子快不行了，洛阳处于动荡之中。

得到这个消息后，司马懿顾不得仪仗，换上了最轻便快捷的"追锋车"，昼夜兼行，一天之内疾驰四百里，终于在曹叡晏驾之前赶到了洛阳城。

司马懿并不知道，他已经错过了洛阳城内最惊心动魄的四天，在这四天中发生的事情决定了无数人的命运，甚至决定了魏国的国运。

这一切要从大半个月前，曹叡突然染上恶疾，然后就病倒，再也没有起来过。曹叡知道，自己大限将至了。

曹叡虽然好色，却一个子嗣都没留下。他有三个儿子，可惜都夭折了。后来，曹叡不得不领养了两个儿子，一个是秦王曹询，一个是齐王曹芳。

如今，他不得不考虑继承人的问题了。

可是曹询、曹芳一个九岁，一个八岁，一旦自己撒手而去，如何确保小皇帝即位不会君权旁落？

曹叡对此没有任何办法，他所能做的就是选择一个聪明的儿子和一批忠诚可靠的顾命大臣，并且祈祷上苍保佑曹魏社稷。

十二月二十四日，曹叡终于下定决心，立曹芳为太子，并列出了顾命大臣的人选：燕王曹宇、领军将军夏侯献、武卫将军曹爽、屯骑校尉曹肇、骁骑将军秦朗。

同时，曹叡任命曹宇为大将军，作为五位辅政大臣之首。当年曹叡从司马懿手中拿走的大将军一职就是为了这一天准备的。

这五个人，大将军曹宇是曹叡的皇叔，而且和曹叡关系极好，曹爽是曹真的儿子，曹肇是曹休的儿子，夏侯献是夏侯渊的孙子，而秦朗虽然不是宗室，却是曹操的养子，也跟宗室差不多。

很明显，这份名单没有司马懿的份儿。

不管司马懿怎样低调，怎样谦和，他毕竟不姓曹，也不姓夏侯，曹叡并不是不信任司马懿，他只是更加信任宗室。尤其是曹芳年幼的情况下，即便出现君权旁落的情况，曹叡也宁愿它旁落到宗室大臣，而不是姓司马的人手中。

司马懿的权力够大了，就让他的权力到此为止吧。

十二月二十五日，曹宇担任大将军的第一天便奏请曹叡下诏不许司马懿进入洛阳城。这一想法跟曹叡不谋而合，洛阳城里有五个权力即将超过司马懿的人，却没有一个人的能比司马懿能力更强、功劳更大。这种时候放司马懿进城，简直是引狼入室。

于是曹叡一道诏书，就把司马懿赶回了长安。

太子确定了，辅政大臣确定了，最大的麻烦司马懿被赶走了，一切都在紧锣密鼓地进行中，只要不出意外，几天之后曹叡驾崩，曹芳登基，五大辅政大臣总揽朝纲，一切就和司马懿再也没有关系了。

不管是曹叡还是五大辅政大臣都没有想到，他们忽略了一个致命的细节，确切地说是两个人：刘放和孙资，他们是掌管内廷机要的关键人物。

早在魏国建国初期，两人就同时担任了曹丕的秘书郎，后来这两人同时转为左右丞，黄初元年，秘书被改成了中书，于是刘放被任命为中书监，而孙资被任命为中书令，各加给事中，曹叡即位后，这两人的地位愈加尊崇。

这两人跟司马懿的关系很不错，司马懿从不拉帮结派，但他知道什么人该接近、什么人不该接近，而身为领导秘书的刘放、孙资二人正是他结交名单上的第一名。

相反，宗室的人就不怎么看得上刘放、孙资二人，尤其是夏侯献、曹肇和秦朗，根本看不起刘、孙二人，相互关系闹得特别僵。

所以刘放、孙资也一直把司马懿当作自己人，而宗室亲族则是外人中的外人。在他们心里，是最希望司马懿能够成为辅政大臣的。

曹叡宣布辅政大臣名单的时候刘放、孙资就在身边，一听说有夏侯献和曹肇却没有司马懿，二人心里就一阵失落。不过这两人都是人精，那么多年秘书不是白混的，只要能忍，他们肯定忍过去了。

坏就坏在夏侯献和曹肇两人太嚣张，第二天就出事了。

曹叡病重之后，几位辅政大臣轮流守候在嘉福殿内曹叡的卧榻边。这一天，夏侯献和曹肇离开曹叡寝宫时遇到了正前往寝宫的刘放、孙资。夏侯献、曹肇小人得志，一脸挑衅的表情。刘放、孙资在官场上修炼了那么久，能忍就忍，不想跟二人计较，正要快步离开，突然听到一声公鸡打鸣的声音，一看，原来是皇宫里负责司晨的公鸡飞到了一棵矮树上。

曹肇嘴贱，指着树上的公鸡说道："这东西在宫里待得太久了，看他还能待到什么时候。"这话是对夏侯献说的，曹肇的眼睛却一直盯着刘放和孙资。

曹肇的弦外之音太明显了，结局还没明朗之前就提前翻牌了，只能说曹肇实在太骄傲得意了。

很可惜，他惹了不该惹的人。

听到这句话，刘放和孙资的脸色瞬间变了。他们太了解这些傲慢的宗室亲族了，这些人一旦爬上高位，绝不会允许自己留在机要秘书的位子上，而且一点面子都不会给自己留。

不行，必须把这些膏粱子弟搞下去，把"自己人"司马懿搞上来。

一咬牙一跺脚，一个计策浮上心来。

刘放、孙资作为机要秘书，大部分时候都陪伴在曹叡身边，但是大将军曹宇等人也死守着曹叡，一步都不肯离开。

这些人也不傻，他们知道只要曹叡一天没死，事情就可能出现变局，所以不敢离开。

然而老虎也有打盹的时候，更何况曹宇这些人。

十二月二十七日，曹叡病情突然出现反复，出气多，进气少，似乎快不行了。曹宇赶紧跑出嘉福殿去找曹肇商量后事，只留下曹爽继续看着曹叡。

曹宇完全没有注意到背后刘放阴险的眼神。

等曹宇离开后，刘放立刻用眼神示意孙资开始行动。可是孙资突然怂了，摇着头说："这样恐怕不行吧？"

孙资毕竟位高权重，如果没有十足的必要，他不想参与到这场政治赌博中去。

刘放急了，咬牙切齿地说："我们都快被送进锅里煮了，还有什么行不行的！"

被刘放一说，孙资再度回忆起几天前夏侯献的那番话，一咬牙，终于拿定了主意。

二人到曹叡病榻前齐齐跪下，刘放一边抹眼泪一边启奏道："陛下百年之后，打算把天下托付给谁？"

曹叡虽然快死了，但脑子还很灵光，立刻知道二人想说什么，不耐烦地一口堵回去："不是说了，让燕王（曹宇）辅政吗？"

刘放没有在意曹叡的语气，他早就打好了腹稿，乘此机会开始慷慨陈词："陛下难道忘了先帝'藩王不得辅政'的遗诏了吗？"

这句话对曹叡毫无杀伤力，在曹叡看来"藩王不得辅政"这道遗诏本身就没什么道理。

当然，刘放还没说完："陛下您知道吗？您刚得病那会儿，曹肇、秦朗就调笑、戏弄您的爱妃们。而燕王在城南屯兵，不让大臣觐见陛下，这根本是竖刁、赵高这类权奸才会干的事情啊！"

这句话杀伤力就大了。自己还没死，曹肇、秦朗就调戏自己的老婆们，曹宇就打算独揽朝纲，这简直与谋反无异。

曹叡听得心头火起，刘放正好上纲上线、添油加醋："如今皇太子年幼，国家却面临内忧外患的境地，陛下不做长远打算，却因为一己私恩把祖宗基业托付给这么几个平庸之人，臣下恐怕社稷危险啊！"

刘放这番话又说到曹叡心里了，还揭开了曹叡心里最大的疙瘩。

曹叡何尝不知道五位辅政大臣才能平庸，根本不是安邦定国的贤才。他只是希望这五人能看在宗亲的分上竭力保存曹家社稷。

但是从刘放的描述来看，这五人非但才能不足以安定社稷，就算是品行也极度不佳，一旦自己晏驾，这些人难保不篡逆。

既然如此，何不换成才能卓越、品性也说得过去的异姓大臣呢？

想到这里，曹叡心里已经隐隐有了人选，但他还是问刘放、孙资:"那你们觉得谁比较合适呢?"

刘放想都不想就提出了一个人选,出乎意料的是,那个人居然是曹爽。

曹爽瞬间吓了一大跳,从刘放开口说话的时候他就一直在观察曹叡的脸色,没多久他已经得出了结论:曹宇、曹肇、夏侯献和秦朗的辅政大臣地位恐怕要保不住了。可是自己呢?自己和刘放、孙资关系还不错,这两人或许不会跟自己为难吧?

曹爽在犹豫,到底投向哪一边,没想到刘放却主动来拉拢自己了。

曹爽心里飞快盘算起来:如果答应刘放的拉拢,自己就是头号辅政大臣了,不过也有可能什么都得不到;如果拒绝刘放,自己乖乖回去做三号人物,但也不会失去更多。

时间容不得曹爽过多思虑,曹叡已经转过头来,深邃的目光紧紧盯着曹爽,问道:"你能胜任吗?"

曹爽脑子乱成一团麻,顿时汗流浃背,一句话都说不上来。刘放急了,狠狠踩了曹爽一脚,曹爽突然像针扎一样蹿起来,顺势一把跪倒:"臣鞠躬尽瘁,死而后已!"

曹叡满意地点点头,这事儿就这么算成了。

其实曹爽根本没时间深思熟虑,他是被逼着表态的,不过表完态后,他突然很享受这种感觉:他现在已经是头号辅政大臣,一人之下,万人之上。

人生际遇真是曲折难料。

确定一个人选后,刘放又小心翼翼地提出了辅政大臣的第二个人选:司马懿。

这一招,刘放在肚子已经推演了无数次,他相信不会有任何问题。首先推出曹爽是为了让曹叡放心，然后推出司马懿是为了辅助曹爽，环环相扣，严丝合缝。

曹爽才干太差，正好需要司马懿这个能人辅佐，而司马懿这个外姓大臣受曹爽制约，也掀不起多大风浪。

最重要的是，曹叡相信以司马懿的性格，他对权力的威胁恐怕并不会比曹宇、曹肇这些人更大。

果然，曹叡当场就同意了。

刘放、孙资悬着的心放下了，一边拟定诏书把司马懿喊回来，一边开开心心离开嘉福殿去准备更换辅政大臣的事了。

这两人犯了跟夏侯献一样的错误：得意太早了。

刘放、孙资可以劝曹叡改主意，其他人也一样能。

当曹宇找到曹肇的时候，曹肇大惊失色："大事未定，你怎么能一个人跑出来！赶紧回去！"

曹宇还没来得及回答，辅政大臣人员变动的消息就传来了。曹肇气得一跺脚，抛下曹宇以百米冲刺的速度就跑回了嘉福殿。

这时候，刚好刘放、孙资出去。

曹肇二话不说，扑倒曹叡病榻前就放声大哭起来，哭得曹叡心烦意乱。曹叡实在忍受不了了，也觉得自己刚才的决定有些鲁莽，于是又决定收回成命，依然任命曹宇等五人为辅政大臣，下诏让司马懿直接回长安。

曹肇心满意足，擦擦眼泪，走了。

曹肇一走，刘放、孙资就回来了，又是一场号啕大哭。曹叡此刻已经被搅得头昏脑涨，完全没了主见，于是又被刘放、孙资二人说服，再一次下令任命曹爽、司马懿为辅政大臣。

第十一章 权力的较量，庙堂胜战场

刘放、孙资不愧为三朝第一秘，智商到底要比曹宇和曹肇高出一截，两人不会再犯同一个错误了。

刘放一不做二不休，取来笔墨帛书，抓起曹叡的手"刷刷"写下了一封诏书，并交给天子特使辟邪，嘱咐他务必尽快送到司马懿手中。

这还不够，必须要从根源上杜绝曹宇等人的反扑。刘放又替曹叡拟了一份诏书，下令免除燕王曹宇等人全部官职，并且宣告镇守宫门的卫士绝对不能放这些人入宫，违令者斩。

第二天，曹宇等人还想面见天子，却被卫士阻拦在宫城之外，并且被告知，曹宇的大将军头衔被免除，天子诏令其立刻返回封地，没有诏令不得随意离开封地。

曹宇、曹肇、夏侯献、秦朗四人知道大势已去，抱头痛哭，可惜他们再也没有机会更正自己的错误了。

景初三年（公元239年）正月。

司马懿日夜兼程，终于及时赶回了洛阳，免除了一切烦琐礼节后直接进入嘉福殿曹叡卧室内，见到了奄奄一息的魏明帝曹叡。

见到司马懿后，曹叡强撑起病体接见了司马懿，简单的行礼问候完毕，曹叡把曹询、曹芳叫到身边，用手指着曹芳道："这就是魏国将来的君主，你一定要仔细辅佐，千万不要让他误入歧途。"

司马懿早已泣涕不能语。

曹叡又强撑最后一口气，面朝着司马懿，目光却朝向曹芳道："死是一件无法抗拒的事情，可我一直强撑着不死，就是为了等你回来啊，你一定要和曹爽通力合作，辅佐我的儿子，切记，切记。"

司马懿俯身叩拜道："臣当年没有辜负文皇帝陛下的托孤之重，今日也不会辜负陛下。"

曹叡听完这句话，长长地出了一口气，闭上了眼睛。

当日，魏明帝曹叡晏驾，时年三十五岁。

同一天，齐王曹芳即位，司马懿被提升为侍中，持节，都督中外诸军，录尚书事，并且与曹爽各自统领禁军三千人，共执朝政，而且还被授予可以乘坐小车直接入殿的特权。

这是司马懿第二次担任辅政大臣。这时候，离司马懿被调离中央前往地方军区任职已经过去十年了。

十年之后，司马懿再次回到权力中枢。这时候，他已经是四朝老臣，两任辅政大臣，曹魏军界头号人物，手下嫡系将领遍布魏国各大军区。

曹魏军政两界已经没有任何人可以和司马懿相抗衡了，除了曹爽。

景初三年（公元239年）正月，年仅八岁的齐王曹芳登基。

首席辅政大臣曹爽拜大将军，假节钺，都督中外诸军事，录尚书事，与司马懿各自统领三千禁军，成为曹魏政坛最炙手可热的人物。

曹爽在曹氏宗亲中以低调谦和著称，从来没有太大的野心。而且曹爽在曹魏政坛的根基十分薄弱，根本就没有自己的嫡系党羽，名义上地位比司马懿高，但实际上，他根本没有意愿也没有信心跟司马懿分庭抗礼。

所以刚刚当上辅政大臣的那段岁月，曹爽就像敬重自己的父亲一样敬重德高望重的司马懿，大小政务都要拿去跟司马懿商量，听取一下这位老前辈的意见，然后才小心翼翼地去施行。

这是曹爽和司马懿相处最愉快的一段日子。

但司马懿宦海沉浮这么多年，早就看透了政治和人性，知道两大权臣之间和谐的关系不可能永远持续下去。权力是一剂迷魂香，会让人心产生异变。权力场上，最温顺的羊也会变成贪婪的狼。

只是司马懿没想到，曹爽的异变速度居然如此之快。

曹爽刚刚当权，一个政治团体就以迅雷不及掩耳的速度主动依附在曹爽周围，后来大权独揽的"曹爽集团"被迅速建立起来。

这些主动依附曹爽的人有一个共通点：他们都是曹叡时代的失意文士，而他们失意的原因也完全相同，都是因为"太和浮华案"。

所谓"太和浮华案"是发生在太和五年（公元231年）的一起政治案件，从某种程度上讲，可以算作一种文化迫害。

早在太和初年（公元227年），建安时代留下的慷慨风骨就已经荡然无存，那时候青年才俊们最时髦的活动是聚众交游、品评人物、谈论高深玄远的哲学。这些年轻人没有经历过父辈艰苦卓绝的创业过程，相比民生、战争这种沉重的话题，他们更喜欢谈论宇宙、自然这些高深玄远的哲学，或者像东汉的前辈一样品评士人的得失优劣。

就像所有老人都看不惯新一代的年轻人一样，建安老臣根本无法容忍这种"堕落"。太和六年（公元232年），老臣董昭上书痛斥这种"浮华交会"，认为这种"务虚"的风尚破坏了敦朴忠信的儒家社会道德，影响了儒家经学的地位，从而动摇国本。

甚至于，董昭还上纲上线地将"浮华交会"与建安、黄初年间的几起结党叛乱联系起来，咬牙切齿地恳请曹叡依法严惩这些不懂事的年轻人，即便是像重判魏讽那样重判他们都不为过。

董昭发难，掀起了建安老人抨击"太和新人"的高潮，一时间奏章雪片一样飞到曹叡案头，内容无不是对"浮华交会"咬牙切齿的痛恨和上纲上线的批判。

老人永远觉得"一代不如一代"，总是对年轻人的新鲜玩意儿充满仇恨，在任何一个时代、任何一代人中都是如此，只不过太和年间的年轻人确实玩得太过火，而建安老人们的反应也确实太激烈。

曹叡本人从统治的角度出发，也不太喜欢这种空谈玄理的社会风气，正好趁此机会取缔了"浮华交会"，并且下令涉案的浮华名士只能担任闲散职位，永不重用。

但是这些人并不甘心自己的政治生命就此终结，他们急切地想要找到机会东山再起，直到曹叡死后，他们把目光瞄准了曹爽。

曹爽在曹魏政坛根基浅薄，正好让这些浮华名士有了施展的舞台，而曹爽当政之后也在谋求建立自己的嫡系班底，正好跟主动送上门的名士们一拍即合。

在这批主动聚拢在曹爽周围的名士中，最核心的成员是五个人。

第一个人是何晏。

何晏，字平叔，是大将军何进的后人，也就是说，往祖上推四辈何晏家是卖羊肉的。（何进出身屠羊者之家，由于妹妹被立为皇后，才脱离了这个不光彩的身份）。

到了何晏这一辈，由于他妈妈长得漂亮，被曹操看上纳作了小妾，何晏也被曹操顺手收为义子。

何晏的张扬是从小养成的习惯，他是曹操的养子，行事却比嫡子曹丕更高调，一切吃穿用度都要跟曹丕比排场，把曹丕恨得牙痒痒，私下里骂他是"假儿子"（假子）。后来何晏娶了公主成了驸马爷，可还是大张旗鼓到处寻欢，连好色成性的曹叡都看不下去。所以浮华案发，何晏首当其冲，被整得很惨。

这样一个人，便是曹爽集团的首席谋主。

第二个人是邓飏。

邓飏，字玄茂，东汉权臣邓禹的后代，先是任尚书郎又升洛阳令，结果犯了事儿，被罢官了，然后又跌倒爬起，当上了中书郎，结果就摊上浮华案，又遭免官了。

此人在洛阳老百姓当中的名气比名士更大，让他成名的是一个很三俗的八卦新闻：在被免官前，邓飏曾利用手中职权帮一个叫臧艾的人谋取官职，作为回报，臧艾把自己老爹的一个小妾送给了邓飏。这种略带黄色的官场内幕立刻传遍了洛阳大街小巷，于是邓飏在民间拥有了一个响亮的绰号："以官易妇邓玄茂。"

这样一个人，便是曹爽集团的二号谋主。

第三个人叫丁谧。

此人是曹爽集团核心成员中最为足智多谋的人物，许多对司马懿具有杀伤力的诡计都出自丁谧之手。此人也是曹爽集团中品行最为低劣的。

丁谧，字彦靖，他父亲丁斐最著名的特点就是贪，而且胆子特别大，曹操晚年南征孙权的时候丁斐随军，居然在曹操眼皮底子下把后勤部队运送粮草的牛偷走了，还用自己的老牛冒名顶替。

这事儿被揭发以后，丁斐被免职入狱，曹操还特地跑来看他，一脸严肃地说："文候（丁斐字），你的印信呢？怎么还不交出来？"丁斐居然还敢跟曹操开玩笑说："印信？卖了换饼了。"更离奇的是，丁斐说完曹操哈哈大笑，然后下令把丁斐放了。

事后，毛玠气哼哼地找曹操质问，曹操呵呵一笑，给毛玠讲了个故事："有一群老鼠隔三岔五跑到我家仓库里，把库里的东西咬得破破烂烂，我一点办法也没有，后来又来了一条狗，它也跑到库里偷吃东西，不过呢，它还喜欢抓老鼠，把鼠患给消灭了。你觉得我该不该打死这条狗？"

毛玠想了想，说："还是该留着，狗虽然偷吃，但至少不会把整个仓库的东西都咬坏。"

曹操哈哈大笑："这就是我留下丁斐的原因啊！"

这段著名的对话可以看作是曹操"唯才是举"、重才不重德的最好注脚。

青出于蓝而胜于蓝，丁谧的才华比他爹更出色，他的品德也比他爹更低劣。丁谧当权后，洛阳有一首民谣，叫"台中有三狗，二狗崖柴不可当，一狗凭默作疽囊。"三狗就是何晏、邓飏、丁谧三人也。说的是三条狗皆都想吃人，而丁谧尤甚。

这样一个人，是曹爽集团的三号谋主。

第四个人叫李胜。

李胜，字公昭，颇有些才智，年轻的时候逗留洛阳，经常参加各种上流社会的活动，也正是在那时候认识了曹爽，两个人经常在一起喝酒吹牛，很聊得来。比起之前三人，李胜倒没什么斑斑劣迹，不过也没什么出众的地方。本来浮华案只抓最有名的几个头头脑脑，都没他什么事儿的，结果他自己嘴贱，大言不惭地讽刺朝政，于是也遭了殃。后来因为浮华案牵扯实在太广，只是作为边角料的李胜没被定罪，只判了个羁押在家，一关就是好几年。

这是曹爽集团的四号谋主。

第五个人叫毕轨。

毕轨，字昭先，年轻的时候就因为才能出众而有些名气。

这就是曹爽集团的五号谋主。

这"五大金刚"共同组成了曹爽的智囊团，曹爽顿时觉得羽翼丰满了。

但是何晏提醒他：不急，还有一个人没被收入麾下，比起"五大金刚"，这个人才是真正的"智囊"

"哦？"曹爽表现出了极大的兴趣，"什么人？"

"桓范。"

桓范，字元则，世族出身，四朝老臣，建安末年进入曹操幕府，曹丕时担任羽林左监，曹叡时持节总督青州、徐州军事，位高权重。

桓范给人最大的印象是行事鲁莽。

在担任青徐军区司令的时候跟徐州刺史郑岐为了争夺一间宅院大打出手，可能是没打赢吧，桓范气昏了头，居然仗着符节在手私自打算杀掉郑岐，结果被郑岐一纸诉状告到了曹叡那里，曹叡很生气：给你天子符节是为了烘托你的权威，不是让你随便杀人的！于是，桓范被免官，然后又被任命为兖州刺史，桓范因此非常郁闷。

没过多久，朝中有消息说他有可能被任命为冀州刺史。冀州统管魏国北方各州，桓范自然非常期待这次升职，盼星星盼月亮，结果等来了一个确切的消息："新任冀州刺史是镇北将军吕昭。"

比绝望更可怕的是给了希望然后夺走，桓范彻底怒了，觉得自己被忽悠了，怒气冲冲地回到家对着夫人一顿咆哮："气死我了！气死我了！我宁可给三公长拜不起，也不会对吕昭这种人弯下膝盖。"

桓范的老婆刚好怀了孕，脾气也不太好，冷冷嘲笑了一句："你在徐州的时候想砍了徐州刺史，这是在为难下级；现在你又来羞辱吕昭，这是在为难上级，你的器量也太小了吧！"

桓范的心情比孕妇还差，一听这话怒火中烧，拔出佩剑用剑柄猛撞老婆肚子，结果没把握好力度，导致老婆流产，最后失血过多而死。

这都是过去的事情了，曹爽当政的时候，桓范已经官拜大司农，居九卿之一。

这些事情曹爽都听说过，所以他一脸怀疑地看着何晏："你说的是桓范桓元则？智囊？"

何晏非常肯定地点点头："此人虽然行事鲁莽，但心思缜密，出谋划策往往切中要害，令人防不胜防。"

曹爽虽然心中还有疑问，但他对何晏还是言听计从的，于是特地命人准备礼物给桓范送去，并且一直保持着对桓范的礼遇，九卿当中，他就只敬重桓范一个人。

让曹爽不爽的是，桓范似乎不愿接受曹爽集团的拉拢，一直保持着若即若离的态度，即便是在曹爽权势如日中天的时候，桓范也只是表示了有限度的敬重。

这正是桓范高明的地方。这个老狐狸早就看出来，桓范和司马懿之间会有一场生死较量，在敌我情势未明的情况下贸然站队未免太草率，而且风险太大，最大的筹码，一定要等到最关键的时刻再掷下。桓范决定继续观望一阵。

无怪乎何晏要叫他智囊。行事鲁莽是桓范的一方面，思虑深远是他的另一面。这两个矛盾的特质完美地统一在桓范身上，成了这个老狐狸最好的伪装，连司马懿都差点被他的伪装欺骗。

景初三年（公元239年）三月，曹爽上表请求皇帝尊司马懿为太傅、大司马。

曹爽这一招挺高明，把司马懿高高架在太傅这个虚职上，却不动声色地剥夺了录尚书事的职权，等于收走了全部行政权。而且，曹爽做得滴水不漏，找不出任何刻意架空司马懿的痕迹。

第十一章 权力的较量，庙堂胜战场

解除了司马懿的行政权后,曹爽开始在行政机构中安排自己的人马。他首先盯上的是吏部尚书卢毓,吏部掌管官员的任免,掌握了吏部就等于掌握了魏国的人事权,也就扼住了魏国官场的咽喉。

于是,曹爽把自己的头号谋主何晏安排到了吏部尚书的职位上,至于卢毓,则先放到尚书仆射的位置上让他稳定一下情绪。然后,邓飏、丁谧也分别被安进了尚书台,再加上曹爽自己担任录尚书事,整个曹魏中央行政体系成了曹爽的一言堂。

至于毕轨和李胜二人,在丁谧的谋划中将出任手握实权的地方长官与曹爽内外呼应:毕轨担任司隶校尉,李胜担任河南尹。

等差不多把亲信都安插完了,曹爽觉得尚书仆射这么重要的官职也不能让卢毓这种外人占着,便指示毕轨一封奏折,把卢毓搞下去了。

夺走司马懿录尚书事的实权后没几天,曹爽再次借天子之手下诏:命曹羲出任中领军,统领禁军;族弟夏侯玄出任中护军,牢牢控制了禁军人事任免权,而四大营中最精锐的武卫营则交给了另一个弟弟曹训。同时曹爽还把自己的其他弟弟全部以侍从的身份打发进宫廷,一时间,宫廷简直成了曹爽家的后院。

曹爽的党羽炙手可热,司马懿却依然冷眼旁观。

何晏等人怀着各种目的大张旗鼓依附在曹爽周围,曹爽却忘了一个最基本的政治原则:当你把小部分人划入圈子之内,你就等于把大部分人踢出圈子之外了。

那些圈子之外的人会变成另一个圈子,而那个圈子的核心便是司马懿。

曹爽机关算尽,却帮司马懿做了嫁衣。当曹爽集团占据了魏国政坛大部分机要位置,一个萝卜一个坑,有新人上马就有旧人下马,那些被挤兑下来的旧人便成了司马懿集团最坚实的骨干力量。

在这帮人中，司马懿最为倚重的是蒋济。

比起另一位顶级谋臣刘晔，蒋济在知人料事方面稍微欠缺了一点，但在奇谋诡策上又超越了刘晔。但他和刘晔有个共同点：高智商、低情商。

所以他跟曹爽集团几位核心人物的关系都处得不怎么样，尤其是与毕轨。毕轨因为北伐轲比能的事情被蒋济弹劾得很惨，如今咸鱼翻身，很不给蒋济好脸色看。

相反，司马懿却一直刻意地保持着跟蒋济的良好关系。

魏明帝曹叡时期，蒋济曾担任中护军。前面说过，中护军是皇城禁军副总司令，负责禁军武官选举，是个大大的肥差，蒋济在这个岗位上贪污腐化十分严重，公开卖官，明码标价，例如牙门将一千匹绢，百人队长五百匹绢……价格公道，童叟无欺，口碑非常不错。

司马懿知道后旁敲侧击地过问了此事，蒋济被问得无言以对，自我解嘲地开玩笑说："都是给穷闹得呀！我在城里买东西，少一分钱都不行啊！"

司马懿哈哈大笑，也没再深究。

于是，蒋济对司马懿十分感激。

这就是司马懿培养根基的方式，收买人心，却不拉帮结派，等需要的时候，人心自会开花结果。

当然，以司马懿的处事方式，是不可能像曹爽那样公然拉帮结派的。他只是小心地聚拢着人心，却没有和曹爽直接对抗。

司马懿知道，当务之急不是在朝堂上和曹爽夺权，而是在曹爽最薄弱的环节巩固自己的权力。

这个环节就是军权,这才是司马懿的命脉,绝不容曹爽染指。

拜老朋友孙权所赐,司马懿很快就找到了巩固军权的机会。

魏国大丧之际出兵打秋风一直是东吴的保留节目,这么多年过去了,这一优良传统一直没丢,曹叡新死,孙权就蠢蠢欲动,各项战争准备工作轻车熟路地开展起来。

其间,零陵太守孙殷送来的一封奏疏,给孙权描绘了一个美妙的前景:东吴起倾国之兵,诸葛瑾、朱然出兵襄阳,陆逊、朱桓出兵寿春,孙权御驾亲征讨伐淮阳,一直打到青州、徐州,然后请西蜀出兵关中,攻破长安,最后吴蜀两国在洛阳成功会师,瓜分魏国,平定中原。

孙权看得热血沸腾,毅然决定扩大战争规模,跟魏国干一票大的。于是,动员工作一直拖到正始二年(公元241年)四月,吴军才分三路大举出动,其中全琮一路攻打芍陂,朱然、孙伦一路攻打樊城,诸葛瑾、步骘一路攻打柤中,三路并进,声势浩大。

全琮一路打得十分顺利,一举攻破芍陂,开展了一系列愉快的抢劫活动后就没有了继续推进的心思。这时,魏国征东将军、扬州军分区总司令(持节督扬州军事)王凌也带着增援部队赶到了,看到东吴军一副酒足饭饱的样子就气不打一处来,哇哇叫着要跟全琮拼命,尤其是王凌手下大将孙礼,跟不要命一样冲在最前头见人就砍,砍死吴军中层将领十余名。

全琮一看,不能硬碰硬,收拾收拾战利品,全琮一路撤退。

全琮退去,诸葛瑾一路也没多少进取心,真正让人头疼的是围攻樊城的朱然。

朱然是东吴军界的名将,除了军事对什么事情都没兴趣,一心扑在军营中，但此人绝不死脑筋，所以，同样擅长诡计的吕蒙很喜欢他，临死之前向孙权推荐了朱然做自己的接班人。

结果孙权却钦定了陆逊，朱然心里憋着一股火，一百个不服气，不同于全琮和诸葛瑾，他是铁了心要把樊城打下来，完成当年关羽未竟的事业，想要名震华夏。

樊城快撑不住了，隔壁的荆州刺史胡质也不能坐视不理，于是急率本部兵马万人一律轻装，狂奔三百里南下救援。

胡质的手下觉得这么做太冒进，一支急行军三百里的轻装部队，能有多强的战斗力？但胡质斩钉截铁地说：“樊城兵力少，急需要外援，我去了不一定有用，但我不去的话樊城可就完了！”

果然，胡质的到来给樊城守军打了一剂强心针，原本萎靡的士气重新振作起来，可是胡质也成了强弩之末，无力摧毁朱然的军团。

强心针的效果持续不了多久，樊城的告急文书像雪片一样飞往洛阳。

这正是司马懿等待的机会。

司马懿铆足了劲儿，发挥出十二分的力量，用最短的时间完成了准备工作，六月份，大军出动。

大夏天的，打仗对谁都没好处，司马懿决定试探一下，如果东吴打算见好就收，那他就虚张声势把朱然吓跑，如果东吴这次铁了心要打下去，那他就重新调整部署，跟朱然主力决战。

于是，司马懿派出了一支轻骑兵向朱然挑衅，如果朱然真心要攻略淮南，他会毫不犹豫放弃樊城转而进攻司马懿兵团。

结果是朱然怂了。他完全不想跟司马懿硬碰硬，他只想打下樊城，风风光光地撤回吴国。

那就好办了，司马懿也松了一口气：野外大兵团作战从来不是他的强项,能不打最好不打。

确定方针之后,司马懿下令全军仔细检查装备,操演阵型,大张旗鼓招募敢死队员,并组织中层以上将领彻夜学习军事条例,总之做出一副"我马上要发起总攻"的状态。

要说演戏,谁能演得过司马懿啊?朱然当然上当,长叹一声"时也运也",抛下摇摇欲坠的樊城连夜撤军了。

第二天早上醒来,魏军就发现朱然大营已经空空如也,司马懿立刻下令全军追击,痛打落水狗,有人提出疑问:"太傅,穷寇莫追啊,咱们见好就收吧。"

司马懿冷冷一笑:"小小朱然,又不是诸葛亮,有什么追不得的?"再次下令全速追击,终于在三州口追上了朱然。果然,朱然完全没留下断后部队,被司马懿一冲就乱了阵型,留下万余具尸体灰溜溜跑回江东了。

说到底,朱然还是比陆逊差了一截,更不用说曾经战胜过诸葛亮的司马懿了。

朱然一退,诸葛瑾彻底成了孤军,也跟着撤退了。

战报传到洛阳,曹爽气得直踢墙。

司马懿没死在行军路上也就算了,他居然还真把朱然赶走了。他把朱然赶走也就算了,居然还砍了上万个脑袋回来。他砍了上万个脑袋也就算了,居然连带着诸葛瑾都被吓跑了。

司马懿的不败纪录上又添了浓墨重彩的一笔,连禁军中那些养尊处优的兵油子都对司马懿佩服得五体投地,觉得跟着这样的将军打仗很有面子。

没办法,生气归生气,样子还要做,曹爽不得不派出特使前往荆州表彰司马懿，又把司马懿的封邑从两个县增加到四个县，其子弟十一人，全部封为侯爵，这是魏国历史上从未有过的殊荣。司马懿在军界的声望达到了一个新的高峰。

曹爽真的坐不住了。

更让他坐不住的事情还在后头。

正始三年三月（公元242年），司马懿回到洛阳没多久，突然上疏要求亲自主持两淮地区的屯田，为东南军区积蓄军粮。

三朝元老大臣居然主动参与到屯田种地这种事务中，朝野对此又是一片赞颂之声，曹爽却气得浑身发抖：司马懿是不打算离开他的军队了。

司马懿正是如此打算的，鱼不可脱于渊，军队就是他的根基，而屯田能让他跟军队走得更近。

正始四年（公元243年），司马懿闲不住了，跑出去打了一仗。

事情的起因是司马懿自己没事找事。

全琮、朱然、诸葛瑾三路大军退却后，孙权还是不死心，又让诸葛恪在魏吴边境重镇宛城屯兵，这让魏国边防军感觉很不爽。司马懿倒是没有太不爽，但他想趁此机会再出去打一仗，再进一步巩固一下自己在军中的权威，于是，上表请求亲自率兵攻打诸葛恪。

曹爽的党羽们毫无悬念地再次跳出来阻拦："吴贼城堡厚，粮食多，就是打算骗我们去打他，等咱们真去了他肯定有援兵过来，到时候咱们进退两难，跟诸葛亮似的，那多尴尬。"

司马懿心说两年过去了怎么一点长进都没有？懒洋洋地又发去一封奏疏："吴贼擅长的是打水战，我从陆地上攻打他们的城池，如果他们不敢打陆战弃城而走，那我就不战而胜了，如果他们固守城池，冬天水浅，战舰无法通行，他们的水战威力发挥不出来，这还是我们占优势啊，所以我们为什么不打呢？"

司马懿轻描淡写一席话，就把曹爽说得哑口无言，回去跟何晏、邓飏、丁谧三人商量半天，这三个人玩阴谋诡计还凑合，玩军事能玩出什么花样来？自然一点办法都没有。

曹爽只好很不情愿地同意司马懿出征了。

正始四年（公元243年）九月，司马懿再次领兵出征。

战争过程比司马懿预料的更加简单，诸葛恪一听说司马懿来了，一把火烧了宛城的军需物资，弃城而走。

此时此刻，曹爽已经极度焦躁不安了，他不打算忍下去了，决定跟司马懿来个硬碰硬：他要把手直接伸进各大战区和中央军，直接伸进司马懿的势力范围。

而邓飏和李胜两位谋主恰好在此时为曹爽献上了一条妙计。

正始二年（公元241年）的那场战争中，征东将军王凌的功劳仅次于司马懿，曹爽仿佛看到了一个突破口，对王凌大加笼络，又升官，又封侯，秉承了曹爽集团一贯大张旗鼓的传统，唯恐天下不知道曹爽想把手伸进地方军区的野心。

但是到正始四年（公元243年），随着司马懿在军界声望节节攀升，曹爽已经对这种慢慢拉拢的方式失去了耐心，他想要一口吃成胖子。

这时邓飏和李胜找到了曹爽。

"司马公大败诸葛恪，声望如日中天，大将军不着急吗？"邓飏开门见山，丝毫不遮遮掩掩。

"急有什么用，我能控制魏国军队吗？"此时的曹爽，已经不像当年那么谦和了，对邓飏咄咄逼人的态度不是很满意。

邓飏也不收敛，继续咄咄逼人："请问大将军，什么时候最容易取得军队的控制权？"

"嗯？"曹爽没怎么跟上邓飏的思路，"司马懿死的时候？"

"……"邓飏一脸无语地看着李胜。李胜耸耸肩，循循善诱道："大将军再想想，司马公是如何迅速掌控雍凉兵团的。"

话说得这么明白，曹爽终于明白过来了："战争！只有战争中才能建立对军队的绝对控制权。"

邓飏、李胜欣慰地点点头："所以我们需要一场战争。"

曹爽若有所思地点点头："司马懿打东吴，我们就打西蜀……不过首先，我需要先接过雍凉战区的指挥权。"

曹爽跟邓飏、李胜二人密谋到深夜，很快就有了一个完整的计划。一想到马上就能把军队牢牢握在手中，曹爽高兴得手舞足蹈。

几天后，曹爽上疏，推举中护军夏侯玄督雍、凉二州军事，接过了雍凉兵团的指挥权。

不过指挥权是一回事，控制权又是另一回事。走马上任之前，曹爽特地指使夏侯玄拜会了雍凉战区的"老爷叔"司马懿，名义上是为请教西北军务，实际上是打算探探司马懿对此的态度。

曹爽没有奢望司马懿提供多大的帮助，只要他不从中作梗就行了。

司马懿客客气气接待了夏侯玄，详细地为他介绍了雍、凉二州的地理和军队布防情况。不过对于自己的老部下们，司马懿一个字都没提。

几天后，司马懿送上一份奏疏，推举自己的长子司马师顶替夏侯玄担任中护军一职。

收到这封奏疏，曹爽松了一口气。

第十一章 权力的较量，庙堂胜战场

很明显这是司马懿开出的交换条件,不过他既然能开条件,那就说明同意了。

于是,曹爽很爽快地批准了司马懿的申请,跟即将到手的雍凉兵团相比,禁卫军副司令这个职位实在没什么。

正始四年(公元243年)年底,夏侯玄走马上任,投入到了热火朝天的战争动员中去。

越过秦岭用兵需要长期的准备,诸葛亮第五次北伐准备了整整五年才能保证粮草充足,可是曹爽等不了那么久。

正始五年(公元244年)年初,曹爽上疏曹芳,请求亲自率兵讨伐蜀国。说是上疏,其实是自说自话,不过在批准自己的奏疏之前,他偷眼打量着司马懿,等待这个老家伙的反应。

司马懿是认定曹爽伐蜀必败。

诸葛亮死后蜀国进攻能力严重退化,但是诸葛亮遗留下的防御体系还在,蒋琬、费祎、姜维、王平这些老将还在。更重要的是,秦岭天险还在,沙场老将曹真尚且铩羽而归,更不用说对用兵一无所知的曹爽、夏侯玄以及什么邓飏、李胜了。

当然,司马懿对曹真的败绩如此有信心的另一个重要原因是他在雍凉战区的根基太深了,从高级将领郭淮到偏将、校尉,几乎全都是司马懿的嫡系班底。司马懿相信,他们明白要怎么做。

不过想是怎么想的,样子还是要做的,所以司马立刻站出来表示了对曹爽的反对,当然,反对理由十分空洞、无力,确保曹爽能够反驳。

曹爽早料到司马懿会反对,当天上朝之前让夏侯玄收集了大量材料,就是为了跟司马懿论战用的。于是,曹爽针锋相对,驳斥了司马懿的"错误观点"。

司马懿本来就是做个样子，没打算跟曹爽论战，于是手一摊："好吧，祝大将军旗开得胜。"

曹爽一拳砸在棉花上，差点被噎成内伤。

看着司马懿一脸无辜的样子，曹爽越想越觉得不对劲，咬了咬牙，又推举司马懿的次子司马昭为征蜀将军，要求随军同行。

三月，曹爽带上邓飏、李胜等一批心腹以及司马昭前往长安，与夏侯玄的大军会合。

临别前司马懿给了司马昭一个高深莫测的眼神，司马昭以极小的动作幅度心领神会地点点头。

曹爽自作聪明地带上司马昭，让他离失败更近了一步。

夏侯玄的六万大军已经等候在长安，这是当年司马懿留下的雍凉兵团精锐家底。曹爽豪情万丈地检阅了这支军队，然后下令从骆谷道进军，讨伐西蜀。

曹爽没有注意到，雍凉兵团中高级将领眼中轻蔑的神情。

与此同时，蜀国也得到了曹爽入寇的消息。

诸葛亮之后，蜀国确实无可挽回地衰弱了，当时的汉中守军只有区区三万人，在曹爽的六万大军（号称十万）面前似乎不堪一击。

在讨论如何御敌的军事会议上，蜀汉将领们都乱了方寸，甚至有人提出，应该把曹爽大军放进来，放到汉中城下，然后借助汉中城坚固的城防死守，直到涪陵援军赶到，魏军自然就会退兵。

这个方案刚刚被提出来就听见"砰"的一声，有人一拳把桌子砸出一个坑来："你这是想引狼入室吗？涪陵离此地千里之遥，若是援军没到，汉中先沦陷了怎么办？即便汉中守住了，那么汉中城外的老百姓怎么办？"

第十一章 权力的较量，庙堂胜战场

一番话说得众人面红耳赤,却没人敢发作,因为说话的那个人是老将王平。

等众人安静下来,王平走到汉中舆图跟前。

"被动防御是自取灭亡,哪怕兵力再少也要主动扩大防御圈。"王平指着骆谷道口两座堡垒,"刘敏、杜袭,你二人率军占据兴势,务必阻拦曹爽大军。等他们分兵走黄金(地名),我就亲率军居高临下阻击魏贼。"

王平跟随刘备和诸葛亮在秦岭南北征战一生,经验实在太丰富了,说话自然一言九鼎,这个方案全票通过。

三万大军被一分为二,一部分守黄金,一部分守兴势。走到分岔路口,王平拉住刘敏,语气沉重地说:"刘护军务必支撑到涪陵援军到来的那一刻,否则,汉中危矣。"

刘敏点点头:"兴势地形险要,曹爽大军无法展开,又有将军所部人马作为后盾,料想坚守旬日是没问题的。"

王平这才放心地与刘敏分手。

与此同时,涪陵的援军已经启程,而成都方面更是高度重视,派出诸葛亮指定的二号接班人费祎从成都亲自率军驰援汉中。

当曹爽千辛万苦穿过骆谷道抵达兴势的时候,王平、刘敏已经严阵以待。

正如刘敏所说,曹爽十万大军在狭窄的地形下根本无法展开,彻底失去了数量优势,在兴势城下寸步难行。王平一看曹爽没有分兵黄金的打算,又调拨一部分兵力协防兴势,曹爽更加步履维艰。

事实上,曹爽的兵团本来就没有全心全意替曹爽卖命。

雍凉兵团一直是司马懿的老根据地。曹爽把夏侯玄这根钉子打入雍凉战区的时候，司马懿没有说话，但像郭淮这样的聪明人怎么可能体会不到司马懿的意图？等到司马懿在朝堂上公然反对曹爽的军事计划，等于向整个雍凉兵团中高级军官表明了态度：我不想打这场仗，你们自己看着办。

这种事情根本不需要密谋，大家早已心领神会。

曹爽也有心理准备，所以他刻意带上司马昭，就是打算跟司马懿针锋相对地比比手腕。当年司马懿可以收服我父亲的部署，我也能。

可惜，曹爽太高估自己的手腕了。

大军止步于兴势，原地驻扎了整整一个月，军心动荡。

当初曹爽只给了夏侯玄极少的时间做准备，后勤保障缺口很大。而这个缺口又被曹爽和夏侯玄的无能放大到了令人无法忍受的地步，后方每天都传来消息，无非是后勤供应不上，多少牛马又累死了，多少人又摔死了，骆谷道中夜夜回荡着民夫的哭泣声。

坏消息远不止于此，很快前方又传来消息：涪陵的援军抵达汉中，蜀汉守军士气大振。

更糟糕的消息还在后头：成都的援军绕过汉中，可能是要迂回到我军侧后方。

曹爽听了一个头两个大。

但是最让他头大的是，司马昭越来越不安分了。

曹爽带上司马昭的目的是借用司马家族的影响力，他这一步棋也算有点儿用处，司马昭的到来让雍凉兵团出现了短暂的思想混乱，搞不清司马懿的真实意图。

可惜，司马懿既然敢让司马昭随军，就说明他相信司马昭的能力，司马昭也没有辜负父亲的信任。

对司马懿的老部下们来说，隔三岔五拜会一下前长官的二公子兼征蜀将军、大军副统帅，不算什么出格的事情。曹爽把军务交给了夏侯玄，自己的主要任务就是百般提防司马昭，防止他和军中老将勾搭起来坑自己。曹爽简直精疲力竭，他突然发现当初带上司马昭的决定实在太草率了，这是一把双刃剑，用不好就会割伤自己。

很明显，曹爽没有能力驾驭这把双刃剑，他可以安插耳目监视司马昭的每一句话，却管不住他的语气、表情甚至眼神。司马昭不需要跟任何人勾兑任何事情，他只需要向大家表明司马懿对于这场战争的立场就行了。

就在这段时间，王平有点耐不住寂寞了。某天夜间，他派出一员叫王林的将领前来骚扰曹爽，而王林选中的突袭目标恰好是司马昭所部营地。

司马昭理都没去理他，严令部众坚守不出。王林在大营外围吼了几嗓子，射了几箭，觉得没意思，就回去睡觉了。

而司马昭恰好抓住了这次机会。

第二天一早，司马昭就找到了名义上的三军统帅夏侯玄："费祎大军正在包我军的饺子，到时候往前不能打，往后跑不了，太危险了，赶紧转身撤吧！留得青山在，不愁没柴烧。"

夏侯玄根本没理他，应付了几句就把司马昭哄走了。

司马昭也没打算说服夏侯玄，他要表明的，只是一个态度。

果然，这次事件后，跑来说服曹爽退兵的雍凉老兵越来越多，曹爽越听越烦，直到一个叫杨伟的参军跑来又是"啪啪"一顿讲，曹爽手下的邓飏终于暴走了，和杨伟大声争论起来。

杨伟根本没给邓飏这种人好脸色看，朝他龇了龇牙，转头恶狠狠地对曹爽说:"邓飏、李胜这种人祸国殃民,简直该杀!"

曹爽对这种人一点办法都没有,他在军中仅有的威信已经随着可悲的军事失败而彻底崩塌了。

最严重的一次打击来自雍凉兵团头号名将郭淮。

司马昭预言魏军会被包饺子,事实上费祎也确实是这么打算的。涪陵守军到位后,费祎开始调兵遣将,偷偷占据魏军后方的几处险要地带。

郭淮第一时间就探知了军情,感觉不妙,居然招呼都没打一声,全军拔营撤退。费祎的包围圈还没合拢,硬生生让郭淮给漏了出去。

郭淮带头,其他人还有什么好客气的,曹爽再也无力驾驭军队。

就在此时,司马懿扔来了压垮骆驼的最后一根稻草。

司马懿在洛阳时刻关注着曹爽,他觉得时机差不多了,于是给大军名义上的统帅夏侯玄送来一封信,告诉夏侯玄:"能力越大,责任越大,当年武皇帝就是在汉中跌了大跟头,这你是知道的,现在你们被蜀军包了饺子,再不退兵,万一全军覆没,你可怎么担得起这个责任哦。"

真要全军覆没,负责任的人是你还是曹爽,你自己想清楚!

这封信的杀伤力太大了,夏侯玄越想越怕,终于找到曹爽,要求撤兵。

见到连夏侯玄都这么说了,曹爽彻底瘫坐在了席子上,有气无力地挥挥手:"你是总指挥,你说了算吧。"

这个时候,费祎的饺子已经快包完了,夏侯玄以前所未有的果断下令全军抛弃一切辎重全速撤退,经历一番血战,扔下无数牛马、军械和粮草后,大军撤回了关中。

曹爽一败涂地。

正始六年（公元245年）秋八月，曹爽突然下令撤销禁军中的中垒营和中坚营。

这个看似漫不经心的举动给了司马懿当头一棒。

由于禁军中护军直接统帅中垒、五校两大营，曹爽撤了中垒营，等于给中护军司马昭来了个釜底抽薪。

曹爽为了堵住众人之口，在撤销中垒营的同时也撤销了中坚营，让人觉得中领军曹羲的职权似乎也被打了个对折。

可是这一手玩得太流于表面，稍微有点脑子的人都能看出来，中领军曹羲麾下保留的武卫营是禁军中最精锐的营，而且武卫将军正是曹爽的弟弟曹训。至于留给司马昭的五校营，人数少不说，下面还有五个校尉相互掣肘，是禁军中最麻烦的一个营。

也就是说，司马懿好不容易伸进禁军的腿让曹爽给打断了。公然地、毫不留情面地、大张旗鼓地打断了。

司马懿没想到曹爽居然敢这么玩，竟然有点懵了。

事情还没完，从正始六年（公元245年）开始，曹爽对司马懿越来越不客气，当初的谦恭礼让如今一扫而空，洛阳上空的火药味越来越浓，连宫里的扫地大妈都看出来曹爽跟司马懿水火不相容了。

正始七年（公元246年）正月，孙权大过年地又跑来折腾，导致大量难民逃到了沔水北岸。

这里是司马懿的传统防区，司马懿自然不能坐视不理。他上疏建议把难民暂时留在沔水北岸，防止这些宝贵的人口资源落入孙权之手。

这种事情是纯技术性问题，跟魏国内部斗争一毛钱关系都没有，让司马懿没想到的是，曹爽居然跳出来：“反对！不想着怎么重建沔水南岸，反倒琢磨着怎么把难民留在北岸，能不能把目光放长远点。"

司马懿一下子没能反应过来："这……跟你有什么关系？存心来找碴的吧？"

其实这事儿跟司马懿也没多大关系，不过毕竟几万难民对魏国来说还是挺重要的，出于公心，司马懿还是心平气和地抗辩道："我不同意你的观点。对待土地、人民一定要审时度势，万一吴贼派两万人阻断沔北的援军，三万人与沔南驻军对峙，再派一万人去劫掠难民，我们该怎么办？"

曹爽哪知道怎么办啊，他只是为反对而反对，才不管这些："不管。反正把这些难民送回去就对了。"

司马懿不愿在这种毫无意义的问题上跟曹爽起冲突。司马懿不是圣人，他偶尔会关心一下民生，但最关心的永远是自己和家族的利益。如果说景初三年（公元239年）之前的司马懿还会替魏国社稷奔走，此时此刻，他已经变成了一只彻头彻尾的政坛夜枭。

于是司马懿退让了，派人写信给南部战区的将领：把沔水北岸的难民统统赶到沔南去。

一声令下，沔北哭成一片，刚刚从战火中逃出生天的老百姓在魏国士兵的恫吓下不得不重新回到烽火连天的沔南。

果然不出司马懿所料，这么便宜的外快孙权是不会放过的。他当即派人加兵柤中，把这上万难民掳走了。

没有多少人关心这些难民的命运，包括司马懿。司马懿真正关心的是这个事件背后所蕴藏的玄机：如果说正始五年（公元244年）之前，司马懿和曹爽之间还保留着一层窗户纸，那么从那年春天开始，曹爽就一次一次试探司马懿的底线，除了还没撕破脸皮之外，斗争已

第十一章 权力的较量，庙堂胜战场

经几乎公开化了。

不过,司马懿决定再忍忍,说不定会有转机。

正始八年(公元247年)四月,丁谧找到曹爽,又献上了一条诡计:把郭太后迁回永宁宫。

这个消息让修养功夫极好的司马懿都忍不住跳脚。

郭太后是魏明帝曹叡的皇后,齐王曹芳并非郭太后亲生,但曹芳继位之后,依例尊称郭氏为皇太后。

按常例,皇太后是应该居住在永宁宫的,但是由于皇帝年幼,不能亲理政事,所以自从魏明帝曹叡死后,郭太后一直垂帘听政。为了摄政方便,郭太后一直没有搬迁到永宁宫,而是和曹芳一起住在皇帝的寝宫里。

郭太后性格温和,权势欲不强,她没有表示太多的反对,就安静地搬回了永宁宫。

司马懿跟郭太后关系好不假,可说他试图通过郭太后渗入权力中枢未免太小题大做。在曹爽权势滔天的洪流中,司马懿只是本能地依靠一切可以依靠的力量,增加自己保身的筹码而已。

可是现在,曹爽连这块筹码都不给他留。

在权力斗争最白热化的阶段,司马懿必须把每一件事情都往最坏的方向思考,在他看来,这是曹爽要赶尽杀绝的前兆。

第十二章 装病奏奇效，设计除曹爽

如果说之前司马懿的所有忍让都有息事宁人的因素，那么从这一天起，司马懿已经做好了反击的准备。如果说之前司马懿的所有努力都是为了保护手中的权力，那么从这一天起，司马懿已经做好了夺权的准备。

积蓄了整整八年的愤怒即将喷薄而出，曹爽和他的谋士们即将体验到，什么才是真正顶级水平的政治斗争：果决、残酷而血腥。

很快，司马懿走出了反击的第一步，极具司马懿特色的一步：他决定装病。

装病的契机是现成的：就在郭太后搬回永宁宫的那个月，司马懿的元配妻子张春华过世了。

张春华的死让司马懿陷入了一阵莫名的悲伤，很淡，一闪而过。

紧接着，司马懿收起悲伤，觉得这是个可以利用一下的好机会。

然后，司马懿就病倒了。当然是装病。

得知司马懿病重后，小皇帝曹芳挺着急。

曹芳今年十六岁了，生长在皇帝世家的他一点都不傻，知道如果司马太傅死了，朝堂上就只剩下曹爽一人独大了。对曹氏家族来说，曹爽专权总比司马懿专权好，但是对曹芳个人来说，谁专权都一样，结果都不好。

曹芳派来了最好的御医给司马懿瞧病，从太傅府回到皇宫后，这些御医一个个长吁短叹做悲痛状，告诉小皇帝：太傅不行了，能撑多久算多久吧。

小皇帝听后一阵难过，曹爽却心中大爽。

司马懿这一病，就病了很久很久，从正始八年（公元247年）春开始，直到嘉平元年（公元249年）才算"痊愈"。

司马懿装了两年零八个月。不过这又有什么大不了的，他自己创下的纪录可是整整七年，那还是在最精力旺盛的少年时代。

曹爽的神经比曹操粗多了，没怎么怀疑司马懿装病，至少史书上没有他派人去刺探的记载。

但曹爽麾下的谋士们却要精细多了，他们一致认为，不管是真病假病，时不时地上门去查探一下"病情"总不会错。这让司马懿不胜其扰。

所以，在装病的第二个年头，司马懿决定让自己的病情恶化一下。

正好，曹爽的四号谋主李胜要去荆州，来跟司马懿辞行。说是辞行，其实就是来打探一下病情。

李胜被直接带入司马懿病床前："太傅，我即将前往荆州任职，特来辞行，太傅身体可好？"

司马懿听到禀报，强撑着"病体"从床上支起身子，婢女给他穿衣，可是司马懿连手臂都举不起来，穿了好几次也没穿上。没办法，婢女只能把衣服披在司马懿身上。

之后，司马懿又像个老年痴呆症患者一样指指嘴巴："渴……粥……渴……"婢女又给他端来粥，结果司马懿手一直抖，一碗粥有半碗洒在了衣服上。

李胜看到当年叱咤风云的英雄居然连一件衣服、一碗粥都搞不定，感到了深深的凄凉。

第十二章 装病奏奇效，设计除曹爽

"大家都说您当年是何等意气风发，怎么却落到这般田地啊！"李胜带着哭腔关切地说。

尽管一直把司马懿当对手，但是面对这样一个行将就木的老人，李胜的心中只剩下了同情。

"我老了，恐怕活不了多久了。"司马懿一阵撕心裂肺地咳嗽，好半天才缓缓抬起眼皮，"你刚才说，你要去并州？并州靠近塞北，你可要小心啊！"

说完这句，司马懿又一阵咳嗽，意犹未尽地加上了一句主题句："我快要死了，恐怕等不到你回来了。"

"不是并州，是我本州"。李胜是荆州人，所以管荆州叫本州。

司马懿继续临场发挥："你到了并州，一定要照顾好自己啊！"

李胜一听这都什么跟什么呀，又耐心地纠正："太傅，我说的是荆州，不是并州。"

"哦，我老了，脑子不好使了，你刚才说你要去做荆州刺史了？"

李胜欢快地舒了一口气，一身轻松："终于听懂了……"

"你到了荆州之后，要好好建功立业啊，咱俩今日一别，恐怕就是阴阳两隔了！"说着，司马懿眼泪直往下掉。

从司马懿家出来，李胜就去找曹爽汇报："太傅恐怕真的不行了，烈士暮年，真是让人怆然泪下。"

这下，曹爽彻底放心了。

司马懿在病榻之上闭目养神，儿子司马师和司马昭每天都会把外面发生的事情告诉他。

一切都在司马懿的料想中，没有监督就没有约束，胜利的狂欢之后，曹爽会从张扬变成张狂，从张狂走向疯狂。

司马懿病倒后，曹爽首先想到的是：终于解放了，该好好享受了。

这种心思无可厚非，如果只是大吃大喝、香车宝马、姬妾成群，那顶多遭人白眼骂一句"暴发户"，问题是，曹爽居然把手伸到了宫廷里面。

曹爽自己家里养的女人已经够多了，可他还不知足，抱着"妻不如妾，妾不如偷"，勾结一个小黄门从皇宫里偷偷带出了先帝曹叡的小老婆七八人。

有了皇帝的小老婆给自己跳舞，曹爽就觉得家里的乐师太没水平了，弹出来的音乐配不上眼前的美女，于是又从宫里"借"了二三十个乐师出来，让他们演奏，确实别有一番风味。

有了宫廷乐队之后，曹爽又觉得自家收藏的乐器太简陋，浪费了乐师的才华，于是，他又跑进皇宫，把宫廷里收藏多年的乐器一股脑全收了。

有了宫廷乐器之后，曹爽又觉得家中的卫士手中的兵器太低级了，配不上如此富丽堂皇的府邸，于是把皇宫武库搬了个空……

曹爽此时得到越多越不满足，恨不得把整个皇宫都搬进自己家里。

曹爽的做法，引起了朝中老臣极度的反感，曹爽本来就不深厚的根基又被自己狠狠挖了一铲子。

曹爽都那么嚣张了，他手下的那帮人就更不用说了。

何晏、邓飏、丁谧、李胜、毕轨等人压抑太久了，一朝翻身，陷入了狂欢中。

以何晏最为嚣张，他利用职务之便侵吞洛阳东郊公田数千亩，又大肆盗窃国家财产，甚至连供给魏室公主们攒脂粉钱的田产也敢侵吞。

这还只是经济问题，政治问题就更严重了。

何晏当上吏部尚书靠的是撸掉卢毓的官职,结果卢毓都还没记仇呢,何晏先给惦记上了。当时卢毓担任廷尉,也算是九卿之一,结果何晏抓住卢毓下属的一点小过失,居然随便安了一个罪名就擅自把卢毓的官印给收缴了,然后才把这件事情上奏皇帝。

连魏国史官都看不下去了,偷偷在史书上添了一笔:其作威作福如此!

在没有司马懿的日子里,曹爽集团陷入了集体狂欢,一步步走向疯狂,这正是司马懿所期待的:欲使对手灭亡,必先使其疯狂。

当曹爽与何晏等人还沉醉在狂欢中时,明眼人早已一眼看穿曹爽集团的命运。

兖州人羊祜,曹爽很想把他招进幕府,羊祜死活不答应,私下里偷偷跟朋友说:"给人效力不是那么容易的事情。"言外之意,曹爽这个雇主选不得。

同样是兖州人的阮籍,也就是那位领衔"竹林七贤"的名士,当时正在曹魏政权中担任官职,听说曹爽要把他招进幕府,二话没说就休病假跑回家了。

稍微有点见识的士人都像避瘟神一样避着曹爽,就连被诬蔑为"头发长见识短"的女人都已经看出来:曹爽集团离败亡不远了。

当时长安附近有一户姓杜的大族,杜家男人死得早,由女主人严宪当家作主,抚养了一儿一女成人。傅玄听说杜家女儿挺不错,便跑来求婚,严宪一口答应了。

这个傅玄恰恰把何晏、邓飏两位大佬都得罪过,杜家的亲戚们都很担心杜太太这是把女儿往火堆里送:"何、邓两人要弄死傅玄就跟扛大山砸鸡蛋、泼沸水化积雪一样,何苦把女儿往火坑里送呢?"

杜太太却毫不担心这一点:"你们只知其一,不知其二,何晏这帮人骄奢过度,迟早灭亡。"

亲戚们不同意:"你那是教条主义,何晏如日中天,谁来灭亡他?"

杜太太神秘一笑:"司马太傅像是一头沉睡的野兽,一旦醒来,恐怕被砸扁的鸡蛋、被融化的积雪不是我家女婿吧?"

"这样的话你都敢说?"众人听了一哄而散。杜太太却丝毫不以为意,转身就去忙活杜小姐的婚礼了。

非但民间有识之士看穿了曹爽集团的命运,就连何晏的夫人金乡公主都看出来了,忧虑地说:"我家何晏越来越过分,将来可怎么保身啊!"

没想到何晏母亲却毫不在意,反而开玩笑说:"你不会是在妒忌何晏吧?"

正始九年(公元248年)十二月二十八日,一个叫管辂的术士来到何晏的府邸,此时何晏正在跟邓飏喝酒。

管辂是历史上著名的术士,被后世奉为卜卦观相的祖师,据说此人八九岁的时候便喜欢仰观星辰,成年后精通《周易》,非但善于卜筮、相术,还能听懂鸟语,给人算命百发百中,简直出神入化。

见到这么一个神人,何晏兴趣高涨,当场要求算上一卦。

"我昨晚梦见十来只青头苍蝇在我鼻子上飞来飞去,赶都赶不走,这是个什么征兆?"

管辂掐指一算,回道:"鼻是脸上的山峰,鼻山高而不危,象征着长寿富贵,可如今苍蝇围着高山飞,恐怕尚书大人要引起警惕啊!"

何晏听了很不爽:老东西会不会说话!不过碍于管辂一向有神算的名气,何晏还是强装出一副恭谨的态度:"那么如何才能化解呢?"

这次管辂连算都没算,直接说:"当年元、恺辅舜,周公佐周,都是靠着谦恭低调才能享有多福。如今君侯你位尊势重,然而人们感恩你的少、惧怕你的多,这绝不是求福之道。希望君侯能够收敛自身,用礼来约束自己,那么非但可以赶走苍蝇,还能当上三公呢。"

何晏听着很不对味儿,黑着脸没说话。邓飏在一旁也听不下去了,阴阳怪气地说:"先生你这些话都是老生常谈,听上去像个酸腐的儒生。"

管辂也是针锋相对:"老生常谈才能启发不思考的小青年。"

邓飏十分生气,何晏不想得罪这个举世闻名的人物,赶紧打圆场:"老先生谈论阴阳数术,真是举世无双啊。"

邓飏冷冷地插嘴:"什么举世无双,你说你擅长《周易》,一句跟《周易》相关的话都没有,这是什么道理?"

何晏不想得罪这个举世闻名的老神棍,赶紧起来打圆场:"慢走,我们明年再见了。"

"明年怕是见不着了。"管辂又丢下一句双关语,转身走了。

何晏跟邓飏顿时没有了喝酒的雅兴。

回到家后,管辂把这事儿跟自己的舅舅说了。舅舅听了大惊失色,连连责备管辂说话太过分,得罪了不该得罪的人。

管辂冷冷甩出一句:"跟死人说话,有什么好怕的。"

管辂说得一点没错,曹爽、何晏的死期确实已经临近了。

但曹爽等人完全没有预感,依旧沉浸在胜利的狂欢中。

正始九年(公元248年)除夕,司马师带回一个消息:少帝曹芳将于次年正月初六祭拜高平陵,曹爽、曹羲、曹训三人同行。

此时此刻,司马懿已经在病床上躺了两年零八个月。司马师说完后,司马懿从床上猛然坐了起来,就在一瞬间,司马懿脸上的病容突然一扫而空,从一个行将就木的老人变回那个精神矍铄、眼神犀利的夜枭:"曹氏三兄弟同行？"

"曹氏三兄弟同行。"

"三千死士可曾准备？"

"三千死士枕戈待旦。"

司马师的声音和他父亲一样沉稳、平静，这让司马懿十分满意。

从司马懿躺到病床上的那一刻起他就已经在悄悄谋划着反击。只有长子司马师知道他的计划，连次子司马昭都被蒙在鼓里。

连亲儿子都不能完全信任，司马懿这样的老夜枭实在令人感到恐怖。

在司马懿的授意之下，司马师已经偷偷募集了死士三千人，平时藏身在洛阳城的民居内，只要一声号令就能迅速集结。这就是司马懿夺权的主力。

可惜的是，从正始八年（公元247年）开始，曹氏三兄弟就很少集体活动。曹爽每次外出都会在洛阳留下至少一个兄弟，这让司马懿根本找不到出手的机会。所以，司马懿只能耐心地等待着。

而如今，曹爽不知道哪根神经没转过弯，居然和两个弟弟同时前往高平陵，还带走了曹爽集团的大部分骨干，洛阳城一瞬间就空虚了。

这就是司马懿等待已久的机遇。

司马懿跳下床，叫来了次子司马昭，把自己的全部谋划告诉了他，让他准备准备，正月初六就动手。

司马昭听得目瞪口呆：这么大的事情，自己居然一直蒙在鼓里。

不过司马昭很快收起了脸上的诧异，他知道，父亲不喜欢喜怒形于色的人。

正始十年（公元249年）正月初一。

这一天，司马太傅府张灯结彩，看上去喜气洋洋，只是家人们一直没怎么见到司马懿父子。

司马懿一整天都待在书房中，和司马昭仔细地制定着即将到来的行动，把每一个细节都反复推演，把涉及的每一个人都仔细分析一遍，确保不会有任何环节出问题。

而司马师则奔忙在外，紧张地联络死士，一遍遍重申行动的口令。

也就在同一天，曹爽做了一个奇怪的梦：他梦见两只老虎嘴里衔着雷公跑进他的庭院，把雷公放在了院子中间。醒来后曹爽第一件事就是找人解梦。掌管星象卜筮的灵台丞马训告诉他，这是即将动刀兵的先兆。曹爽还想问得再细点，马训却一问三不知了。

回到家后，马训把这个梦真正的预兆告诉了妻子：十天之内，曹爽肯定会死于刀兵。

还是在同一天，身在安定的名医皇甫谧也做了一个梦：他梦见自己来到洛阳，看到有一个车队正在前往太庙，为首一人高喊：诛大将军曹爽！醒来后，皇甫谧将这个梦告诉朋友，朋友笑道："曹爽兄弟手握重兵，总揽大权，谁敢图谋他？"

皇甫谧摇摇头道："先汉权臣阎显权势足够大吧？结果却被十九个阉人诛杀，更何况是曹爽兄弟？"

曹爽不知道皇甫谧的梦，也不知道马训的解读，他对即将到来的命运一无所知。

正始十年（公元249年）正月初五。

整整五天时间，足够司马懿反复推敲每个环节。

夜幕降临，司马懿推开案头所有文件，大步走出书房。他要和儿子们一起吃顿晚饭，这可能是父子三人最后的晚餐。

席间一直很沉默，也没有人试图打破这种沉默。默默地吃晚饭后，司马懿站起身，对两个儿子说："就到这里了，你们赶紧去睡吧。"

是生是死，就看明天。

二人领命回房，司马懿喊来贴身老仆，让他去观察一下两兄弟今晚睡得怎样。

没过多久，老仆回报："司马师回到房间倒头就睡，司马昭翻来覆去难以入眠。"

司马懿点点头："明白了，退下吧。"

他已经对自己的继承人心里有了数。不过唯一的问题是，司马家族能否熬过明天？

司马懿摇摇头，把一切杂念抛出脑后。

箭在弦上，不得不发。想得太多毫无益处，不如倒头睡觉，明天过后，一切都将尘埃落定。

正始十年（公元249年）正月初六。

这一天，曹爽起了个大早，入宫觐见天子后就随天子车队出发了。

此时此刻，太傅府中，司马懿父子三人身着软甲，按剑凝神，一句话都不说。院子里，十余名死士头领整装待命，还有更多死士潜伏在洛阳城的各个角落。

很快，城门口的探子传来消息：天子车仗已经离开洛阳了。

父子三人目光对视，司马懿点点头："开始吧。"

一切按计划展开。

司马师首先冲出府邸，他要去皇城大校场集合全部死士。半个时辰后，死士集合完毕，司马懿带上司马昭直奔皇城，接过了这支部队的指挥权。

司马懿立刻下达了第一道命令：分出一部分死士前去攻占皇城武

库。万一要跟曹爽干仗，精良的武器装备必不可少。

然后，司马懿命令司马师驻守宫城大门，防止洛阳禁军反扑。司马昭前往永宁宫"保护"太后，而他自己带着剩余的死士一路冲进皇宫，召集群臣。

当人到得差不多的时候，司马懿宣布："曹爽兄弟无礼犯上，废除一切职务。"

这个消息如晴天霹雳，让魏国群臣一时无法接受。虽然曹爽很不得人心，但司马懿这一手也太突然了，所有人都陷入了沉默中，默默权衡。

无论在什么时候，站队都是个要命的问题。

这时候，司马懿这些年来笼络人心的成果终于展现出来了。

首先跳出来表示支持的是太尉蒋济。紧接着，尚书令司马孚也明确表示了支持司马懿。

那些早早赶来的大臣中有很多都被司马懿暗中笼络过，既然蒋济都带头了，于是大家纷纷表示拥戴司马太傅的英明决定。

司马懿心中暗笑：曹爽啊曹爽，你这么多年拉帮结派，却不知朝中党羽最多的人是我。

获得大臣认可后，司马懿带领群臣前往永宁宫，向郭太后报告此事。

政治斗争跟军事斗争不一样，除了拳头硬，政治立场正确也是一个非常关键的因素，所以他必须得到太后的认可，让自己的行动合法化。

郭太后跟司马懿关系一直很好，但是没有好到能一起夺权的地步。当司马昭带人包围永宁宫的时候，郭太后陷入了慌乱中，一时手足无措。

随后，司马懿赶到了，紧跟在司马懿身后的还有一大批在朝中颇有影响力的老臣。

郭太后知道，自己即便反对也没什么意义了，只得承认了司马懿之前叛乱行动的合法性，并授权司马懿成立一个"专案组"，查处曹爽集团的不臣、不法行为。

司马懿的第一步已经成功了。在一上午的时间里，司马懿先聚兵，再夺门，取得大臣支持，获得太后懿旨，每一步都走得有条不紊，严丝合缝。

政治问题解决了，接下来就是赤裸裸的军事问题。

曹氏兄弟在洛阳城中还留有许多中下级军官和数量可观的军队。但这些大兵群龙无首，只需要一个有足够权威的人领导，就能立刻转化为司马懿的武装力量。

司马懿想到了两个人选：高柔代理大将军一职，接管曹爽所部军马，桓范代理中领军一职，接管曹训所部兵马。

高柔是建安时代留下的老臣，当何晏等正始新人崛起的时候，这些人正好被司马懿偷偷收归旗下。在此之前，司马懿从来没和这些人有过公开的联系，直到此时此刻才终于派上用场。

至于桓范，这个老狐狸一直偷偷接受曹爽的拉拢，同时也跟司马懿眉来眼去，两边不得罪，而且两边都以为他是自己人，演技直逼司马懿。

所以，司马懿非但没有防范，还把如此关键的工作交给了他。

这个错误，差点让司马懿付出惨重的代价。

司马懿当时并没有意识到这个错误，派出高柔、桓范收编禁军的时候，同时又下令手下的死士立刻前往已经被占领的武库，把自己武装起来。

从皇宫到武库的路上要经过曹爽的家，如此规模庞大的行动早就惊动了全洛阳的居民,也惊动了曹爽留守在家的妻子刘怖。

刘怖心知出了大事,赶紧找找来自己的卫队长,急切地问道:"曹公在外,洛阳变乱,如何是好?"

卫队长信心满满地拍着胸脯:"夫人勿扰"。说完,扛起一把重弩上了门楼。

卫队长像个狙击手一样潜伏在门楼上,观察下面经过的人马,等待最有价值的目标。很快,一个身着软甲的老人出现在他的视野中。

"司马懿!"卫队长一阵兴奋,手指扣上了扳机。

就在这时,身后一个叫孙谦的部将拉住了他:"谁胜谁败还不可预知,千万别乱来啊!"

卫队长甩开孙谦,没理他。只是被那么一干扰失了准心,不得不重新瞄准,这时孙谦又拉住了他。

卫队长再次甩开孙谦,再次瞄准,即将扣扳机的时候再次被孙谦拉住。

两个人拉拉扯扯半天,司马懿已经离开了卫队长的视野范围。

卫队长收起重弩,一声叹息。

他在为自己错失了目标而懊恼,却不知道他错失的是一次改变历史的机会。

所以他连名字都没能留下。

司马懿完全不知道曹爽家门楼上发生了什么,他正忙着组织攻占武库,夺取兵器。

这时,有人找到司马懿,说高柔已经接管了大将军直属营,但是桓范迟迟没出现。

司马懿没想太多,在他看来这不是什么大不了的事情。

等死士们全部武装起来后，司马懿将这支军队拉到洛水边上列阵备战，以防曹爽突然发难。

然后，司马懿给曹芳写了一封奏折："我从辽东回来后，先帝把陛下托付给我，我也答应，必定侍奉陛下，死而后已。

"如今，曹爽背弃先帝托孤之重，把国家搞得一团糟，而且把禁军当作私产，把国家官职随意送给亲信，就连宫廷里的护卫都是他的宗族子弟，简直是飞扬跋扈。

"而且，他还勾结黄门官，偷宫里的东西，挑拨陛下和太后的关系，无所不为可恶至极！

"如今，全天下都知道曹爽是个坏人，都害怕得不得了，陛下你还能坐得安稳吗？身为顾命大臣，我绝不会放任这种事情继续下去的！

"当年，赵高作乱，秦朝亡，这是陛下你一定要参考的教训啊！

"不光是我这么说，太尉蒋济、尚书令司马孚他们都认为曹爽有不臣之心，和我一起奏明太后。太后非常同意我的观点，所以我才敢恳请陛下，罢免曹爽、曹羲、曹训等人，让他们立刻回家等待发落，否则的话军法伺候！

"另：我的军队已经驻扎在落水浮桥，这是为了应付突发情况，陛下您别担心。"

这封奏折说是发给曹芳的，其实最后肯定落到曹爽手里。虽然如此，形式还是要走的，政治就是作秀，姿态一定要做足。

奏折发出了，军队也驻扎完毕了，司马懿的牌已经打完，现在轮到曹爽出牌了。

司马懿静静等待曹爽的反应，可就在这时候，一个令司马懿始料未及的突发情况几乎打乱了司马懿所有的部署：桓范离开洛阳城，直奔曹爽而去。

桓范并没有吃里爬外，他只是在观望，等到最后一刻再决定如何下注。

桓范的表演功底并不比司马懿差，老谋深算的司马懿都没有看穿他的把戏，把桓范当作自己人。

在接到中领军的任命后，桓范确实有过短暂的思考，觉得司马懿占了上风，那就帮司马懿吧。

于是他打算前往中领军大营就职，可是他的儿子持不同意见，他说，"父亲，司马太傅虽然占尽优势，但是天子在曹大将军手中，我认为还是跟随天子最保险。"

桓范一想也是，曹爽处于劣势，但是潜在实力比司马懿更强大。如果有我桓范的谋划，岂不是如虎添翼？

当然，桓范也有点犹豫，这么多年来他一直在观察司马懿和曹爽，横看竖看觉得曹爽不像是个办大事的人。

升值潜力和升职能力之间是有区别，曹爽王牌在手，可是以他的气度、能力，真的能打好这张牌吗？

桓范举棋不定，他儿子却急不可耐了："父亲，当断不断，反受其乱啊！"

桓范被催得头大，一冲动：不管了，投曹爽去！

决定之后，桓范就一条路走到黑了。不顾大多数人反对，他纵马一路飞奔到平昌门口，这时候所有城门都被司马懿关闭了，桓范早有准备，喊来门吏司蕃，举起一卷竹简晃了晃："天子陛下召见我，快开门。"

司蕃理所当然地要求仔细看看诏书，桓范怒了："别以为我不认识你！你小子当年不是在我手下当过小吏吗？怎么，连我都不相信了！"

司蕃顿时怂了，桓范身居高位，玩死个小小门吏还不是易如反掌。没办法，只好开门放这位爷出去。

桓范急吼吼地冲出门。

出门之后，不知出于何种心理，桓范回头喊了一嗓子："司马太傅造反了，你快跟我一起走吧。"

司蕃不理他。太傅造大将军的反，跟我一个小小的门吏啥关系？桓范也不管，一夹马肚子，绝尘而去。

桓范不知道，这句莫名其妙的话最后成了他的催命符。

桓范离去的消息让司马懿的党羽陷入不安之中，蒋济懊恼地一跺脚："智囊往矣！"

司马懿也同样懊恼，但他是所有人的主心骨，绝对不能表现出丝毫的慌张。抢班夺权，很多时候比拼的不只是实力，更是当事人的心理素质。

所以司马懿故作镇静地微笑了一下，道："桓范和曹爽的关系并不亲密，很难一下子取得曹爽信任，况且曹爽此人，就像一匹驽马舍不得马槽里的豆子，优柔寡断，肯定不会用桓范智谋的。"

这番话说得还算有道理，所以军心稍微安定了一些。其实司马懿明白，人心绝不是一成不变的，他只能推测出曹爽大概会怎么做，但是不可能确定。

如今只有祈祷了。

祈祷归祈祷，手头的事情不能含糊。心理素质极强的司马懿立刻恢复了果决，命令老臣王观取代桓范前去收编中领军直属营，同时下令全军戒备，随时准备应对各种突发情况。

然后，他静静等待着曹爽的反应。

桓范快马加鞭向高平陵方向赶去的时候,司马懿的奏疏也送到了。

这时候曹爽还不知道洛阳发生了什么事,听说病得快死的太傅居然有奏疏送到,曹爽满腹狐疑,截留后打开一看,就看到了那段杀气腾腾的文字。

曹爽顿时吓得僵在原地。

老不死的司马懿,居然中了你的奸计。

曹爽转头看看自己的兄弟们,早已目瞪口呆,再看看自己的心腹们,也是哑口无言。曹爽自己同样毫无头绪,只得下令车驾暂时留住伊水南岸,同时让随行禁军砍伐树木建筑防御攻势,又发诏书征召周边屯田的士兵数千人给自己壮胆。

接下来,曹爽和他的党羽们大眼瞪小眼,不知道该怎么办了。

没过多久,桓范到了。

桓范的到来令曹爽感受到了雪中送炭的温暖,他冲出营地亲自把桓范扶下马。

桓范也顾不得客套,立刻呈上酝酿多时的计策:"天子车仗在此,大将军打算如何利用?"

曹爽想了片刻,压低声音道:"天子年幼权弱,能有何用?"

桓范一跺脚:"大将军糊涂!天子才是唯一的求生之道!"

曹爽心中狐疑:"此话怎讲?"

桓范没有直接回答,又问:"司马太傅作乱,所依仗者为何?"

这回曹爽想都没想,答道:"想必司马懿阴蓄死士,私下里养了一支私兵。"

"死士何足恃强!"桓范一脸恨铁不成钢,"司马公所倚仗的乃是太后懿旨,但太后懿旨和天子圣旨,哪个分量重?"

曹爽心说"分量都不重",但话没出口又咽了回去:"然则先生何以教我?"

"护送天子车驾至许昌,号召天下勤王,与司马太傅武力决战。"桓范斩钉截铁地说。

说完,桓范满怀期待地望着曹爽,曹爽却陷入了沉默。

曹爽并不相信少年天子能有这么大的号召力。司马懿在军中的势力盘根错节,本人更是用兵如神,真到了武力决战的时候,谁胜谁败尚未可知。

曹爽敢跟司马懿玩阴谋,可一想到要白刃肉搏,他就怂了。

说到底,曹爽家大业大,实在不想冒险跟司马懿玩鱼死网破。一旦离开洛阳,他的家产怎么办?他的姬妾怎么办?他的土地宅院积累的珍宝怎么办?更重要的是,一旦战败,他的名爵,他的官职甚至他的性命怎么办?

曹爽的沉默让桓范的心沉入谷底,他又转向了边上的曹羲:"事情都这么明显了,难道你们还不明白?你平日里读这么多书有什么用!你们曹家的门户就要倒灶了!"

曹羲也不说话,装死。

曹羲的心思跟他兄长一样,都舍不得豁出命来跟司马懿鱼死网破。在他们的幻想中,最坏的情况不过是认栽,把大权还给司马懿。留一条命在,曹家的人还愁没有一口饭吃吗?

可怜曹氏兄弟跟司马懿斗了这么多年,却一点都不了解司马懿。

桓范看到一脸死相的曹氏兄弟,心头的绝望越来越浓,声音几乎都撕心裂肺了:"从这里到许昌不过半天的路程,到了许昌就能招募一支像样的军队,唯一需要担心的就是军粮,不过我已经把大司农的印绶带来了,调集粮食完全不成问题啊!"

说完,桓范死死拉住了曹爽的衣袖,要曹爽立刻表态。

曹爽觉得再装死下去也不是个事儿,于是提了个折中方案:"要不先派人探探太傅口风?如果太傅决心赶尽杀绝,我等再从长计议不迟。"

桓范听了摘下佩剑一把扔到地上:"自寻死路,大势去矣!"

曹爽没理他,派侍中许允、尚书陈泰前往洛阳,跟司马懿谈判。曹爽不知道,他这一手,等于彻底向司马懿暴露了自己的软弱。

许允、陈泰到来的时候,司马懿长长舒了一口气:曹爽果然没有理会桓范。这种从小没经历过风雨的膏粱子弟,确实很难下定鱼死网破的决心。

司马懿决定先让曹爽吃颗定心丸。于是,司马懿先是声色俱厉地把曹爽的罪名又历数了一遍,等许允、陈泰吓得面无人色的时候,司马懿放缓了声调,道:"回去告诉曹爽,只要他同意罢官,这事儿就算完了。"

许允、陈泰连滚带爬地回去了。

司马懿还怕许允、陈泰的效果不够,又叫来蒋济,让他给曹爽写信,再次重申了司马懿的观点:只要曹爽肯接受罢官,此事到此为止。

蒋济盯着司马懿看了半天,确定司马懿没有骗自己之后才提笔写信。蒋济心里也很高兴,他虽然向着司马懿,却不愿看到洛阳血流成河。

此刻,蒋济并不知道自己被司马懿耍了,可惜此人一生以智谋著称,却在司马懿身上栽了跟头,实在不是因为智商低,而是情商低。

许允、陈泰带来的"好消息"让曹爽感觉一阵轻松。既然只是罢官而已,那更狠不下心来跟司马懿玩命了。

紧接着,蒋济的信也送到了,信中重申了一样的原则:司马懿只要权,不要命。蒋济是当朝太尉、四朝老臣,白纸黑字总不会骗自己吧?

就在同时，司马懿的使者带着正式文件也赶到了。曹爽一看，使者居然是自己平素最信任的殿中校尉尹大目。尹大目代表司马懿向曹爽发誓，只要同意罢官就绝不谋害他的性命。

曹爽的心理防线彻底崩溃了。

司马懿摸准了曹爽的心思，接二连三送来迷魂汤，桓范急得火烧火燎，磨破了嘴皮子劝说曹爽，曹爽却一直摇着头，说："司马公只不过是想夺权罢了，我交出权柄，保留爵位，至少还能做个富家翁。"

桓范听到这句话，瘫倒在地上，号啕大哭："你父亲曹真是个英雄，怎么生下你们这些蠢牛一样的儿子！因为你们，害我横遭灭族之祸啊！"

可惜桓范聪明了一辈子，却在最后关头押错了筹码。

正始十年（公元249年）正月初七清晨，曹爽终于扔下佩剑，举手投降。

曹爽投降后，大队人带着满身颓气走回洛阳，完全没有了当初的飞扬跋扈。

桓范也在这支队伍中，行到落水浮桥北，大老远就望见了司马懿和他的三千死士。

桓范下车，跪在司马懿身前，不停地磕头，却一句话都说不出来。这种情况下，桓范还能说什么呢？

没想到的是，司马懿居然亲手扶起了桓范，和颜悦色地说："桓大夫，这是干什么，赶紧起来吧。"

司马懿的态度反而让桓范更加疑惧。豺狼突然向你微笑，换了谁都会惴惴不安。不过司马懿没有再说什么，转身走了。桓范继续走着，一肚子问号："难道司马太傅真的不打算秋后算账？还是说只问首恶，不问胁从。不对啊，我也绝对算首恶啊！"

桓范本来已经心如死灰，可司马懿的举动给了他一丝希望，当他随着曹芳车仗回到皇宫的时候，突然又收到一份诏书，令他继续担任大司农一职。

桓范惊得下巴都要掉下来了。

司马太傅……这是圣人附体了吗？

司马懿当然不是圣人，他恨桓范胜过恨曹爽。一个擅长诡计的人最痛恨被诡计玩弄，一个擅长欺骗的人最痛恨被别人欺骗。而桓范恰好玩弄诡计，欺骗了司马懿。

正当桓范还老老实实待在皇宫准备跟皇帝谢恩的时候，司马懿已经命人对桓范出城的过程展开了调查。很快，平昌门守门卒司蕃到鸿胪寺自首，把桓范如何威逼门吏、如何矫诏闯门的过程一五一十地交代了。

"还有吗？"司马懿循循善诱地问道。闯门、矫诏这都是大罪，但还不足以诛杀桓范全家，而司马懿要的，恰恰是桓范全家人的命。

"哦，对，还有一件事。"司蕃仔细回忆了，"冲出城门后，大司农又喊了一句话，说什么'司马太傅造反了，你快跟我一起走吧……'"

要的就是这句话，司马懿眯起了眼睛，问身边的主事官："诬陷他人谋反，该当何罪？"

主事官偷眼看了一下司马懿阴沉的脸，揣摩许久才小心翼翼地回答道："依照法律规定，应该按他污蔑的罪名来量刑。"

"那就算是谋反罪了吧？"司马懿抛下这句话就走了，主事官心领神会立刻出发捉拿桓范。

这时候桓范还在等谢恩呢，坐等右等等不来皇帝召见，却等来一群凶神恶煞的差役，五花大绑然后宣布了罪名：谋反。

桓范瞬间瘫倒在地。

几个时辰之内，桓范像一只被猫戏弄的老鼠，在绝望和希望之间来回摇摆，最终等来了早已注定的结果：诛灭三族。

可见司马懿有多恨桓范。

戏弄桓范只是一个小小的插曲，司马懿真正要面对的问题是：怎么处置曹爽。

自从正月初七投降后，曹爽就被软禁在自家宅院里。为了监视曹爽，司马懿玩了一手绝的：他征发民夫八百余人，连夜筑了一座高墙把曹爽府邸围起来，高墙四角分别建造了四座望楼，让人在望楼上监视曹爽的一举一动。

每天曹爽走到院子里，就听到望楼上的人高声喊："前任大将军往东南方向走了"或者"故大将军站在院子中间"。曹爽的隐私连同他的尊严全部被司马懿夺走了。

不过这时候曹爽也顾不得这么多了，他最关心的是自己的性命。司马懿又不杀又不审又不放，只是把他关在家里监视，这算个什么事儿？

曹爽跟兄弟们商量了一下，决定去探一探司马懿的口风。

于是曹爽给司马懿写了封信：

前两天我申请要一些粮食，到现在也没有反馈，我家没什么存粮，麻烦太傅帮帮忙，给点粮食周济一下吧。

曹爽的想法是这样的：如果司马懿要杀他，就不会理他，如果司马懿理他，那应该就不会杀他了。

当天，曹爽收到了司马懿的回信。

第十二章 装病奏奇效，设计除曹爽

之前我不知道你缺粮,听到这个消息感觉非常震惊,向你道歉。我已经命人送来一百斛大米,一斤肉干、盐巴和大豆,请你查收。

然后,信中提到的食物一一送达,曹爽兄弟美得手舞足蹈,觉得司马懿不会杀他们了。

司马懿真的不会杀曹爽吗?当然不可能。

之所以没动曹爽,是因为司马懿要的不是曹爽一个人的性命,甚至不只是整个曹爽集团的性命,司马懿真正想做的,是铲除司马家族的一切潜在威胁。杀了曹爽,自有后来人,只有消灭了整个曹爽集团和这个集团背后的曹魏宗室力量,司马家族才能真正大权独揽,高枕无忧。

经过这些年的蛰伏后,司马懿已经彻底变成了曹操所谓的"狼顾之臣"和高堂隆所谓的"鹰扬之臣"。他现在要的,不是他司马懿取代曹爽,而是司马家族取代曹氏家族。

能够让司马懿达到这个目的的罪名只有一个,那就是谋反。

可是平心而论,这些年曹爽和他的党羽们骄奢淫逸,为非作歹,无恶不作,唯独没有任何谋反的迹象,事实上,曹爽连这个心思都没动过。

当然,这不重要,欲加之罪,何患无辞。司马懿这段时间就在琢磨给曹爽罗织罪名的事儿。

所以曹爽还在为自己的性命费尽心机,只能说明他的格局实在小得可怜,从他决定投降的那天起,他的脑袋注定就已经保不住了。曹爽真正应该担心的,是曹氏江山的命运。

罗织罪名这种事情司马懿当然不会亲自出马,他很快找到了一个现成的人选,卢毓。

自从曹爽集团掌权后,卢毓先是被曹爽撤掉了吏部尚书之职,又被毕轨撤掉了尚书仆射,还被何晏莫名其妙收缴了廷尉的印绶。他对曹爽集团恨之入骨。

让他来罗织罪名，真是再合适不过了。

于是，司马懿立刻把卢毓提拔为司隶校尉，成为曹爽专案组组长。

罗织罪名的要诀是先找到突破口，酷刑屈打成招，然后相互检举揭发，最后网罗一大片。

其中最关键的是寻找突破口，因为谋反这种大罪是要灭门的，相关案犯宁可死在酷刑下也不会松口承认，更不用说牵连他人，所以，当务之急是要找到一条肯咬人的狗。

卢毓不愧廷尉出身，对这一套轻车熟路，而且突破口选得特别准，张当。

张当是个地地道道的小人物，当年曹爽从宫里偷曹叡妾室就是他帮的忙。

这么个小人物能有什么用？

对于罗织专家来说，小人物才是最有利的突破口。这种人游离在集团边缘，对问题的严重性往往认识不足，从集团中获取的利益最少，地位最低，很难跟真正的核心人物订立攻守同盟。

果然，卢毓还没上刑，张当就什么都招了。

说完之后，张当偷眼观瞧，只见卢毓阴恻恻地盯着他："还有呢？"

张当仔细想了半天："没了，什么都说了……"

卢毓也不跟他废话，立刻上刑。

一顿大刑下来，张当死去活来。卢毓再次询问："还有呢？你再仔细想想曹爽还有别的不法行径没，比如……嗯，谋反之类。"

张当能当上黄门官肯定也不至于太蠢，立刻明白了卢毓的意思："有！有！我想起来了。曹爽跟何晏等人阴谋反逆，他们先私下练兵，打算三月中旬就起兵造反。"

卢毓点点头,很满意。

找到突破口,接下来的事情就好办了。曹爽的谋反细节被"披露",各种谋反的证据也都被神奇地找了出来。何晏、丁谧、邓扬、毕轨、李胜这些核心人员全部被关进大牢,照例还是一顿大刑,只要这些核心成员也承认了,案情就算"证据确凿"了。

五人组的突破口是何晏。

这个英俊的小白脸受不了酷刑,首先反水了。司马懿很高兴,亲自指示让何晏参与"曹爽谋逆案"的审理。何晏抓住这个救命稻草,把自己知道和不知道的内情一股脑地抖出来,检举揭发之时如狼似虎,居然比卢毓还凶狠。

有了何晏这样的核心人物参与,案情很快就"明朗"了。

汇报案情的时候,何晏一脸谄媚地站在司马懿面前,满心希望能得到宽恕。

司马懿仔细阅读了何晏提交的报告,抬起头,不急不缓地说:"总共有八个家族参与了谋反,你这里怎么只有七个?"

"啊?不对啊?"何晏掰着指头一个一个数,"曹爽、邓飏、丁谧、李胜、毕轨、桓范、张当……确实是七个啊!"

司马懿摇摇头:"你再数数,漏了一个。"

何晏心里一紧:"太傅说的难道是我何晏?"

司马懿咧嘴微笑:"答对了。"

何晏瞬间瘫倒在地。

何晏错估了形势,放过谁也不可能放过他啊。到头来,这位白脸帅哥非但没能逃过一劫,反而沦为可耻的笑柄。

罗织完罪名后，剩下的法律程序就变成了走过场。很快，曹爽的结案陈词就被炮制出来了：

《春秋》教育我们说"对君王和父亲不能起歹心，否则就一定要诛杀"。被告曹爽和他的兄弟们，身为曹氏宗族，世代蒙受皇恩，还亲手接过先帝的遗诏，却包藏祸心，跟何晏、邓飏、张当等人图谋造反，和同谋桓范等一起判处大逆不道罪。

这样的判决，意味着曹爽集团骨干将被全部诛三族，数百颗人头转眼之间就将滚滚落地。

虽说政治斗争很残酷，但是如此杀戮未免太过于残酷。有一个人站出来，表示了反对的意见。令司马懿始料未及的是，这个人居然是他的亲密战友，蒋济。

蒋济心中一直无比愧疚，他觉得是自己的一封信害死了曹爽，所以，他不得不站出来为曹爽说句话，请求司马懿看在曹真的份上，不要赶尽杀绝，至少给曹爽留一脉香火。

司马懿断然否定：我要的就是永绝后患。干什么要留香火？来跟我的儿子们过不去吗？

抗议无效，曹爽集团的命运也就被决定了。

上有所好，下必甚焉。司马懿对曹爽的态度给手下的人传递了一个错误信息：司马懿一个都不打算放过。

在这一思想指导下，对曹爽集团的清算风潮继续扩大化，曹爽集团中二三线成员也相继被揪了出来。

令人费解的是，冷酷无情的司马懿却露出了难得的仁慈。

在一卷案宗上，司马懿看到了大将军府的司马鲁芝、参军辛敞和主簿杨综的名字。这三个人在高平陵政变当天表现都十分活跃，或冲出洛阳跟曹爽会合，或劝阻曹爽投降。在清算小组看来，这些都属于宁可错杀不可错放的人。

阅罢卷宗，司马懿在上面批复："各为其主罢了，原谅他们吧。"

所谓清算不是赶尽杀绝，而是把根拔出，曹爽集团已经随着八大家族落网从此烟消云散，跟鲁芝、辛敞之类小人物纠结，除了把整个洛阳拖进人人不安的恐怖之外毫无意义。

司马懿表了态，手下的人立刻会意，对于所有曹爽集团的中下层参与者一律采取了酌情处理的政策。

所谓酌情，就看你愿不愿意投入司马懿麾下，大多数人跟曹爽并没有太深的感情，立刻改换了门庭。被司马懿亲自赦免的鲁芝、辛敞和杨综不久之后被重新起用，成了司马家族的铁杆死忠，另外如裴秀、王沈、王浑、卢钦、荀勖等"曹爽故吏"也全部被赦免并被相继起用，最后都成了晋朝的实权大臣。

捣毁根基，收编枝叶，这才是真正的斩草除根。

正始十年（公元249年）正月下旬，曹爽、曹羲、曹训、何晏、邓飏、李胜、毕轨、桓范……还有倒霉的张当以及他们的全家三族被尽数斩首。

三国历史上持续时间最长、涉及范围最广、最惊心动魄的权力斗争以最血腥的方式落下帷幕。

这一年，司马懿六十九岁，从二十九岁入仕到这一天，司马懿在政坛上摸爬打滚了整整四十年，经历了曹操、曹丕、曹叡、曹芳四任君王，战胜了诸葛亮、公孙渊、曹爽三位劲敌，终于迎来了政治生涯的巅峰。

第十三章 平王凌叛乱，为儿孙铺路

曹爽集团覆灭，司马懿一家独大，曹魏政治格局翻开了新的一页。

洛阳街头血迹未干，表彰大会已经热热闹闹地召开，当初押对筹码的大臣都有了回报：接管大将军直属营的高柔晋封万岁乡侯；关键时刻顶替桓范接管了中领军大营的王观封关内侯，加驸马都尉；而对于始终追随司马懿并且在最后关头用一封信瓦解了曹爽抵抗的蒋济则晋封都乡侯，食七百户。

高柔和王观高高兴兴接受了奖赏，蒋济却推辞了。

一是因为愧疚，二是因为愤怒。

蒋济是个有原则的人，他参与高平陵政变，不代表他同意赶尽杀绝。一封信害死数百人，司马懿觉得他是功臣，他自己却觉得这是助纣为虐。

更让蒋济无法忍受的是司马懿欺骗了他。

对于一个自负的聪明人来说，没有什么比受骗更耻辱的事情了。身为曹魏资深谋士，一辈子都是他在骗别人，晚年却被司马懿狠狠摆了一道，蒋济如何咽得下这口气。而且，现在全天下都知道曹爽是因为相信蒋济而自投罗网，蒋济名声臭了大街了。

愧疚与愤怒交织的蒋济立刻提笔上疏，拒绝了司马懿的封赏："我蒋济身居高位，却没有发现曹爽包藏祸心，这是我的渎职。司马太傅奋起一击，曹爽被诛杀，这是社稷的福气。说起高平陵事件，我事先并没有参与谋划，行动也不是我率领的，我是一点功劳也没有啊。俗话说,上面出错,下面遭殃。我身为大官,老百姓都盯着我呢,如果我接受了封赏,那就等于鼓励全国人民冒功请赏啊。"

与其说是在推辞封赏,倒不如说是在向全天下表明我蒋济跟曹爽之死没有必然联系。

奏疏送上去了,司马懿当场驳回。

封赏功臣,一方面是奖励,另一方面也是投名状:接受我的封赏,就是我的人,曹爽集团的鲜血,每个人手里都得沾上一点。

上了我的战车就别想再下去,蒋济居然想独善其身?做梦吧。

蒋济上贼船下不去了,悲愤交加,回家就病倒了。

这个小插曲并没有影响正始十年(公元249年)春天的大好形势。

当年二月,曹芳下诏,司马懿有了新的职务——丞相。

这道诏令一出,天下震惊。

东汉惯例是三公辅政,不设丞相一职,整个东汉朝只出现了一位丞相,他的名字叫曹操。曹丕篡位之后,丞相一职再次被废弃,再也没有人提起过。

但是随着曹爽覆灭,司马家族权倾朝野,曹魏的大臣们心里犯嘀咕了:司马公莫不是想学曹公?既然如此,先从丞相开始吧。

于是,就有了大臣向曹芳施压,曹芳除了同意还能有什么选择?

诏书一下,魏国上下紧张地注视司马懿的一举一动,大家纷纷猜测:又到了改朝换代的时候了吗?

但是,司马懿毫不犹豫地拒绝了。

大臣们先是一愣,然后会心一笑:"了然,了然,这么大的事情自然是要推辞一番的。"于是,再次给小皇帝施压,小皇帝再次下诏。

司马懿再次拒绝。

然后群臣再次施压……小皇帝再次下诏……司马懿再次拒绝……如此反复,居然玩了……十多次。

司马懿斩钉截铁地表示绝不会接受丞相之位。

司马懿并不是在作秀,他是真的不敢接受丞相之位。

当年孙权劝曹操称帝,曹操说:"孙权这是在把我放在火炉上烤啊!"此刻的司马懿也是一样的心态。曹爽集团已经被连根拔除了,但司马家族的事业才刚刚起步,魏国朝野还有许多潜在的敌人,以及观望中的中间力量,如果司马懿此时接任丞相,很有可能把这些中间力量彻底推到对立面。

司马懿之所以能够一步步走到这个地位上,就是靠着隐忍和等待。别人走十步,他只走一步,但是每走一步,他都要停下来仔细巩固脚下的路,然后才敢迈出下一步。

这就是为什么司马懿总是比别人走得慢,最后却比别人走得更远。

在走出下一步之前,司马懿首先要考虑的是曹氏皇族的重要支柱,夏侯家族。

此时夏侯家族最大的当权派是征西将军,都督雍、凉二州诸军事的夏侯玄。

夏侯玄也是曹爽一手提拔起来的,但身为夏侯家族的顶梁柱,夏侯玄只能算曹爽的盟友而不是党羽,而且手握重兵,因此逃过了年初的大清算。

当然,逃得了初一逃不过十五,司马懿大权在握,第一件事就是要把夏侯玄的兵权拿掉。

这事儿并不难办,夏侯玄在雍凉军区本来就没有根基,伐蜀大败之后更加灰头土脸,司马懿一纸调令,夏侯玄就乖乖滚回洛阳,转任大鸿胪，成了一名外交官，然后又改任负责宗庙祭祀的太常，名义上是九卿之首，地位尊崇，实际上权力不大。

之后，司马懿顺理成章地把他忠心耿耿的老部下郭淮提拔为雍凉战区总司令。这位老将相继伺候了曹真、司马懿和夏侯玄三任领导后终于扬眉吐气，成了司马懿在军界最得力的助手。

在郭淮的受封仪式上，司马懿突然莫名其妙地说了一句："夏侯玄的叔叔夏侯霸，是在你手下？"

郭淮心领神会地点点头。

夏侯霸可有苦头吃了。

夏侯霸是名将夏侯渊的次子，也是一员猛将，曹真时代就是先锋大将，当年曹真伐蜀，他是唯一跟蜀汉军队交过手的将领；在司马懿时代夏侯霸开始被边缘化，好不容易等到夏侯玄时代，可惜风光没多久，倒霉的郭淮时代降临了。

郭淮从洛阳回来，夏侯霸就觉得这家伙看自己的眼神不对劲儿。夏侯霸比他父亲夏侯渊聪明，立刻就把其中的道道想明白了。

于是决定走。

可是到哪儿去呢？夏侯霸拔剑四顾，想来想去，还是去蜀国吧。好歹参加过伐蜀战争，虽然当年迷路了，但总比其他地方熟悉些。

说干就干，夏侯霸草草收拾行装找个月黑风高的天一头扎进秦岭。

结果夏侯霸迷路了。

蜀道之难超出夏侯霸的想象，为了避开追兵，他不得不在杳无人烟的原始森林中穿行，在没有人迹踏入的山洞中夜宿，在虎啸狼嚎以及各种叫不上名字的动物嘶鸣声中入眠。

几天之后，他彻底失去了方向，迷失在秦岭积年不散的山雾中。

第十三章 平王凌叛乱，为儿孙铺路

当最后被蜀国山民发现的时候，夏侯霸已经变成了野人。

夏侯霸在成都受到了最高级别的礼遇，后主刘禅亲自接见了他，带着歉意对夏侯霸说："你的父亲当年死于行伍之中，并不是先父亲手杀死的。"

接着，又指了指自己的儿子："这是你的小外甥啊！"

原来，当年张飞在汉中和夏侯渊对峙的时候，夏侯渊的女儿上山打柴，被张飞绑走，后来两人居然结成了夫妻，生下一个女儿，嫁给了刘禅。所以说，刘禅会说他的儿子是夏侯霸的外甥。

看着刘禅一脸敦厚的表情，夏侯霸终于放心了。

之后，夏侯霸被任命为车骑将军，一直受到刘禅的重用。

对于这个消息，司马懿一点都不在乎。夏侯霸是死是活并不重要，重要的是夏侯家族在军界的势力已经被肃清了。

正始十年（公元249年）四月，少帝改年嘉平元年，一个新的时代似乎来临。

司马懿不知道的是，此时此刻，一场政治风暴正在东南地区酝酿。而这场始料未及的风暴，将耗尽了司马懿一生最后的精力。

夏侯玄被夺权后，曹魏军界的头号人物是大司空、都督扬州诸军事王凌。

王凌是王允的侄子，年轻时担任过县长，结果因为犯了事儿被处以髡刑，并发配去扫五年大街。

也是机缘巧合，王凌扫大街的时候正好被曹操遇见，曹操一看他长得如此威猛，觉得很奇怪，赶紧问边上的人这是谁。听说这是王允的侄子后，曹操大手一挥，让他跟了自己。

于是，王凌从骁骑主簿，到中山太守，最后进入丞相府担任幕僚。

曹丕称帝后，王凌出任兖州刺史，成了一方大员。

在刺史这个岗位上，王凌的军事才华展露无遗。黄初五年（公元224年），王凌跟随张辽讨伐孙权，立了功，封宜城亭侯，加建武将军，转任青州刺史；太和二年（公元228年），王凌参与了曹休伐吴的战役，虽然曹休一败涂地，但王凌又立下大功，升为扬州刺史兼豫州刺史；正始二年（公元241年），孙权三路大军入寇，王凌在芍陂击退全琮，战后被晋封南乡侯，邑一千三百五十户，迁车骑将军，享受三公待遇。

可以说，此人大半辈子都在战场上度过，真刀真枪搏出了现在的地位。王凌性格粗鲁，但是爱憎分明，对于曹氏家族忠心耿耿。也正是看中了他这一点，曹爽一直试图拉拢王凌作为自己的盟友。

司马懿消灭曹爽后，对这位跟曹爽眉来眼去的军界大佬十分提防，在一次和蒋济的闲聊中，司马懿问："你觉得大司空王凌这个人怎么样？"

蒋济实话实说道："王凌文武全才，当世无双，他儿子王广更是了不得，恐怕比王凌还要略胜一筹。"

司马懿听完，习惯性地眯起双眼，点了点头，没说话。

蒋济回家后，突然觉得司马懿当时的表情有点不太对劲儿，仔细一琢磨，明白过来了，捶胸顿足地说："我一句话说错，有人要因此灭族了！"

提防归提防，但王凌不同于夏侯玄，他在扬州战区经营数十年，根基深得跟骆驼刺儿一样，不是说拔掉就能拔掉的。

所以司马懿觉得不如先忍着，如果能安抚最好安抚一下，反正王凌老头年纪比自己都大，说不好哪天两脚一蹬就去了，省却一桩麻烦事儿。

嘉平二年（公元250年）十二月，蒋济终于在痛苦悔恨中去世了，太尉一职空缺，司马懿正好顺手丢给王凌，算是表示一下笼络的姿态。

不过这一次司马懿失算了，王凌这种人，认准一条死理不放松，是根本无法笼络的。早在几个月前，他就已经开始图谋起兵推翻司马懿了。

王凌跟曹爽的感情其实只能算一般，但他对曹魏皇室的忠心日月可鉴。司马懿暴起发难，诛杀曹爽的消息传到扬州后，王凌气得骂司马懿奸猾，更骂曹爽废物。若是曹爽肯听桓范之计，我王凌的扬州兵团就是你的坚实后盾啊。

王凌果断决定：这事儿不能就这么完了，起兵，造反，杀司马懿，替曹家人报仇！

有了这个想法后，王凌开始雷厉风行地寻找合伙人，找来找去，就锁定了自己的外甥令狐愚。

令狐愚当时正以兖州刺史的身份统帅兖州主力兵团，驻扎在扬州平阿县协助王凌抵御吴国，等于整个淮扬战区的武装力量都在叔侄两人手中攥着。而且令狐愚曾经担任过大将军府长史，也算是"曹爽故吏"，跟司马懿没什么感情。

于是两人一拍即合，反司马大业轰轰烈烈地开张了。

同谋有了，王凌还需要一面政治正确的大旗。王凌跟令狐愚商量了一整天，觉得曹魏皇室之所以沦落到这般田地，是由于小皇帝曹芳年纪太小不懂事，所以当务之急是要拥立一个年长又有才能的新皇帝。

把皇族名单扫了一遍后，王凌把手指停在了楚王曹彪的名字上。

曹彪是曹操的儿子，曹植的兄弟，论辈分是少帝曹芳的太爷叔。黄初四年（公元223年），曹彪曾和曹植、曹彰一同进京朝见曹丕。这一趟旅程非常不愉快，刚到洛阳没多久，曹彰就莫名其妙地死了，在离开洛阳的路上，曹彪明明可以和曹植同路，却被监国使者阻挠，不得不分道扬镳。

当时，曹植悲愤难当，写下了一首长达八十余行的抒情长诗，这就是著名的《赠白马王彪》："伊洛广且深，欲济川无梁。泛舟越洪涛，怨彼东路长。顾瞻恋城阙，引领情内伤。太谷何寥廓，山树郁苍苍。霖雨泥我涂，流潦浩纵横。中逵绝无轨，改辙登高岗。修坂造云日，我马玄以黄。玄黄犹能进，我思郁以纡。郁纡将何念，亲爱在离居……"

曹彪没有曹植那么好的文采，但他的失意和落寞并不比曹植少。二十年过去了，眼睁睁看着自己一天天衰老，看着曹魏皇室一天天衰败，曹彪只能暗自神伤。

所以，听说王凌打算拥立自己对抗司马懿的时候，曹彪虽然知道这事儿很不靠谱，但还是欣然同意了。

反正这么活着跟死有什么区别？不如死前轰轰烈烈搏一把。

军队有了，旗帜有了，王凌信心满满地等待机会，打算一举摧毁司马懿反动集团。

可就在这时，一件意想不到的事情发生了：嘉平元年（公元249年）十一月，令狐愚死了。

对王凌来说，这是个晴天霹雳般的消息，除了悲伤，王凌更多的是懊恼。少了令狐愚的兖州兵团，大业就好像断了一条腿！更重要的是，万一新任的兖州刺史是司马懿的人，这一来一去大事就彻底泡汤了。

第十三章 平王凌叛乱，为儿孙铺路

处理完令狐愚的丧事，王凌像霜打的茄子一样——蔫了。

只能再等等，再忍忍。

比耐心，王凌根本不是司马懿的对手。

其实令狐愚刚死没多久，王凌的计划就已经被全盘出卖给司马懿了。告密的人是令狐愚的心腹，叫杨康，参与了令狐愚和王凌的密谋。

令狐愚死的时候，杨康正好在京城办事，听到这个消息二话没说就反水了，把王凌和令狐愚的谋划一五一十地举报给了司徒高柔。

魏国兵力最强大的淮扬战区两位高级长官合谋造反。这么大的事儿吓得高柔魂儿都没了，赶紧通知了司马懿。

然而司马懿没有丝毫吃惊，反而有些高兴。

司马懿忌惮王凌，其实忌惮的不是他这个糟老头子，而是忌惮糟老头子几十年经营的势力，不能把这个势力连根拔除，东南地区始终是个麻烦。

而能把整个势力一锅端的罪名，就只有谋反。这就是为什么当初司马懿费尽心机要把曹爽划为谋反集团。

现在，王凌送上门来，连罗织罪名都免了。

不过，杨康提供的情报还不够详细，司马懿隐隐觉得，王凌谋反的背后肯定还能钓出一条更大的鱼，这条鱼是什么的？司马懿还不知道。

司马懿要的不是王凌，而是趁此契机一举消灭所有潜在的反抗力量，他不想打草惊蛇，而且，曹爽刚死不久，司马懿的势力还没有完全得到巩固。

所以司马懿也决定再等等，再忍忍，反正司马懿最不缺的就是耐心。他指示高柔先把杨康关起来，同时严令不得走漏风声。

然后，就只剩下一个问题：令狐愚死了，王凌会不会悬崖勒马放弃谋反计划呢？司马懿眯起眼睛思考片刻，对高柔说："让黄华去接任兖州刺史吧。"

"黄华？"高柔回忆了半天，"没听说过这个人。"

"这个人，是整个计划的关键。"司马懿再一次眯起眼睛，不说话了。

黄华上任后，王凌立刻派出亲信对这个名不见经传的家伙进行摸底，指示务必要把这个家伙的家族背景、社会关系、官场履历、政治倾向查得清清楚楚。

很快，一份详细的调查报告就送到了王凌案头。

黄华原先是凉州的地方豪强，建安二十五年（公元220年），二十几岁的黄华和一个叫张进的同伙一起造反，张进占据了张掖郡，而黄华则把酒泉太守辛机赶走，鸠占鹊巢自任了酒泉太守。不过两人没风光多久，延康元年（公元220年）五月，曹丕派金城太守苏则讨伐，张进兵败被杀，黄华投降。所以他也没做过什么大事，最高做了个刺史。

王凌把报告翻来覆去看了好几遍，没有发现任何问题。没有强大家族背景，没有深厚的社会关系，没有耀眼的官场履历，没有政治倾向。

唯一的问题是，这家伙会对自己的"大业"感兴趣吗？

王凌不敢造次。因此，整个嘉平二年（公元250年）他都没有任何动作。

应该说，王凌的做法非常明智。不管多么重大的事情，如果条件不成熟，那就宁可蛰伏，这是司马懿成功的秘诀，只要能够学到一半，很多人都能逃过此劫。可惜王凌只学到了一成。

嘉平三年（公元251年）正月，消停了整整一年的王凌终于忍不住了。

事情的起因是东吴的孙权干了一件不厚道的事儿。

嘉平三年（吴赤乌十四年，公元251年）正月，孙权明显感觉到自己不行了。孙权这辈子干得最多的事儿就是趁魏国新丧出兵打劫，他怕自己哪天死了魏国也来有样学样，于是下令在涂水下游构筑堤坝，堵住了整条河流，上游倒灌长江，淹没了长江北岸大片土地。这样一来，长江天险就无端拓宽了好多，让孙权觉得很有安全感。

军报发到王凌手中，王凌激动了。这是调动兖州军团的大好机会啊！要是运气好的话，说不定还能调动部分中央军！王凌立刻下令集中兵力，全军动员，同时上表要求讨伐吴贼。

表奏送到司马懿手中，司马懿想了想，这样一来倒是能把王凌一网打尽，可是拿到兵符后王凌就没那么好对付了。算了，还是再等等。

上疏被驳回，王凌又像泄了气的皮球一样蔫儿了。

但此刻的王凌已经激动起来了，实在等不住了，再让他蛰伏下去，以他的性格说不定就把自己给憋死了。

王凌思来想去，又拿出了新任兖州刺史黄华的调查报告，又看了好几遍，确信这个人跟司马懿集团一毛钱关系都没有。

"豁出去了！"王凌一咬牙一顿脚，招来了心腹手下杨弘，"带上我的密信，去找黄华。"

杨弘领命出发。

沉不住气的王凌终于落入了司马懿的陷阱。

杨弘来到平阿县，极其隐晦地透露了王凌的计划，想看看黄华的反应。

黄华没有表示同意,也没有表示反对,只是问了一句:"大都督胜算如何?"

"必定旗开得胜!"杨弘信誓旦旦。

"庸奴胡言,欺我不懂兵事吗?"黄华怒笑。

杨弘也不再隐瞒,轻声道:"不瞒使君,若得使君相助,我军出其不意,则有六成胜算。"

黄华对这个回答还算满意:"若我将你首级送往洛阳,司马公有备在先,则胜算如何?"

杨弘脸色发白,许久才开口:"有败无胜。"

"也便是说,我若助你,我有六成胜算,我若助司马公,则有十成胜算?"

沉吟良久,杨弘终于不知该如何应答。

黄华继续发问:"若我助大都督起兵诛杀司马公,你我可算首功否?"

"使君兴许算首功,卑职不过联络之功而已。"

黄华阴险地一笑:"若你我联手揭发大都督,使司马公大获全胜,你我二人能算首功否?"

杨弘:"……"

黄华不再说话。

话说到这份上,稍微有点理性的人就知道应该怎么办了。杨弘想都没想,当场掏出密信交给黄华,将自己知道的所有事情都竹筒倒豆子一样告诉了黄华。尤其提到,还有一个皇族成员参与其中,很可能是楚王曹彪。

第十三章 平王凌叛乱,为儿孙铺路

黄华仔仔细细记下杨弘的每一句话，连同王凌的密信一起快马发往洛阳。

收到密报后，司马懿舒心一笑。

黄华的确不是司马懿的人，跟司马家族也没有任何瓜葛，王凌看中的就是这一点，却不知道这正是司马懿整个阴谋的关键。

二十年来始终在官场最底层浮浮沉沉，黄华早已消磨了所有的政治信仰，他对曹爽、对皇族、对司马懿都没有任何感情。他只对自己的利益有感情。因此，司马懿相信，当需要面临选择的时候，黄华会毫不犹豫地投靠自己，因为自己才是那个能让黄华利益最大化的人。

王凌太急躁了，有太多问题没来得及考虑。当他决定跟黄华合作的时候，其实败局就已经注定了。

黄华送来的情报让司马懿很满意，尤其是楚王曹彪的名字。

诛杀曹爽之后司马懿大权独揽，读到了许多曹叡时期的机密文件，自然也包括曹植的《陈审举表》。读完之后司马懿一阵后怕，如果当初曹叡或者曹爽采纳了这些建议，重用宗亲排斥外臣，那还能有我司马懿的今天吗？

这些宗亲，是个麻烦啊。

尽管诛杀曹爽的时候，司马懿已经对曹氏宗族动过一次大手术，但那次手术并没有涉及宗室亲王。如今，不开眼的曹彪撞到自己枪口上，这不正是千载难逢的机会吗？

时机已经成熟，司马懿终于决定：动手！

嘉平三年（公元251年）五月初二，司马懿亲自率领大军走水路南下征讨王凌。

出兵之前，司马懿先是以天子名义发了一封诏书，把王凌骂了一顿，无非是以下犯上，不听号令，实在无礼一类的话，并没有涉及谋反大罪。敕令的最后话锋一转，又宣布赦免这一系列罪名，然后以私人身份写了一封信，告诉王凌说天子很生气，王师已经开到你家门口了，但是我打算网开一面，你自己看着办吧。

在政治斗争的语境中，诏书和信所传达的潜台词其实是这样的："王凌老兄，我本来打算像撸掉夏侯玄那样撸掉你，可惜你在扬州根基太深，所以我只能带兵过来敲敲你，以后记得听话点，否则收拾你。"

混迹政坛这么多年的王凌当然能看懂这段潜台词，从而忽略司马懿真正的意图："其实我是来要你全家命的。"

当年对付孟达，司马懿就是这么干的。

六天后，大军开到了离扬州治所寿春只有两三天行程的百尺堰驻扎，武力震慑王凌。

听说司马懿大兵压境的消息，王凌头皮瞬间就炸开了：糟糕！行事不密，一定是走漏了风声！

更糟糕的是，王凌还没来得及准备。

杨弘没回来，兖州兵团指望不上了，手里没有兵符，扬州军团又不能随意调动，王凌能拿来跟司马懿玩命的就只有几个心腹将领的直属营区区上万人而已。更重要的是，楚王曹彪这面大旗还没拉起来，在政治上他就已经处于不利的地位了。

不管了！谋反可是灭族的大罪，横竖都是死，不如拼个鱼死网破！

王凌发出了一声怒吼，取出早已准备好的矫诏和假兵符，要跟司马懿拼命。

第十三章 平王凌叛乱，为儿孙铺路

就在这时候，天子的诏书和司马懿的信笺先后送到。

王凌一看诏书，悲壮的心情瞬间被一阵莫名其妙取代："嗯？不是因为谋反？说我以下犯上？不听号令？就为这么点屁事儿？还要赦免我？"

再打开司马懿的信，王凌立刻读出了其中的"潜台词"。

他并没有为司马懿的飞扬跋扈而愤怒，反而庆幸不已：只要谋反的事情没泄露，那就什么都好说！

只可惜，他其实并没有明白，这层潜台词并不是司马懿真正的用意。

接下来的事儿就好办了，一个都要造反的人了，还会在乎跟司马懿假模假式地表忠心吗？王凌立刻让幕僚写了一份言简意赅的请罪表，然后王凌坐上小船把自己捆成一团亲自前往百尺堰"谢罪"。

收到请罪书后，司马懿派人去把王凌身上的绳索解了，表现得非常友善。

这更坚定了王凌的想法：我已经表态了，这事儿也算是揭过去了吧。于是，王凌跟随使者登上小船，去找司马懿谈将来的"合作条件"了。

在小船上，王凌琢磨着见到司马懿后说些什么。他对跟司马懿合作一点兴趣都没有，不过既然是做戏就要做全套，待会儿该拍桌子拍桌子，该骂人骂人，总之要做出一副"艰苦谈判最后达成一致"的架势来。

就这么胡思乱想着，小船驶到河中央，差不多已经能望见端坐船头的司马懿了。王凌远远地行个礼，正要开口套近乎，突然看到两只快船朝自己飞驰而来。他还没反应过来，小船已经被一前一后堵在了河中央。

王凌有种不祥的预感,远远望着司马懿拉开嗓子吼:"太傅要召见我的话派人带一纸诏书过来就行了,何必把军队也拉来呢?"

司马懿微微一笑,回道:"你可不是一封信就能招来的人。"

什么人是诏书招不来的?只有图谋叛逆的人!

王凌一愣,明白自己上当了。

哪有什么敲敲打打?哪有什么井水不犯河水?这一切都是诡计!密谋早就已经泄露!两年前曹爽是怎么死的,今天自己就得怎么死。

王凌感觉到无比愤怒、无比憋屈,用尽力气大吼一嗓子:"你负我!"

"我宁可负你,也不能负国家。"司马懿依旧满脸微笑,声音却冷得像冰。

说着,快船已经靠拢过来。几个士兵跳上小船,将王凌五花大绑起来。

王凌号啕大哭,完了,一切都完了。因为他的大意疏忽,现在连鱼死网破的机会都没了。

司马懿不再跟王凌废话,转身走回了船舱。

被押上囚车的时候,王凌依然抱有一丝幻想。为了试探司马懿的态度,他故作豁达地问押送的士兵:"能给我几枚棺材钉看看吗?我怕我死后棺材钉得不牢。"

如果不给,说明谋反还没败露,自己还有活路;如果给了,那就肯定是死路一条。

士兵被这个要求搞得莫名其妙,层层请示,一直到司马懿那里。司马懿明白王凌的意思,冷笑道:"不见棺材不掉泪啊!去找几枚棺材钉,给他。"

从士兵手中接过棺材钉,王凌彻底断绝了希望,心如死灰。

他活了七十九年,本来对生死已经没有太多执念。他只是不甘心,自己为国锄奸,到头来却以这种愚蠢而屈辱的方式被关进囚笼。王凌想起了自己的叔父王允。当年王允诛杀董卓,力挽狂澜于危难之中,是何等睿智,何等潇洒!可是自己呢?成王败寇,他输了,所以他成了叛国贼,而且是愚蠢的叛国贼。

"千百年后,人们会如何评价我?忠臣,还是逆贼?"

王凌睁开被泪水迷离的双眼,隐隐看到了路边有一座祠堂,仔细一看,是故豫州刺史贾逵的祠堂。王凌立刻想起自己年轻的时候,跟贾逵交游时那段快乐的回忆,可如今,贾逵走了,而自己马上也要走了。

想到这里,王凌突然窜起身,扶住囚车栏大声喊道:"贾逵啊贾逵!你在天之灵可要看清楚了,我王凌是大魏国的忠臣啊!"

雷鸣般的一嗓子让押解士兵吓了一跳,趁这个转瞬即逝的时机,王凌把事先藏在身上的一小瓶鸩酒猛然倒进嘴里,大声疾呼:"我王凌活了快八十年,想不到今日身败名裂!"说完,毒性发作,全身抽搐倒在囚车中。

当士兵手忙脚乱打开牢笼的时候,这位七十九岁的老人已经蜷成了虾球似的一团,气绝身亡了。

当押解士兵战战兢兢地把王凌自杀的消息禀报司马懿时,司马懿却一脸兴趣索然的表情。

你太把自己当回事了,王凌,我的真正的目标不是你。

王凌死后,一场大清洗立刻横扫扬、豫二州。

扬州兵团其实并没有直接参与到王凌的反叛中，可是欲加之罪，何患无辞？一顿刑讯，一句口供，王凌、令狐愚的嫡系人马被拉出一串，洛阳刑场上再次血流成河，人头滚滚落地。

就连最早出卖王凌的杨康也没能逃过一劫。

临死前，杨康泪流满面："冤死我算了！"就听到身边有人冷笑着对他说："老东西，你死了活该，我看你死后有什么脸面去见使君大人！"

杨康一看，说话的人是山阳人单固。

要说冤，单固才是真的冤。

单固的父亲跟令狐愚是故交，令狐愚知道此人有些真才实学，就征召他当幕僚，被单固拒绝了。令狐愚倒是不以为忤，反倒对他更加礼遇，拿出刘备三顾茅庐的架势一定要把他请出山。单固还想拒绝，他母亲夏侯氏就劝他说："令狐使君跟你父亲关系特别要好，所以才多次来找你出山，你也该给点面子，自己出山吧。"

单固是个孝子，既然母亲都这么说了只能从命，然后便一脚踏进了火坑。

曹爽死后，身为令狐愚心腹的单固和杨康一起参与了谋反计划，不过打从心底里，单固对这些事情就毫无兴趣，令狐愚一死，他就辞职回家侍奉母亲去了。

单固以为自己从此置身事外，却不知道杨康早就把自己供了出来。只不过司马懿引而不发，一直没找他麻烦。直到王凌死后，单固立刻被抓了起来。

司马懿还饶有兴致地亲自提审单固，但是审讯过程极度乏味。

"知道为什么抓你吗？"

"不知道。"

"提醒你一下,是因为令狐愚造反的事情。"

"不知道。"

敬酒不吃吃罚酒,司马懿不想跟他废话了,挥挥手:"送交廷尉,好好审一审。"

一顿刑讯逼供,单固的回答还是三个字:"不知道。"

最后,廷尉把杨康押出来对质,单固这才无话可说。被押进死牢的时候,单固咬牙切齿地对杨康说:"老东西,你又害了使君又害我灭族,你以为你能活命吗?"

想不到果然被单固说中了。

背叛者杨康不敢再去看身边的场景,绝望地闭上了眼睛,引颈受戮。

而另一个背叛者杨弘的结局却截然不同:因为举报有功,杨弘和黄华一起被册封为乡侯,一脚踏进了侯爵的行列。

真是赶早不如赶巧。

即便是已死的王凌和令狐愚也没能逃过一劫,他们的陵墓被挖开,身体从棺材里拖出来,在洛阳市中心暴尸三日,然后连同印绶、朝服一起被烧成灰,撒进污泥之中。

和在辽东一样,司马懿要的并不是杀戮,而是杀戮所带来的震慑。

他的震慑立竿见影,曹魏政坛再次陷入恐惧中,惶惶不可终日的大臣们急不可耐地向司马家族表忠,再次威逼曹芳任命司马懿为相国,并升其爵位为郡公。

这是前所未有的殊荣。根据曹魏制度,异姓大臣顶多封侯而已,至于相国就更不用说,曹操他老人家已经把这个官职毁了。现在又是相国又是公爵，魏国朝野摆明了已经默认司马懿为下一个曹操。

出乎所有人的意料，司马懿又一次推辞了相国和公爵。

司马懿的心思跟曹操是一样："若天命在吾，吾其为周文王。"即使在这个时候，司马懿依然不敢太张扬，司马懿要用最后的生命力为儿孙铺平道路，而相国、郡公这种虚名只会让司马家族变成众矢之的，一旦自己身死，无功而身居高位的孩子们当何以自处？

司马懿一刻都不敢放松，这个七十三岁的老人已经在和自己的生命赛跑了。

王凌死后，太尉一职空缺，他正好让三弟司马孚顶替上去。两个儿子司马师和司马昭也分别被任命为卫将军与安东将军，把控军界。

然后，司马懿又开始料理皇室宗亲。楚王曹彪立刻被揪出来，人证物证俱全，他无话可说。一个月后，楚王曹彪被赐死，他的家族子女全部贬为庶民，迁徙到平原郡软禁起来。

有了这个契机，司马懿上奏朝廷：将所有宗室亲王全部迁到邺城严加监管，严禁这些亲王与外界人士擅自联系，连亲王之间都不能相互来往。

曹芳准奏，司马懿又任命自己的第五子司马伷为宁朔将军，专门负责监管这些亲王。

这些血统高贵的皇室贵胄，一夜间沦为阶下囚。曹氏家族的力量已经被彻底剪除了。

环顾四周，再也没有拿得上台面的敌人，司马懿终于放心了。

然后，司马懿病倒了。

这一次，不是装的。

其实从嘉平二年（公元 250 年）开始，司马懿的身体情况就每况愈下了。跟曹爽的十年战争确实耗费了他太多的精力，年逾古稀的司马懿已经禁不起太多折腾。但他又不敢不折腾，越是意识到自己大限将至，司马懿越是夙兴夜寐地工作。他要用最后的时间把所有潜在的敌人全部铲除，一劳永逸地为儿孙解决所有问题。

怀着这股信念，司马懿强撑着病体与王凌周旋，甚至不惜以七十三岁的高龄亲自带兵南征，终于拔掉了王凌集团和宗室亲王这两枚扎手的刺。

强撑起的一口气终于可以松下来，司马懿也油尽灯枯了。

当年六月，司马懿已经很虚弱了。某天晚上，他突然做了一个梦，梦见贾逵站在他面前，用冰冷的声音斥责他：司马懿，你死后有何面目见文皇帝、明皇帝陛下！司马懿惊得连连后退，却撞在一个人身上，回头一看，是面色惨白的王凌。司马懿正要说话，却看到王凌七窍流出血来，整张脸抽搐扭曲如厉鬼一般。

从噩梦中惊醒后，司马懿的病情迅速恶化，到嘉平三年（公元251年）七月底，他已经起不了床了。

这是司马懿人生中第三次卧病在床，不过前两次都是假的，这次却是真的。第一次他骗过了曹操，第二次他骗过了曹爽，但是第三次，他骗不过掌管生死的冥神泰山府君。司马懿知道，自己的大限将至。

活了七十三年，历经汉、魏两朝，见证了一整个朝代的兴衰，两度出任辅政大臣，两次出任战区统帅，三次平定内乱，五次对外作战，跟这个时代最狡猾的政治家和最强大的军事家交过手，将司马家族从没落带向辉煌，司马懿已经没有什么遗憾了。

魏嘉平三年（公元251年）八月初五，太傅、河津亭侯司马懿薨，享年七十三。

尾声

司马师全盘继承了父亲司马懿的政治遗产，晋位抚军大将军，以辅政大臣身份总揽国政。第二年，又升任大将军，等于用两年的时间走完了司马懿大半辈子才走完的路。

到了司马师的时代，司马家族已经开始紧锣密鼓地抢班夺权了。

夺权从来都不是一条平坦的道路，很快就出现了波折。

自从曹爽死后，夏侯玄的日子越过越窝火，和他一样窝火的还有皇后的父亲光禄大夫张缉、中书令李丰、永宁署令乐敦、冗从仆射刘宝贤等坚定的保皇派老臣，以及小皇帝曹芳。

于是，在曹芳的授意下，李丰、张缉等人密谋让夏侯玄取代司马师。张缉把这个消息告诉夏侯玄，夏侯玄的态度是：这事儿必须详细谋划。

李丰、张缉这些人根本就不是搞政治斗争的那块料。事情很快泄密了，司马师知道此事后丝毫没有犹豫，立刻逮捕了夏侯玄等人，将所有参与此事的人全部诛杀三族。

几个手无实权的书生异想天开要夺司马师的权，司马师直接摘掉了他们用来异想天开的脑袋，这种事情根本没有什么难处，唯一让司马师有点头疼的是，小皇帝曹芳居然也参与了。

于是，司马师找到了太后，要求她下诏废了曹芳。

曹芳下台，高贵乡公曹髦继任皇帝，成为魏国历史上"三少帝"中的第二位。

就在废立皇帝的第二年，镇东将军毌丘俭与扬州刺史文钦反了。

毌丘俭，就是当年率幽州军团跟司马懿一起平定公孙渊之乱的那位，公孙渊死后一直在辽东作战。

司马懿死后，毌丘俭被司马师提拔为左将军，假节督豫州诸军事，领豫州刺史，转为镇南将军。嘉平四年（公元252年），他跟镇东将军诸葛诞的防区互换，成了扬州战区总司令。

司马师废立皇帝，天下震动的第二年春正月，毌丘俭与扬州刺史文钦一起于寿春举兵讨伐司马师。

这是著名的淮南三叛中的第二起叛乱。

在这场战役中，司马师表现出了极高的军事天赋。

这时候的司马师，眼睛里长了一颗瘤，已经疼得死去活来，但他还是听从钟会等人的劝说，率领十万中央军南下亲征，同时下令诸葛诞的豫州兵团、胡遵的青徐兵团、邓艾的兖州兵团、王基的荆州兵团紧急动员，五路大军在许昌郊外集结。

紧接着，司马师下达了一连串令人眼花缭乱的调度指令。

令：中央军主力兵团屯驻汝阳，统领全局；

令：荆州兵团进驻南顿，盯住毌丘俭主力兵团；

令：豫州兵团从安风进军寿春，青徐兵团出兵谯宋之间；

令：兖州兵团进驻乐嘉，务必诱敌出击。

等所有军队都到达指定位置之后，司马师的主力兵团偷偷地离开汝阳，前往乐嘉与邓艾会合。

在司马师的计划中，邓艾军团的主要使命就是示敌以弱，引诱敌军出击，然后与偷偷抵达的中央军团合兵一处击溃毌丘俭、文钦大军。

唯一让司马师没想到的是，文钦上当的速度实在太快，中央军团还没站稳脚跟,文钦已经派儿子文鸯率精锐大军向邓艾兵团发起了进攻。

尽管司马师早有准备,也没想到文鸯居然如此勇猛,斩风破浪似的劈开了自己的军阵,眼看着就要杀到中军大帐前。司马师受惊不小,导致眼疮迸裂,一时血流如注。

司马师强忍住剧痛,命令全军合力反击,文鸯终于支撑不住,连续三次击鼓请求文钦大军增员,可是文钦毫无反应,文鸯无奈,只好退兵。

司马师虽然疼痛难当,但还保持着清醒,对身边的人说:"文钦大军崩溃了,全军立刻追击。"

有人提意见说:"文钦是一员老将,文鸯又勇不可当,贸然追击恐怕不太好吧。"司马师一听到居然有人质疑自己气得暴跳如雷:"还废什么话!一鼓作气,再而衰,三而竭,文鸯擂鼓三通文钦都没有反应,他的大军难道还没崩溃吗?"

果然不出所料,看到发现司马师主力出现在邓艾兵团身后,文钦立刻明白自己上当了,扭头就往东吴方向跑。要说文钦行事也确实果断,他这一跑,把大军断送了,却保住了自己的命。

驻守寿春城的毌丘俭听到文钦战败的消息后,知道自己肯定撑不下去了,慌忙弃城逃遁,带着弟弟毌丘秀和孙子毌丘重逃亡东吴,结果在半路上被劫杀。毌丘俭本人的脑袋被一个叫张属的平民切下来,送到了洛阳。

毌丘俭之乱就此平定。

淮南三叛中的第二叛被平息了,但司马师的生命也走到了尽头。

毌丘俭、文钦被击溃后,司马师的眼疮越来越恶化,最后连眼珠子都被挤出了眼眶。

司马师好不容易撑着回了许昌，终于还是没能熬过去，当月就被活活痛死，终年四十七岁。

司马师死后，司马昭接过了司马家族的接力棒。

有了父亲和兄长的铺垫，司马昭已经用不着韬光养晦，一切都仿佛顺理成章。

不过，司马昭一开始还有个麻烦事儿要处理，那就是淮南三叛中的最后一叛——诸葛诞之乱。

诸葛诞在平定毌丘俭叛乱中出力不小，当年毌丘俭曾派使者联络诸葛诞，诸葛诞斩杀他的使者，向全国宣布二人叛乱，并积极参与了讨伐毌丘俭之战，后来文钦兵败，毌丘俭弃守逃亡，又是诸葛诞率先率兵进占叛军的据点寿春，稳定战局。所以在毌丘俭之乱平定后，诸葛诞被任命为镇东大将军，仪同三司，都督扬州诸军事，接替了毌丘俭。

结果和毌丘俭一样，司马昭也给自己挖了个大坑。

诸葛诞对司马家族根本没什么好感，一上任就在当地收买人心，又蓄养了数千死士自保。

魏甘露元年（公元256年），诸葛诞以东吴有意进攻为由，向朝廷要求增兵十万和沿淮河筑城抵御。这一手把戏当年王凌就玩过了，司马昭非但没有上当，反而下诏任命诸葛诞为司空，并要求他入朝任职。

结果，司马昭这一招直接把诸葛诞这个火药桶点着了，甘露二年（公元257年），诸葛诞起兵造反。

诸葛诞之乱是淮南三叛中声势最为浩大的一次，为了得到东吴这边的强力支持，诸葛诞还派长史吴纲携子诸葛靓入东吴做人质以求吴援，东吴立刻派出大军增援。

结果援兵到后，诸葛诞一瞅，带兵的居然是文钦！诸葛诞参加过平定毌丘俭之乱，跟文钦结下过梁子，也不知道东吴是怎么想的，居然派这么一个人过来。

不过大敌当前，文钦还是和诸葛诞放下了恩怨，联手抵御即将到来的平叛大军。

此时，平叛大军已经在路上了。

经过前两次叛乱，司马昭对这种事情已经轻车熟路，立刻点起二十六万大军南下，火速包围了寿春城。

围城一直持续到第二年正月，寿春城里的粮食渐渐告罄，诸葛诞与文钦拼命突围，但伤亡惨重，被迫撤回城内。这种时候，诸葛诞和文钦的内部矛盾就重新尖锐起来，文钦想起当年种种恩怨，一怒之下率领其子文鸯和文虎向曹魏投降。司马昭纳降二人，封为关内侯，极为优待。

于是，寿春城内的军心立刻被瓦解了，当年二月，寿春城破，诸葛诞率领数骑逃出寿春，被大将军司马胡奋手下士兵杀死。和王凌、毌丘俭一样，诸葛诞也被诛灭三族。淮南三叛自此全部落下帷幕，来自帝国东南部的威胁终于全部铲除了。

诛灭诸葛诞之后，司马昭越来越飞扬跋扈，以至于"司马昭之心，路人皆知"，小皇帝曹髦终于忍不下去了。

高贵乡公曹髦本来是无缘于皇位的，嘉平六年（公元254年），曹芳被司马师废黜，曹髦这才被选中成为新皇帝。虽然年少，但是由于过早目睹了家庭变故、宫廷争斗和皇室日衰的政治现实，他的成熟和世故远远超出了他的年龄。

曹髦从外地风尘仆仆赶到洛阳的时候，群臣迎拜于西掖门南。曹髦在门口下轿,要向各位官员回拜还礼。

礼宾官员阻拦说:"根据礼制,君上是不能拜臣下的。"

曹髦回答说:"我还没登基,现在也是人臣。"

最后,曹髦在城门口向群臣恭敬还礼。

进城来到皇宫止车门前,曹髦又下车步行。礼宾官员又说:"天子有资格车驾入宫。"他又说:"我受皇太后征召而来,还不知所为何事。"然后,曹髦步行进宫,拜见了太后。

这种谨慎得体、大方稳重的言行让曹髦赢得了朝野的称赞,大家心里都十分高兴。

只有司马师兄弟不高兴,在曹髦刚登基的时候,当时掌权的司马师曾经私下问亲信:"新皇上是什么样的一个人呢?"一旁的钟会回答说:"跟陈思王(曹植)一样有才,跟太祖皇帝一样神武。"

司马师听完,心里一阵懊恼,觉得自己选错了人,不过表面上还是假装高兴地说:"如果真像你说的这样,社稷有福了啊!"

司马师确实选错了人,从一开始曹髦就下定决心要夺回政权。

正元二年(公元255年),司马师眼珠爆裂一命呜呼,司马昭紧急赶往许昌接收兄长的遗嘱。

曹髦立刻开始着手策划宫廷政变,下诏命司马昭留守许昌,同时让尚书傅嘏带领大军返回京城。

不过,司马昭很快反应过来,立刻率领军队紧急回到了洛阳。这样一来,曹髦的计划落了空。为避免引起更严重的祸乱,他只好接受既定事实,封司马昭为大将军。

从此,司马昭独掌大权。而曹髦则学着司马懿蛰伏起来,等待下一次机会。

曹髦的忍字功夫当然比不上司马懿，况且他也没有太多的时间去忍，随着司马昭越来越嚣张，曹髦真的忍不下去了。

甘露五年（公元260年）五月初六夜里，曹髦下令冗从仆射李昭、黄门从官焦伯等在陵云台布署甲士，并且秘密召见了侍中王沈、尚书王经、散骑常侍王业，对他们说："司马昭之心，路人皆知。我不能坐等被废黜的耻辱，今日我将亲自与你们一起去讨伐他。"

王沈和王业面面相觑，被这个消息惊呆了。王经激烈地表示反对："司马昭掌握大权不是一天两天了，根基十分深厚，况且空宫中侍卫战斗力弱小，我们怎么跟司马昭去拼啊？"

这些道理曹髦当然明白，但是大魏帝国到了最危险的时刻，再不反抗，将来连反抗的机会都不会有了，于是他从怀里掏出了早已准备好的诏书，斩钉截铁地说："就这么定了！就算死又有什么可怕？更何况不一定会死！"

王经无话可说了。

曹髦说完这些就去找太后汇报了。

结果曹髦一转身，刚才一直没说话的王沈、王业两人就撒腿跑去跟司马昭告密。

曹髦出来一看，三个人少了俩，也不管了，登上御辇，率领殿中宿卫和太监们就杀出了宫殿。在路上遇见了司马昭的弟弟司马伷，曹髦高声怒喊："我是天子，都给我滚！"司马伷没见过这种世面，当下懵了，手下的兵士倒是机灵，一看皇帝来了撒腿就跑。

曹髦再接再厉，继续往前冲，正好遇到当时的中护军贾充带人入宫，于是两边又搏杀起来。

这次曹髦的怒吼不管用了，但皇帝陛下赤膊上阵所带来的震慑力还是很大的，大家谁都不敢真的去砍皇帝，全是出工不出力，眼看着也要溃败了。这时，一个叫成济的人问贾充说："事情紧急了，怎么办？"

贾充气哼哼地回答："司马公养你们不就是为了今日，有什么好问的？"成济立刻明白了，三步两步冲到曹髦御辇前，曹髦根本来不及反应，就被一矛刺死在车下。

当朝皇帝就这么被捅死在皇宫里，大家看得都呆了。

曹髦死了，司马昭又拥立了曹奂，司马家族夺权的车轮继续滚滚向前。

魏景元四年（蜀炎兴元年，公元263年），司马昭决定向蜀汉发动战争，钟会、邓艾、诸葛绪三人分三路进攻汉中。当年十月，邓艾率精兵偷渡阴平，直逼成都。后主刘禅出降，蜀汉灭亡。严格意义上的三国时代，自此落下帷幕。

也正是在同一个月，天子任命司马昭为相国，加九锡。

咸熙元年（公元264年）三月，司马昭晋封王爵，被册封为晋王，让人想起了当年被封为魏王的曹操。

也就是在这一年五月，司马师被天子追封为晋景王，而司马懿则为晋宣王。

咸熙二年（公元265年）八月初九，司马昭死于殿堂，终年五十五岁。

这一年，司马炎（司马昭嫡长子）继承了司马家族的衣钵，司马家族的事业即将到达最巅峰。

当历史的接力棒传到司马炎手中，一切都已经没有悬念。

泰始元年（公元265年）十二月，经过冗长、烦琐、毫无意义却令人乐此不疲的辞让和坚请之后,司马炎终于"勉为其难"地决定,接受曹奂禅让,即天子位。

洛阳南郊,一座禅让台很快建造起来,当月十七日,在文武百官和匈奴南单于等四方少数民族使臣数万人的簇拥下,司马炎登上受禅台,从曹奂手中接过代表九五之尊的传国玉玺。

一切都是那么熟悉,四十五年前,同一个场景在同一个地点上演过,只不过那时候,是曹家人趾高气扬地从刘家人手里接过传国玉玺,而现在,趾高气扬的是司马家的人。